FLENSBURGER HEFTE

Hat die Christengemeinschaft eine Zukunft?

Fünf Gespräche mit einem Geistwesen

von Wolfgang Weirauch

Zu den Steiner-Zitatangaben in den FLENSBURGER HEFTEN: Die GA-Nummern beziehen sich auf die jeweilige Bibliographie-Nummer der Rudolf Steiner Gesamtausgabe im Rudolf Steiner Verlag, Dornach/Schweiz. Danach sind in der Regel das Erscheinungsjahr der benutzten Ausgabe, das Vortragsdatum bzw. Kapitel und die Seitenzahl angegeben, von der Autor-, Titel- und Ortsnennung wird abgesehen. Nach Bibliographie-Nummern geordnet ist die Rudolf Steiner Gesamtausgabe im Katalog des Rudolf Steiner Verlags aufgeführt. Der Katalog ist durch den Buchhandel erhältlich.

Aus dem Inhalt

Liebe Leserinnen und Leser,

90 Jahre nach Gründung der Christengemeinschaft kann man die Frage stellen, ob die Christengemeinschaft noch eine Zukunft hat. Nach 90 Jahren könnte es an der Zeit sein, alle Bereiche der Christengemeinschaft – von der Menschenweihehandlung über den Religionsunterricht bis zum öffentlichen Auftreten – zu überdenken und zu überlegen, was verändert und was verbessert werden kann.

Mit diesem Buch möchten wir aus Sorge um die Zukunft der Christengemeinschaft einen Beitrag dazu leisten, mehr Bewußtsein für Fehlentwicklungen und mögliche Neuerungen zu entwickeln. Und wir möchten dazu anregen, die mit der Christengemeinschaft verbundenen geistigen Schätze besser zu verstehen, besonders alle diejenigen Wesen, die mit dem Kultus verbunden sind.

Dieses Buch ist keineswegs als Generalkritik zu verstehen, sondern wir haben uns immer bemüht, Vorschläge für Veränderungen zu geben, die unseres Erachtens an der Zeit sind. Es sind Anregungen, die von anderen aufgegriffen, verändert oder weiterentwickelt werden können.

Diesem Buch liegen fünf Gespräche mit dem Großen zugrunde. Die Gespräche wurden länger als ursprünglich geplant und haben sich im Verlauf der Gespräche weiterentwickelt. Es fehlen noch Gespräche über die Menschenweihehandlung, die Sakramente und den Umgang mit den Sakramenten. Ob wir diese in einem zweiten Band veröffentlichen, behalten wir uns vor.

Ihre
Flensburger Hefte – Redaktion

Vorbemerkung des Großen:

Alles, was ich hier in diesem Gespräch mitteile, ist keine Weisung! Wie ihr damit umgeht, steht in eurer menschlichen Freiheit. Alles sind Anregungen, Vorschläge, Erklärungen, Transparentmachungen geistiger Zusammenhänge. Alles, was ich hier ausspreche, soll niemals die Freiheit des Menschen brechen!

I – Einstimmung

Wolfgang Weirauch: Ich möchte ein Buch über die Christengemeinschaft machen, u.a. über ihren derzeitigen Zustand, weil ich die Christengemeinschaft einerseits mit großer Sorge betrachte …

Der Große: … nicht nur Du!

W.W.: … und die Zukunft sehr fragwürdig empfinde. Ich sehe die Christengemeinschaft auch auf einer abschüssigen Bahn, die Gemeinden werden vermutlich kleiner werden, junge Leute werden immer weniger kommen. Diese Sorge steht sehr stark im Raum, andererseits liegt mir sehr viel an der Christengemeinschaft. Seit dreißig Jahren versuche ich schon an vielen Stellen, sehr viele Punkte anzusprechen, und wenn man mit einzelnen Menschen spricht, stößt dies auch auf fruchtbaren Boden, aber für das Ganze bewirkt es nichts. Andererseits möchte ich versuchen, anfänglich bzw. exemplarisch ein erneuertes Verständnis verschiedener Aspekte der Menschenweihehandlung und anderer Bereiche der Christengemeinschaft mit Dir im Gespräch zu erörtern, um den Menschen andere Gesichtspunkte, vielleicht auch einen neuen Zugang zur Christengemeinschaft, wenigstens zum Kultus und zum Religionsunterricht zu ermöglichen. Ich bin nämlich der Meinung, daß immer mehr Menschen immer weniger vom Kultus und anderen Zusammenhängen der Christengemeinschaft oder ganz allgemein der Bibel verstehen.

Sprache muß die Menschen erreichen

Kannst Du sagen, inwiefern Du ein solches Projekt über die Christengemeinschaft als sinnvoll erachtest?

Der Große: Es ist ganz wichtig, daß der Kultus und die Sprache des Kultus miteinander leben und immer lebendig bleiben. Man kann zwar behaupten, daß der Kultus einmal aus der geistigen Welt geschöpft worden ist und für alle Zeiten so bleiben muß, und man kann ihn auf einen Sockel stellen und nie wieder an ihm rühren. Dann aber stirbt der Kultus ab. Er bleibt zwar schön, fällt aber aus der Zeit heraus. Insofern ist Sprache, gerade in der heutigen Zeit, in der die Menschheit auf Pfingsten zuläuft, enorm wichtig. Es ist enorm wichtig, daß die Sprache die Menschen erreicht. Wenn das verlorengeht, entsteht eine mittelalterliche Situation, wie sie z.B. zu Luthers Zeiten war, nämlich daß etwas nicht mehr verstanden werden kann.

W.W.: Diese Entwicklung geht heute sicherlich noch viel schneller?

Der Große: Absolut. Die Entwicklung geht wesentlich schneller. Das hängt mit der Individualisierung der Menschheit und der Individualisierung der Sprache zusammen.

Und dann möchte ich noch etwas hinzufügen: Wenn Menschen einer Gemeinde eine Dogmatisierung erleben, dann ist grundsätzlich Gesprächsbedarf da. Denn in einem solchen Fall hat sich bereits auf der sprachlichen Ebene etwas getrennt. Es geht gar nicht unbedingt darum, daß Du mit allen Deinen Kritikpunkten vielleicht recht hast; das lassen wir hier offen. Aber Du, genauso andere, erlebst als engagiertes Mitglied der Christengemeinschaft, daß Dir etwas Dogmatisches entgegentritt. In einem solchen Fall hat das Gespräch eigentlich schon gefehlt. Deswegen ist ein Buch, welches Fragen bearbeitet, ganz wichtig, damit Gespräch entsteht.

Die Menschen der heutigen Zeit, in Mitteleuropa und Nordamerika, leben in einer anderen Art mit dem Wort, als das noch vor 100 Jahren der Fall war. Ihr habt euer jetziges Zeitalter das Informationszeitalter genannt, also müßt ihr auch umfassend informieren. Und wie Rudolf Steiner schon in seinen Vorworten zur *„Geheimwissenschaft im Umriß"* aussprach, ist die Zeit vorbei, in der Geheimnistuerei, das Verschweigen von Zusammenhängen eine richtige geistige Haltung ist.

W.W.: Wobei sich auch offenkundige Geheimnisse verändern, denn es kann z.B. etwas völlig Bekanntes auch zu einem Geheimnis werden, und zwar dann, wenn ein Wort einfach nicht mehr verstanden wird.

Der Große: Korrekt. Das ist einer der ganz dringenden Punkte. Andererseits will ich nicht unbedingt sagen, daß jeder Mensch an jeder Stelle jedes Wort verstehen muß, aber es muß ihm angeboten werden, alles einmal klären zu können. Und hier hören manche Menschen dann von anderen Menschen Sätze wie: *„Das ist einfach so!"* Ein solcher Satz gehört aber nicht mehr in die heutige Zeit.

Aus meiner Sicht fördere ich dieses Projekt, und ich werde aus meiner Sicht je nach Fragestellung andere Wesen der Hierarchien hinzubitten. Meistens folgen sie meinem Ruf.

Erst lesen, dann schimpfen

W.W.: Es wird vermutlich seitens mancher aus der Christengemeinschaft ein starker Protest kommen, z.B. von Pfarrern; vor allem in der Richtung, daß es uns hier nicht zustehe, über diese Themen zu sprechen. Was kann man dem entgegnen?

Der Große: Hier möchte ich mich dem holländischen Priesterkreis anschließen, die den Mut hatten, in dieser Richtung schon eine Veröffentlichung zu wagen, und wo man den englischen scherzhaften Ausspruch getätigt hat: *„Don't say no, just say oh!"* Das wäre meine Bitte. Erst lesen, dann schimpfen; vielleicht aber zuerst staunen und dann sehen, was jeder den Worten entnehmen kann; alles andere kann man ja einfach stehenlassen.

Hier spricht niemand für irgendwen ex cathedra, unsere Worte sind keine Anweisungen. Es sind keine Anweisungen, weder von mir noch von Verena Staël von Holstein noch von Wolfgang Weirauch – es geht lediglich um Informationen von unserer Seite. Es geht um aufgekommene Fragen, zum Teil von Emotionen getragen, zum Teil sehr sachlich, über die einfach einmal versucht werden soll zu sprechen. Es geht nicht um Forderungen, wider besseres Wissen etwas anders zu machen, sondern es geht um Wissenserweiterung und Klärung von aufgelaufenen Fragen, die offensichtlich – sonst wären sie nicht da – nicht beantwortet worden sind. Möglicherweise finden wir gemeinsam sogar Fragen, die nicht beantwortbar sind. Das wären dann Fragen, die man in die Zukunft stellen muß. Auch das halte ich für denkbar. Es ist ein sehr wichtiges Thema!

II – Entstehung der Menschenweihehandlung und Entwicklung der Christengemeinschaft bis heute

Die Wesen der Christengemeinschaft und der Gemeinden

W.W.: Welches Wesen ist die Christengemeinschaft, bzw. welches Wesen hat sich mit der Christengemeinschaft verbunden?

Der Große: Das Wesen der Christengemeinschaft bildet sich aus dem Zusammenschluß der Wesen – der höheren Wesen und der Menschen –, die sich mit ihr verbunden haben. Sie bilden aus ihrem Willen heraus den Körper, in welchen das Wesen der Christengemeinschaft eintritt. Und hier müssen wir vor allem zwei Wesen betrachten: Das eine Wesen ist ein harmonisches Wesen, welches aus den Menschen in der Christengemeinschaft und ihren Schutzengeln gebildet wird. Das andere ist ein Wesen der Hierarchien, welches nicht der Stufe der Angeloi, sondern einer höheren Stufe angehört und das harmonische Wesen so begleitet, wie ein Schutzengel den Menschen begleitet.

W.W.: Die Menschen bilden also durch ihren Willen, durch ihre religiöse Betätigung einen Körper, in den ein höheres Wesen eintritt?

Der Große: Dieser Körper ist ein Wesen, und in diesen Körper begibt sich das angesprochene hierarchische Wesen hinein. Dieses andere höhere Wesen übt eine Schutzengelfunktion aus. Es ist aber kein Schutzengel, sondern ein Wesen aus der zweiten Hierarchie.

W.W.: Und was ist das sogenannte harmonische Wesen, der Körper, der von den Menschen gebildet wird? Ist das nur ein lebendiger Boden, oder ist das auch ein Wesen?

Der Große: Es ist ein individuelles Wesen.

W.W.: Und was für ein Wesen ist das?

Der Große: Es ist ein harmonisches Elementarwesen, allerdings ein sehr mächtiges und sehr hohes. Es ist keine kleine Undine, sondern ein wirklich sehr mächtiges Wesen. Der Erdgeist ist auch kein Engel, aber ein sehr mächtiges Wesen.

W.W.: Ist dieses harmonische Elementarwesen ein Wesen für alle Gemeinden der Christengemeinschaft?

Der Große: Es gibt zwar ein übergeordnetes harmonisches Elementarwesen, aber jede Gemeinde hat für sich ein kleineres harmonisches Elementarwesen. Zusätzlich hat jede Gemeinde den Gemeinde-Engel, und manchmal haben sie zusätzlich zum Gemeinde-Engel auch noch den Kirchenengel. Beide zuletzt Angesprochenen können identisch sein, müssen es aber nicht. Das ist ein bißchen abhängig von der Größe der Gemeinde. Noch mehr ist es davon abhängig, wie häufig in dieser Gemeinde ein Kultus zelebriert wird.

W.W.: Also noch einmal zusammenfassend: Es gibt das harmonische Elementarwesen einer jeden Gemeinde, dann gibt es den Gemeinde-Engel, eventuell noch einen Kirchenengel, und letztlich das Wesen der Christengemeinschaft, welches sich in alle hineinsenkt.

Der Große: Ja. Wenn es in einer Gemeinde mehrere Priester gibt, wenn in dieser Gemeinde so gut wie jeden Tag eine Weihehandlung gehalten wird, dann hat sie zusätzlich zum Gemeinde-Engel auch noch einen Kirchenengel. Wenn die Weihehandlung aber vielleicht nur zweimal in der Woche gehalten wird – und das ist keine Wertung – oder wenn ein einzelner Pfarrer ganz allein auf weiter Flur kämpft, hat diese Gemeinde nur einen Gemeinde-Engel.

W.W.: Was ist der Unterschied zwischen einem Gemeinde-Engel und einem Kirchenengel?

Der Große: Der Kirchenengel ist in einer anderen Form mit dem Ort des Kultus beschäftigt als der Gemeinde-Engel. Der Gemeinde-Engel betreut mehr das harmonische Gemeindewesen, also auch die Mitglieder der Gemeinde. Der Kirchenengel betreut mehr den Kultus. In kleinen Gemeinden macht der Gemeinde-Engel aber beides. Und wenn die Gemeinden eine zweite Kapelle in der Stadt haben, haben sie noch einen dritten Engel.

Neues Gewand für den Urkultus

W.W.: Steiner sprach zu den Priestern darüber, daß sich ihnen die Bewegung Christengemeinschaft offenbarte. Was bedeutet das?

Der Große: Rudolf Steiner sind viele Menschen entgegengetreten, die Priester anderer Religionsgemeinschaften waren, vorwiegend evangelische Priester, aber auch ein katholischer. Sie hatten ein Gefühl, daß sich etwas ändern müsse. Sie hatten das dringende Bedürfnis, daß sich etwas neu tun müsse auf religiösem Gebiet. Es ist ganz wichtig zu wissen, daß Steiner keine neue Kirche begründet hat bzw. daß er nicht vorhatte, eine neue Kirche zu begründen, sondern daß Menschen auf ihn zugetreten sind, die in sich schon eine Art Urgemeinde begründet hatten. Auf ihn gingen allerdings nicht nur Menschen, sondern auch schon ein geistiges Wesen zu.

Ein weiterer ganz wichtiger Aspekt ist, daß es einen Urkultus gibt. Er ist am ersten Gründonnerstag entstanden. Er hat sich in das hineinbegeben, das am besten unter dem Begriff Messe bekannt ist. Hier gibt es verschiedenste Formen von Messen, aber die am meisten von Menschen wahrgenommene ist die katholische Messe im weitesten Sinne. Auch wenn es die orthodoxe Messe gibt, ist die katholische Messe diejenige, die am häufigsten zelebriert worden ist. In diese Messe ist vom Urkultus sehr viel geflossen.

Die katholische Kirche sieht sich als Bewahrerin dieses Urkultus. Die Form der so zelebrierten Messe ist aber am Ende des Kali Yuga so in eine Erstarrung gekommen, daß es der geistigen Welt ein ganz wichtiges Anliegen am Ende des 19. Jahrhunderts war, den Urkultus aus dieser erstarrten Messe wieder herauszunehmen und in eine lebendige neue Form einzubetten.

Wir haben also eine Doppelbewegung: zum einen die Menschen, die in den Kirchen eine Leere empfanden und den dringenden Wunsch hatten, daß etwas Neues entstehen möge; und auf der anderen Seite haben wir das Urkultus-Wesen, welches an die geistige Welt herangetreten ist mit der Bitte, ihm ein neues Gewand zu geben, weil es sonst ganz erstarrt wäre. Beides fiel zusammen.

Dieses Urkultus-Wesen, das Abendmahlwesen des Gründonnerstags, ist auf Rudolf Steiner zugekommen und hat ihn aufgefordert, ihm einen neuen Körper zu schaffen. Das ist die Offenbarung, die Rudolf Steiner damit angedeutet hat.

W.W.: Ist dieses Urkultus-Wesen seit zweitausend Jahren mit jedem christlichen Kultus verbunden?

Der Große: Ja.

W.W.: Und dieses Wesen hat von sich aus Impulse gesetzt, sich wandeln zu wollen bzw. die Kultusformen zu wandeln?

Der Große: Ja. Es hat sich auch den verschiedenen Weltengegenden angepaßt. Kultus hat eine Ortsabhängigkeit, die immer mehr zunimmt. Kultus hat auch eine Sprachabhängigkeit. Diese nimmt noch schneller zu. Die katholische Messe wurde sehr lange auf Latein gehalten, in manchen Gegenden wird sie es heute noch; und das ist diesem Urkultus-Wesen zuviel Latein. Latein ist ihm von der Sprache her viel zu eng. Es war für die katholische Kirche ein schwieriger Prozeß, zuzulassen, die Messe in anderen Sprachen als Latein zu zelebrieren.

Globalisierung seit 500 Jahren

Es brauchte also eine neue Form, die der inneren Globalisierung gerecht wird. Ihr redet jetzt von Globalisierung, meint aber gar nicht generell die Globalisierung der individuellen Menschen. Globalisierung in ihrem ursprünglichen Begriff läuft schon seit ungefähr fünfhundert Jahren. Sie läuft auf Ebenen, für die ihr wenig Bewußtsein habt. Sie läuft intensiv über Pflanzen und Tiere, über Gewürze und Rohstoffe. Man holte sich Kaffee und Tee, Kartoffeln, Tomaten und Mais nach Europa, und man brachte den Weizen in die übrigen Teile der Welt usw. Selbst Orchideen und exotische Tiere schiffte man über die ganze Erde, man holte Felle aus den nordamerikanischen Wäldern und von den Prärien, andererseits haben die Europäer aus einer kindlichen Hybris heraus ihre Kultur in die übrige Welt verschifft, z.B. Kühe und Pferde und vieles mehr. Durch diesen Welthandel entstand bereits eine Globalisierung in einem Zeitraum von ungefähr fünfhundert Jahren, und nun plötzlich redet ihr von Globalisierung!

Jetzt wird die Globalisierung zwar sehr individuell, aber daß seit fünfhundert Jahren überall die gleichen Pflanzen wachsen und die gleichen Tiere vorhanden sind, ist die eigentliche Globalisierung bzw. die Grundlage dafür. Und nun braucht der Urkultus eine Form, die nicht mehr deutsch ist. Der Urkultus muß viele Formen annehmen können; so kann der Urkultus chinesisch, indisch, englisch werden oder eine afrikanische Sprache annehmen.

W.W.: Und dieser globale Kultus ist im Kultus der Christengemeinschaft angelegt?

Der Große: Selbstverständlich; alles ist in den Kulten der Christengemeinschaft angelegt. Diese Kulte sind weltweit portabel.

W.W.: In ihm liegt sicherlich auch die Wandlungsfähigkeit in bezug auf das jeweilige Land?

Der Große: Genau. Es wäre schade, wenn diese Zusammenhänge wieder erstarren würden.

Rudolfs Steiners Begegnung mit dem Urkultus-Wesen

W.W.: Kannst Du noch ein wenig plastischer schildern, wie diese Begegnung zwischen diesem Urkultus-Wesen und Rudolf Steiner war?

Der Große: Dieses Wesen hat sich ihm richtig offenbart, und dann ist Rudolf Steiner als hoher Eingeweihter in eine aktive Begegnung mit diesem Wesen gegangen. Zuerst einmal hat er dieses Wesen erkannt; und das war schon sehr besonders! Und dann blieb ihm nichts anderes übrig – das klingt etwas negativ, ist aber ganz heilig gemeint –, als in der Sprache, in der er denkt, nämlich in Deutsch, immer weiter aufzusteigen, aber noch in der Struktur der Sprache, bis er in den Raum kam, wo der Begriff beginnt, sich vom Wort zu lösen und die Schöpfungskraft des Wortes offensichtlich wird. Das ist ein Prozeß, der über den Begriff hinausgeht. Dort hat er die Formen gefunden, in die das Urkultus-Wesen sich hineinbegeben konnte. Und Steiner hat dieses Wesen durch die Sprache inkarniert, also aus dem geistigen in den physischen Raum gebracht. Und da er Deutsch als erste Sprache gelernt hatte und vorwiegend sprach, ist diese Form in deutschen Worten angekommen.

W.W.: Kannst Du noch ein wenig schildern, wie die Worte der Weihehandlung aus dem beschriebenen Raum über Rudolf Steiner in die konkreten Worte geflossen sind?

Der Große: Du bittest mich jetzt darum, Wortloses in Worte zu fassen!

W.W.: Dann schildere vielleicht zuerst, wer alles bei diesem Prozeß mitgewirkt hat.

Der Große: Das ist einfacher zu schildern. Zuallererst hat der Christus mitgewirkt. Selbstverständlich wurde er von den anderen Wesen der Trinität unterstützt, aber er selbst war der Handelnde. Christus stand vorne. – Es kann eine Hilfe sein, sich die Trinität so vorzustellen wie ein bewegliches Dreieck, und immer derjenige, der vorne steht, ist der Agierende. Er wurde begleitet von Sankt Michael, weil es die Zeit des Michael war. Michael war der Zeitenherr. Außerdem ist er von dem Meister der zwölf Mysterienströme begleitet worden, den ihr in eurer Terminologie Christian Rosenkreuz nennt. Und dann ist er von jeweils einem Vertreter der zwölf Mysterienströme begleitet worden und von jeweils einem Vertreter aller vier Grundmysterien, den Mysterien des Nordens, Südens, Ostens und Westens. Hier kann man einmal einen euch bekannten Namen nennen, nämlich Jahve, den Vertreter des östlichen Mysterienstroms. Ferner ist er vom Planetenwesen der Erde begleitet worden und von den vier Vertretern der Erdenelemente.

W.W.: Entstand das Wesen der Christengemeinschaft bei diesem Prozeß?

Der Große: Ja, es entstand dabei.

W.W.: Aber es muß ja schon vorher ein Wesen gewesen sein!

Der Große: Natürlich, aber es ist bei diesem Prozeß erweitert worden. Das harmonische Wesen der Christengemeinschaft ist aus dem Vorgang und der Tat entstanden, mit der die Urpfarrer der Christengemeinschaft an Rudolf Steiner herangetreten sind. Das hierarchische Wesen der Christengemeinschaft dagegen ist natürlich ein Wesen des Urkultus und war auch vorher schon da, und dieses wurde gerufen. Der Urkultus hat allerdings viele Kinder. Es gibt aber immer eine dem Urkultus nächststehende Form, und diese ist zur Zeit die Menschenweihehandlung. An dieser Stelle werden natürlich viele Menschen aufbegehren. Denn jede Kirche beansprucht das von sich.

W.W.: Was geschah dabei, als Steiner in seinen Vorträgen die Worte der Weihehandlung demonstrierte?

Der Große: Wichtig ist, daß Rudolf Steiner keinen Kultus zelebriert hat, sondern daß er einen Kurs gehalten hat. Das geschah an mehreren Tagen, und er hat den Fluß der Worte der Menschenweihehandlung regelmäßig mit eigenen, erklärenden Worten unterbrochen. Rudolf Steiner hat nicht zelebriert. Das hat er ganz bewußt vermieden. Hier hat er ganz sauber und extrem sorgfältig die Unterschiede und Zusammenhänge abgewogen.

Der erste Kelch war der Gral

W.W.: Was geschah bei der ersten Weihehandlung, die von Friedrich Rittelmeyer im Goetheanum zelebriert wurde?

Der Große: Bei dieser ersten Weihehandlung war der Kelch tatsächlich der Gral. Das war für alle Anwesenden ein sehr ehrfurchtsgebietendes Erlebnis, und zugleich war dies ein kontinentheilendes Geschehen. Das mußt Du wissen, daß der Kelch, aus dem die ersten Anwesenden tranken, der Gral war. Dieser Gral war nicht materiell, aber trotzdem physisch.

W.W.: Kannst Du für die Leserinnen und Leser erklären, was der Gral ist?

Der Große: Der Gral ist nicht von dieser Welt, sondern er stammt in seiner Ursubstanz aus den vorherigen Erdeninkarnationen, also dem alten Mond, der alten Sonne und dem alten Saturn. Er ist von Menschheitslehrern so gefaßt worden, daß er noch physisch zu gebrauchen war. Das ist im jüdischen Zusammenhang geschehen. Er ist der lebende Stein, er ist von seiner Substanz her die Vereinigung von Leben und Tod. Leben und Tod sind parallel gleichzeitig anwesend. Der Gral entspricht als lebender Stein dem Urprinzip der menschlichen Aufgabe. Die Menschen steigen aus der geistigen Welt in eine physische Inkarnation bis zum Tod hinab, dann hoffentlich wieder zurück in die geistige Welt – und der Gral umfaßt diese Prozesse als Struktur, als Schale, als Untergrund.

Verena Staël von Holstein: Daß dem Großen die Worte fehlen, wie in diesem Moment, habe ich selten erlebt; es zeigt aber, daß dieser Bereich kaum noch erklärbar ist.

Die Christengemeinschaft in den Katakomben

W.W.: Was geschah während der Nazizeit, als die Christengemeinschaft etwa über einen Zeitraum von vier Jahren verboten war? Wie empfand dies das hierarchische Wesen der Christengemeinschaft – und wie die einzelnen schon bestehenden Gemeinde-Engel?

Der Große: Das war für alle ganz wichtig, und das ist einfach erklärt. Die Christengemeinschaft erlebt gerafft, zusammengestaucht, die gesamte Menschheitsentwicklung, ähnlich wie die Kinder. Sie wiederholt diese Entwicklung in einem enormen Tempo. Die Christengemeinschaft selbst hat zwar nicht die gesamte Menschheitsentwicklung, aber zumindest die gesamte Kultusentwicklung wiederholt und durchlebt sie in einer sehr gerafften Form. Dazu gehörte die Phase, daß die Christengemeinschaft während dieser vier Jahre in der Nazizeit in Deutschland in die Katakomben gehen mußte. Das war für die Wesen der Christengemeinschaft ein ganz wesentlicher Schritt.

W.W.: Inwiefern?

Der Große: Weil die Christengemeinschaft dadurch das Urchristentum nacherlebte. Für das Wesen der Christengemeinschaft war dies relativ einfach, für die Menschen selbst war es natürlich sehr schwer zu ertragen. Für das Wesen Christengemeinschaft war dies aber ein wesentlicher Schritt. Die Begründung war noch recht öffentlich, wenn auch in einem kleinen Rahmen; dann aber mußte die Christengemeinschaft wie nach den Ereignissen um Christus herum in die Katakomben gehen. Während sie oben verfolgt wurde, mußte sie ihren inneren Kern bewahren, sie mußte eine Weile durchhalten. Dies haben die Urgemeinden mit einer starken inneren Überzeugung geschafft. Es war für sie sehr wichtig, ob sie den Ansprüchen genügen, indem sie diese Katakombenzeit durchstanden. Dies waren wichtige vier Jahre. Später gab es im kommunistischen Block mit gewissen Abstrichen ähnliche Bedingungen. In manchen Ländern war das Verbot stärker und krasser, in anderen Ländern weniger. Aber auch in diesen Ländern gab es Katakombenerlebnisse, indem z.B. geweihte Priester heimlich die Weihehandlung in einer Wohnstube zelebrierten, ihren Beruf nicht öffentlich ausüben konnten. Das geschah häufig unter Lebensgefahr. Und es ging!

Machttrunkene Pfarrer

W.W.: Kannst Du mit diesem menschheitlichen Hintergrund kurz darstellen, wie sich die Christengemeinschaft seit 1945 bis heute dargestellt hat?

Der Große: Nach dem Zweiten Weltkrieg und der Verbotszeit wurde ein großer Teil des Erdenrunds, besonders in Mitteleuropa, in eine Aufbruchstimmung versetzt, entsprechend dem Wirken von Paulus in der Ausbreitung der Gemeinden bzw. später nach der Katakombenzeit dadurch, daß unter Konstantin das Christentum Staatsreligion wurde. Das Geschehen nach Konstantin und die Ausbreitung der Gemeinden vorher durch Paulus gehören zusammen. Als das Christentum römische Staatsreligion wurde, geriet das Christentum noch mal in eine galoppierende Ausbreitung. Außerdem wurde sie aus dem Mittelmeerraum herausgetragen. Die Römer trugen sie über die Erde hin, soweit sie damals erobert werden konnte. In dieser Zeit gab es auch sehr viele Heilige, also Menschen, die Christus in sich belebend euch vorangingen. Das ist die Textstelle in der Weihehandlung, die die Heiligen anspricht.

W.W.: Wie betrachtet ihr die Entwicklung der Christengemeinschaft heute? Auch mit Sorge?

Der Große: Sorgen machen uns hauptsächlich die heute lebenden Menschen in der Christengemeinschaft, weniger die Gemeinden, sondern der Machtinstinkt vieler Pfarrer; aber nicht ausschließlich der Pfarrer, denn es gibt auch Gemeindemitglieder, die sich in Machtgerangel ergehen. Es gibt in der Christengemeinschaft wie überall Menschen, die von der Macht betrunken werden, wenn sie ihnen aufgedrängt wird, wenn sie ein entsprechendes Amt übernehmen wollen oder müssen. Das ist ein ganz schwieriger Prozeß, weil ich den meisten Priestern zugute halte, daß sie nicht von Haus aus machtgierig sind, sondern sie kommen häufig in Strukturen hinein, in denen ihnen die Macht aufgedrängt wird. Das geschieht zwecks ihres Amtes. Man zwingt sie auch in bestimmte Verantwortungen hinein, und daran können sie dann betrunken werden.

W.W.: Wie kommt denn das?

Der Große: Manche Menschen können oft nicht anders, selbst gute Menschen, vom Wesenskern gute Menschen. Es ist vielfach so, daß es sehr viele Menschen in den Gemeinden der Christengemeinschaft geben kann, die ihre Lebensverantwortung bei den Priestern abgeben. Dann muß der Priester damit umgehen. Menschen treten immer wieder und oft auch dauernd an den Priester heran und fordern von ihm, daß er für sie entscheiden möge. Wer hier nicht auf eine besondere Art gefestigt ist, ist gefährdet. Man muß immer wieder in sich selber damit ringen, diese zugeschobene Macht nicht zu mißbrauchen.

W.W.: Jede Entscheidung, die z.B. ein Lenker zu treffen hat, gibt ihm also einen gewissen astralen Machtzuwachs?

Der Große: Ja, und damit muß man umgehen lernen. Und das ist keineswegs nur auf der Lenkerebene so, sondern beim Gemeindepfarrer ist es genauso.

W.W.: Wie sollte der Priester oder die Priesterin bestmöglich mit solchen Menschen umgehen? Wie sollten die Pfarrerinnen und Pfarrer geeigneten Rat geben, ohne dadurch falschen Machtzuwachs zu bekommen?

Der Große: Indem sie ihre subjektive Haltung und Meinung, soweit dies möglich ist, herausnehmen. In solchen Situationen sollten sie innerlich die Stola umlegen und ihren persönlichen Menschen nach nebenan schicken. Ich weiß, daß ich hiermit eine hohe Erwartung ausspreche und daß das auch nicht immer lebbar ist. Auch der Priester hat natürlich das Recht, wenn er sich in einem Anzug oder einer anderen Kleidung befindet, nicht immer innerlich die Stola umzulegen. Auch der Priester hat mal einen schlechten Tag, und trotzdem kommen die Menschen ständig an ihn heran mit umfangreichen Lebensfragen. Manche Priester werden dadurch trunken, andere werden dadurch depressiv, wieder andere können damit gut umgehen. Das Hauptproblem bei der angesprochenen seelsorgerischen Beratung ist – aber das ist nicht immer lebbar –, daß bei diesem Gespräch eigentlich die Stola getragen werden müßte. Die Stola wird aber nicht getragen, und das ist eigentlich auch richtig, denn es handelt sich hierbei um eine Mensch-zu-Mensch-Begegnung. Aber dadurch wird der Priester sehr ungeschützt gegenüber den Forderungen seines Gegenübers.

W.W.: Ist das eine eurer Hauptsorgen in bezug auf menschliche Schwierigkeiten bei den Priestern?

Der Große: Ja, diese ist eine unserer Hauptsorgen, und sie nimmt zu. Diese Entwicklung nimmt zu, und sie wird massiv durch Ahriman gefördert, denn Ahriman ist der Widersacher, der in und mit der Macht wirkt.

Macht, Liebe und Weisheit

Die geistige Welt ist dreigliedrig, eure irdische Welt aber ist viergliedrig. Im Geistigen gibt es drei große Grundkräfte, zum einen natürlich die Trinität, und es gibt drei weitere Grundkräfte: die Macht, die

Liebe und die Weisheit. Der Urgrund alles Seins hat, weil es für das Weltkonzept richtig war, etwas aus sich herausgesetzt und etwas mit der Gegenseite geteilt bzw. hat der Gegenseite Zugriff zugesprochen. Der Urgrund alles Seins hat die Macht Ahriman zugesprochen bzw. mit ihm geteilt. Er hat die Macht nicht in der Mitte geteilt, sondern den Zugriff auf die Macht hat sowohl der Vatergott als auch Ahriman. Die Weisheit hat er mit Luzifer geteilt. Die Liebe hat er für die Trinität aufbewahrt. Die Liebe wurde im reinen Guten belassen. Ihr Menschen lebt nun in einer Zeit, in der Ahriman für eine kurze Spanne besondere Rechte hat. Seine Zeit ist kurz bemessen. In dieser kurzen Zeitspanne darf er besonders mächtig agieren. Und deshalb spielt Macht derzeit eine unendlich große Rolle. Das war vor zweitausend Jahren ganz anders.

W.W.: Aber damals gab es auch Macht – oder denkst Du heute speziell an die individuelle Macht?

Der Große: Selbstverständlich, diese individuelle Macht meine ich ganz besonders. Macht gab es immer, Ahriman gibt es auch schon ziemlich lange, aber nun tritt Ahriman besonders hervor, ist etwas weniger heimlich. Wobei man wissen muß, daß Ahriman ein Heimlichtuer ist, er liebt es nicht, angeschaut zu werden. Luzifer wird gern angeschaut, Luzifer liebt die Öffentlichkeit, ganz im Gegenteil zu Ahriman. Aber Ahriman hat die Macht, und zwar die ganze Macht. Doch die Trinität hat auch die ganze Macht, denn beide haben die Macht. Und nun kommt Ahriman an und sagt *„macht Macht macht Macht macht Macht!"* Und es ist ganz schwer, die Macht nicht zu benutzen.

Meine Hauptsorge in bezug auf die Christengemeinschaft ist also dieser Machtzuwachs von den Amtspersonen, nicht so sehr von den einzelnen Gemeindemitgliedern, auch wenn diese mehr oder weniger ihr eigenes Machtproblem haben. Ahrimans Machtspiel ist eine echte, riesige Gefahr. In den Strukturen der Christengemeinschaft wird zuviel auf die Macht gestellt.

Durch die Expansion der Christengemeinschaft mußte die Christengemeinschaft einen Verwaltungsapparat aufbauen; es blieb ihr nichts anderes übrig. Da die Christengemeinschaft im deutschen Sprachraum gegründet wurde und entsprechend geordnet ist, hat sie dies auch in anderen Ländern gemacht. Aber in solch einem Apparat steckt wiederum Macht. Doch diese Macht müßte eigentlich fortwährend herausgedrängt werden; allerdings handelt es sich hierbei um Menschen, und die Menschen sind ganz besonders in Ahrimans Ziellinie. Gleichermaßen ist Ahriman an der durch diese Menschen bewahrten Form des Urkultus hoch interessiert. Die Menschen, die sich mit dem Urkultus verbunden haben, mit Machtspielchen anzuregen, ist eine seiner Hauptmotivationen.

W.W.: Möchte Ahriman denn, daß dieser Kultus verschwindet?

Der Große: Das schafft er nicht, aber er möchte ihn behindern. Er kann ihn gut behindern, indem er die Strukturen, die diesen Urkultus derzeit halten, mehr oder weniger auflöst. Wenn die Christengemeinschaft sich aufgrund der Umstände auflösen würde – ich sage nicht, daß ich das möchte –, muß die Form der Menschenweihehandlung aufgelöst werden, und dann muß der in dieser Form sitzende Urkultus woanders hin. Wir geistigen Wesen wollen aber, daß dieser Urkultus bei den Menschen bleibt, und insofern müßten wir wiederum eine neue Menschengruppe und einen neuen Eingeweihten impulsieren, eine entsprechend neue Form für diesen Urkultus zu schaffen. Und das wäre Schwerstarbeit. Dann müßten wiederum geistige Wesen diesen Kultus in diese neu geschaffene Form hineinsenken, und diese geistigen Riesen, die damals anwesend waren, sitzen natürlich nicht irgendwo herum und warten auf eine solche Gelegenheit, sondern sie haben auch jetzt immerzu ganz viel zu tun. Sie müßten dann also wiederum ihre Zeit zur Verfügung stellen, sie müßten einen Erdenraum so konfigurieren, daß so etwas wiederum möglich wäre. Und das müßte ohne die negativen Einflüsse von Luzifer und Ahriman und anderen negativen Wirkungen geschehen. Nur dann kann möglichst unbeschädigt der Urkultus aus der Form der Menschenweihehandlung hinübergehoben werden. Das wäre eine unendliche Kraftanstrengung, um überhaupt einen Begriff dafür nennen zu können. Wenn dies so geschehen würde, wäre es ein enormer Sieg für Ahriman. Deswegen wird dies so hoffentlich nicht geschehen!

Menschen werden durch die Strukturen abgestoßen

W.W.: Schauen wir noch einmal auf die Christengemeinschaft heute. Was wird dadurch bewirkt, daß in der Christengemeinschaft tendenziell einige Menschen, besonders im Bereich der Lenker, aber auch einzelne in den jeweiligen Gemeinden, mehr Macht haben bzw. Macht ausüben? Wie wirken solche Ausflüsse der Macht auf Menschen, die neu an die Christengemeinschaft herantreten?

Der Große: Sie werden abgestoßen.

W.W.: Und wie wird das in Zukunft weitergehen, soweit man das schon sagen kann?

Der Große: Ich vermute, daß hierzu noch viele einzelne Fragen kommen werden, aber anfänglich und allgemein kann ich dazu folgendes sagen: Die Menschen, die hinzukommen wollen – und das sind viele –, treffen auf Strukturen, die sie abstoßen. Zu diesen Strukturen gehört z.B., daß einer in der Gemeinde viel zu sagen hat. Sehr viele individuelle Menschen möchten eigentlich einen Kultus haben, sind aber sofort abgestoßen, wenn im Bereich der Gemeinde jemand auftritt, der ihnen nahelegt, sich so oder so zu verhalten, indem er ihnen irgendwelche Vorschriften macht oder Verbote erläßt. Das sind oft nur kleine Begebenheiten, aber diese neu herantretenden Menschen sind dann in ihrem Ich verschreckt, und sie fühlen sofort, daß sie diese Art der Behandlung nicht wünschen, denn sie sind längst erwachsen. Sie sind keine Kinder mehr, denen man etwas vorschreiben muß. Man will selber entscheiden, was man fragt und was man nicht fragt, man will selber entscheiden, wie man sich benehmen will – obwohl es hier natürlich auch Grenzen gibt, die man einhalten muß. Menschen, die so behandelt werden, gehen sofort wieder, obwohl sie der Kultus anspricht. Und das geschieht öfter, als man denkt.

Ein weiterer Punkt ist, daß sich in dem Moment, in dem sich Macht aufbaut, Gerüste ergeben. Und diese Gerüste neigen zur Versteifung, zum Altern, zum Festwerden. Diese Gerüste sind dann nicht mehr in der Lage, sich lebendig fortzuentwickeln, sie kommen mit verschiedenen Entwicklungen nicht mehr mit und nehmen keine neuen Gesten mehr auf. Wenn dann neue Menschen in eine solche Gemeinde kommen und am Sonntag an einem Kultus teilnehmen wollen, treffen sie vielfach auf Menschen, die eine Sprache sprechen, die sie selbst so nicht sprechen, die sie noch nie gehört haben. Und sie sprechen auch untereinander so. Sie gehen mit Begriffen um, die ein neu Hinzukommender nicht kennt, und so muß dieser erst einmal fragen, was dies und jenes bedeutet. Junge Menschen tun dies vielleicht gerne, aber ein Dreißigjähriger tut es nicht. Und er weigert sich zu Recht, gleich zu Beginn eine neue Sprache zu lernen.

Die Christengemeinschaft ist nicht deutsch

W.W.: Die Menschen sind frei, man kennt die Zukunft nicht, aber kannst Du vielleicht ein paar Worte zur Zukunft der Christengemeinschaft in den nächsten Jahrzehnten sagen?

Der Große: Ich sehe die Christengemeinschaft sehr differenziert. Lokal macht mir eigentlich nur die deutsche Seite der Christengemeinschaft Sorgen. In vielen anderen Ländern macht sie mir keine so große Sorge. Die Hauptsorge liegt im deutschen Wesen, denn die Deutschen fühlen sich häufig – wegen der Begründung – als die besseren

Mitglieder der Christengemeinschaft als der Rest der Welt. Das liegt daran, daß der Kultus in den deutschen Sprachraum gegeben worden ist. Hier sollten die Deutschen möglichst zügig aus diesem falschen Deutschtum herauskommen. Zweitens sollten die Deutschen davon abkommen, daß etwas kaputtgehen könnte, wenn es nicht mehr ganz so deutsch ist. Denn es ist überhaupt nicht so, daß etwas kaputtgeht, wenn es nicht mehr ganz so deutsch ist. In vielen Ländern – wenn wir vielleicht Skandinavien und Mitteleuropa ausschließen – tendieren viele junge Menschen zur Christengemeinschaft. Und die haben Zukunft. Viele junge Menschen in anderen Ländern finden es toll und wollen mitmachen, sind aber nicht bereit, Deutsch zu lernen, um Christengemeinschaftspfarrer zu werden. Diese Pflicht zum Deutschlernen muß abgeschafft werden! Es beginnt sich schon etwas zu verändern, indem es z.B. in den USA ein Priesterseminar gibt; aber es kann nicht zwingende Voraussetzung sein, daß ein Italiener oder ein Franzose Deutsch lernen muß, um Pfarrer in der Christengemeinschaft zu werden. Das ist eine unglaubliche Hürde.

Zudem versucht man, die Strukturen, die für Deutschland richtig sind, nach China bzw. in andere Länder zu exportieren. Und das geht nicht. Das Kultuswesen hat das nicht nötig. Nur bei einem Punkt wird es schwierig, nämlich in bezug auf das Hemisphärenproblem. Es gibt eine Nordhalbkugel und eine Südhalbkugel. Es ist eine Problematik auf der Südhalbkugel, daß Weihnachten dort im Hochsommer ist. Es ist berechtigt, darüber nachzudenken, ob das so sein muß. Es gibt Menschen, die etwas spiegeln möchten. Aber leider ändert das nichts an den Zusammenhängen in bezug auf Ostern, den Frühjahrsvollmond usw. Hier muß man auf einem langen Weg sehr tief sinnen.

Zum Schluß dieser Einleitungsphase möchte ich sagen, daß ich von der Lebensfähigkeit der Christengemeinschaft *weltweit* überzeugt bin.

III – Problemlage der Christengemeinschaft heute

Religiöse Empfindungen heute

W.W.: Es ist sehr schwierig, über alle Menschen gleichzeitig zu sprechen, und man sollte unbedingt vermeiden, Menschen in Gruppen zu betrachten. Trotzdem muß man irgendwie allgemein sprechen und gewisse Kompromisse machen, wenn man anstehende Probleme oder Tendenzen näher beleuchten möchte. Im Groben beschränke ich mich also mit meinen Fragen auf die mitteleuropäische und westliche Welt bzw. das sogenannte christliche Abendland. Der Zeitgeist in diesen Ländern ist, daß immer mehr Menschen – natürlich nicht alle – von Religion, vor allem aber von den Kirchen und ihrem Auftreten nichts mehr wissen wollen. Diese Tendenz, daß die Menschen nichts mehr mit Religion, besonders mit Kirchenreligion, zu tun haben wollen, nimmt von Jahr zu Jahr rapide zu. In der islamischen Welt z.B. gibt es solche areligiösen Tendenzen noch nicht in dieser Vehemenz. Was sind die Ursachen für die Abnahme der religiösen Betätigung in Gemeinschaft, besonders in den Kirchen, in den westlichen Ländern?

Der Große: Auch im Bereich der russisch-orthodoxen Kirche lebt noch sehr viel religiöse Empfindung und Betätigung. Aber in Mitteleuropa gibt es kaum noch kirchliches religiöses Leben, obwohl es eine intensive individuelle religiöse Auseinandersetzung gibt. Sie findet aber nicht mehr in den bisher dazu standardisierten Räumen statt. Die institutionalisierten Kirchen verlieren ihre Mitglieder. Das religiöse Leben hat sich aus den Kirchen gelöst. Der moderne Mensch benutzt seine religiösen Fähigkeiten, die sogar zunehmen, an ganz anderen Stellen. Diese anderen Beschäftigungen betreibt der Mensch *wie* Religion; und das ist ein Problem!

W.W.: Aber was der moderne Mensch *wie* Religion betreibt, ist ja letztendlich keine Religion mehr.

Der Große: So ist es. Es werden Dinge zu einer Quasi-Religion gemacht, wo Religiosität nicht hingehört, was dazu führt, daß religiöse Kräfte tendenziell in Bereiche fließen, wo sie Schaden anrichten können, und zwar nicht nur für das Individuum, sondern auch für andere soziale Zusammenhänge im gesamtweltlichen Kontext.

W.W.: Liegt es daran, daß immer mehr Menschen soviel zu tun haben bzw. so viele Probleme haben, daß sie kaum noch in der Lage sind, ihr Leben einigermaßen zu führen? Oder liegt es an dem Übergewicht der Medien und der Beschäftigung mit und in den Medien? Liegt es daran, daß die Glaubenskraft zurückgeht und daran, daß die religiösen Worte und ihre Bedeutung und Hintergründe nicht mehr verstanden werden?

Der Große: Eigentlich liegt es an allen von Dir genannten Gründen, nicht aber daran, daß die Glaubenskräfte schwinden. Du hast viele Faktoren aufgezählt, die heute alle eine zunehmende Rolle spielen. Es liegt zum einen daran, daß die standardisierten Kirchen den Menschen in Mitteleuropa und Nordamerika keine adäquaten Räume anbieten. Weiter kommt hinzu, daß durch die Individualisierung der Menschen auch die Glaubenskräfte eine immer individuellere Ausprägung annehmen, welche aber durch die jahrhundertealten Glaubensvorschriften nicht mehr erfaßt werden können. Durch Gebote, Vorschriften und Katechismen erlebt der moderne Mensch, daß diese Art von Religion ihm nicht mehr wesensgemäß ist. Folglich kehrt sich der Mensch von diesen Institutionen ab; zum Teil unterbewußt, zum Teil sehr bewußt. Es gibt eine zunehmende Zahl von Menschen, die sich bewußt als Christen fühlen, aber definitiv keiner Kirche mehr angehören wollen. Es gibt eine zunehmende Zahl von Menschen, die außerhalb der Kirchen nach Ritualen suchen, die ihnen selbst entsprechen. Das sage ich erst einmal ganz wertfrei. Ob dies gut oder schlecht oder zeitgemäß ist, ist hiermit noch nicht angesprochen. Ich zähle nur auf.

Des weiteren gibt es große Defizite in der Erziehung, indem den jungen Menschen nicht mehr beigebracht wird zu erkennen, daß dies eine Glaubenskraft, jenes eine Intelligenzkraft ist, und sie lernen nicht mehr, diesen Bereich von sich zu erkennen und zu führen, weil er von den Eltern nicht angesprochen wird. Dieser Glaubensbereich geistert dann in den Menschen sehr individuell herum, sucht Ausgänge, klopft bei anderen an und fordert andere auf, mit diesen seelischen Vorgängen etwas zu machen. Aber das Individuum wird nicht geschult, diese Glaubenskräfte in sich zu nutzen. In dem Maß, in dem die kleinen Kinder nicht mehr lernen zu beten, geht ihnen auch die Kontrolle über ihre eigenen Glaubenskräfte verloren.

W.W.: Diese Diskrepanz gilt es nun zu betrachten und mit neuen, zukunftsweisenden Vorschlägen zu überbrücken. An dieser Stelle muß aber auch ausgesprochen werden, daß diese aufgezeigten Tendenzen zunehmend auch für Menschen in der Christengemeinschaft gelten. Siehst Du das auch so?

Der Große: Ja, es betrifft *auch* die Menschen in der Christengemeinschaft. Es betrifft sie nicht genauso stark, aber bei vielen Mitgliedern der Christengemeinschaft sind diese Tendenzen bereits heftig. Auch die Christengemeinschaft als Institution merkt, daß sie zwar in der Lage ist, junge Menschen zur Konfirmation zu führen, zum Teil auch mit wirklicher Freude, aber dann kehren diese jungen Menschen der Christengemeinschaft den Rücken zu; zumindest so lange, bis sie eigene Kinder bekommen, oft auch länger.

W.W.: Ich denke, daß es noch wesentlich gravierender ist, daß also auch in der Christengemeinschaft diese Abnahme des religiösen Mittuns – besonders bei den jungen Menschen – seit wenigen Jahrzehnten immer stärker wird, vielleicht mitunter prozentual noch stärker als in den anderen Kirchen, und daß diese Abwärtsbewegung zumindest zur partiellen Existenzgefährdung der Christengemeinschaft wird, wenn keine Gegenbewegung auftreten sollte.

Ich sehe auch, daß die religiöse Erziehung in unserer Gesellschaft nur noch sehr anfänglich gelingt. Große Teile der Jugend und ihrer Eltern wissen heute weder, was Ostern ist, noch was Karfreitag bedeutet. Es gibt immer mehr Tendenzen, den Religionsunterricht abzuschaffen oder am Karfreitag das Tanzen zuzulassen und ähnliches. Diese Tendenzen nehmen rapide zu. Und wenn man mit den heute lebenden Menschen Gespräche über das Christentum führen würde, so würde bei sehr vielen nicht sonderlich viel Kenntnisreiches herauskommen. Das christliche Abendland, welches man so gerne in gewissen politischen Kreisen beschwört, gibt es eigentlich gar nicht mehr.

Der Große: Korrekt. Ich bin ganz Deiner Meinung.

W.W.: Es gibt eigentlich nur noch eine mehr oder weniger hohle Form, die in den verschiedenen Kirchen aufrechterhalten wird – hohle religiöse Begrifflichkeiten, die in der Gesellschaft herumschwirren –; aber die wirkliche Glaubenskraft, die sich auf die wirklichen religiösen Zusammenhänge oder auf geistige Wesen bezieht, ist eigentlich mittlerweile fast verschwunden.

Der Große: Das ist alles richtig. Trotzdem gibt es immer wieder Situationen im individuellen Leben, z.B. in ernsten Lebensmomenten, in denen viele Menschen nicht sagen würden, daß sie Materialisten sind, genausowenig aber, daß sie Christen sind. Man flüchtet sich dann in einen schwammigen Begriff, mit dem man sich irgendwie als Christen bezeichnet.

Jupp am Holz

W.W.: Ich weiß natürlich andererseits sehr wohl, daß sehr viele Menschen – gerade junge Menschen – spirituelle Impulse in sich tragen. Bei einer gewissen Zahl werden diese sogar stärker, wenn auch wohl kaum bei der großen Masse. Aber diese spirituellen Impulse werden fast gar nicht in den bisherigen religiösen Formen oder Kirchen, auch in der Christengemeinschaft nicht, ausgelebt. Auch ein individuelles Lesen in der Bibel dürfte kaum stattfinden. Und die objektiven Geschehnisse im Zusammenhang mit dem Christentum – z.B. was vor zweitausend Jahren während des Mysteriums von Golgatha geschah – kennt man kaum noch.

Der Große: Ja, es gibt eine große Unwissenheit, speziell von jungen Menschen, über die einzelnen Tatsachen des Christentums. Es gibt sehr viel Unwissenheit, z.B. über den Leidensweg Christi. Diese Unwissenheit ist rapide am Zunehmen. Dies ist bei den meisten Menschen so; hier sind wir vollkommen einer Meinung.

W.W.: Vor kurzem fragte ich einen sehr wachen achtzehnjährigen Waldorfschüler – beide Eltern Waldorflehrer –, der sich wunderte, daß Karfreitag ein Feiertag ist, nach der Bedeutung des Karfreitags. Nach längerem Nachdenken kam er zu der Formulierung: *„Ach so, Jupp am Holz."* Mehr wußte er darüber nicht.

Der Große: Ja, dazu kann ich nur sagen: Er kann nichts dafür, er hat es nicht anders gelernt. Natürlich ist das tragisch. Der Mensch war vermutlich zu jung, diese Defizite selber aufzufüllen. Oft kommt das erst dann, wenn man eigene Kinder bekommt. Hoffentlich kommt es noch dazu! Wenn Du aber den von Dir angesprochenen Menschen mit *„Jupp am Holz"* fragst, was er denn sei, wird er vielleicht eine Weile herumstammeln, letztendlich aber doch formulieren, daß er Christ sei.

W.W.: Vielleicht.

Der Große: Zumindest kann er sagen, was er nicht ist. Vielleicht wird er formulieren, daß er kein Materialist sei, kein Muslim, kein Buddhist usw. Die Kein-Beschreibung kann er machen, obwohl er vermutlich auch nicht weiß, was das alles bedeutet. Das ist die eine Seite.

Die Glaubenskraft ist integraler Bestandteil der Seele

Dann gibt es die Behauptung, daß die jungen Menschen die Konfirmation nur wegen des Geldes und der Geschenke erdulden. Dies ist weitgehend richtig. Danach kommen sie nicht wieder, weil in den Kirchen nichts ist, was sie anspricht. Aber wo entwickeln sie das durchaus vorhandene religiöse Empfinden? Alle Menschen haben ja eine Seele, und die Glaubenskraft ist integraler Bestandteil dieser Seele. Eine Seele ist nun einmal, weil sie eine Seele ist, so aufgebaut, daß sie religiöse Kräfte hat. Man kann sie negieren, aber deswegen sind sie nicht fort.

W.W.: Religiöse Empfindungen entwickelt man heute beispielsweise in bezug auf ein iPhone, ein iPad oder ähnliche materielle Dinge.

Der Große: Richtig. Man entwickelt religiöse Empfindungen für ganz äußere Dinge. Wenn Du mit einem überzeugten Materialisten sprichst, der sogar intensiv und scharf nachgedacht hat und nicht nur irgend etwas daherplappert, erlebt man bei ihm eine ungeheure Religiosität, vor allem in bezug auf den Materialismus. Davon könnten sich manche bekennende Christen eine Scheibe abschneiden. Steve Jobs wurde als iGod bezeichnet. Es gab sogar Menschen, die behauptet haben, daß eigentlich nur diejenigen ein Gerät von Apple benutzen sollten, die sich mit der Biographie von Steve Jobs beschäftigt hätten. Das mag eine Minderheit sein, aber das ist eine verirrte religiöse Verehrung. Und ähnliches gibt es in bezug auf vielerlei Idole. Vorhanden sind die religiösen Empfindungen also durchaus. Die Frage ist, warum sie nicht dort sind und – ich drücke es einmal provokativ aus – wo Du meinst, daß sie hingehören.

Es ist erfreulich, daß Du diese Provokation lächelnd aushältst. Wohin meinst Du denn, daß sie hingehören?

W.W.: Sie sollten sich auf die Objekte und Zusammenhänge richten, die dafür wesensgemäß in Frage kommen, also besonders geistige Wesen. Religiöse Empfindungen und religiöse Betätigung setzen geistige Wesen voraus. Die Anthroposophie setzt diese geistigen Wesen dagegen nicht voraus. Religion braucht allerdings geistige Wesen, ein Gespräch mit einem geistigen Wesen, ein Gebet für oder mit einem geistigen Wesen, einen Kultus mit geistigen Wesen usw.

Der Große: Gut, ich entnehme Deinen Worten, daß Du voraussetzt, daß diese geistigen Wesen mindestens auf Augenhöhe mit den Menschen sind, vermutlich sogar höheren Hierarchien angehören. Zur Religion gehört also in einem gewissen Umfang die Anerkennung höherer Wesen. Du setzt also voraus, daß Religion eigentlich nur dann eine gute Form hat, wenn die religiöse Betätigung des Menschen sich an höhere Wesen richtet. Das schon erwähnte iPad kann man nicht als ein höheres Wesen erleben, sondern man erlebt es eher als ein minderes Wesen als den Menschen selbst, sofern man ihm überhaupt einen Wesenscharakter zusprechen kann. Insofern wird Dein religiöses Empfinden gestört, wenn Du ein anbetungsartiges Verhalten z.B. gegenüber solchen technischen Geräten erlebst. Ist das soweit richtig?

W.W.: Ja.

Der Große: Gut, andererseits erkennst Du aber an, daß auch die Anbetung solcher technischen Gegenstände in gewisser Hinsicht Ausdruck religiöser Impulse bzw. Empfindungen ist?

W.W.: Auch das, ja.

Der Große: Gut. Meinst Du, daß den eher jüngeren Menschen, über die wir gerade sprechen, einfach nur Informationen fehlen, oder meinst Du, daß sie mit ihrem religiösen Erleben an einen falschen Ort geraten?

W.W.: Beides. Es fehlen sowohl die Informationen, bzw. sie sind nur noch als Formel da, und die Impulse der Menschen werden fehlgeleitet.

Der Große: Gut. Ich frage auch nur, damit unsere Begriffe denselben Inhalt bekommen. Ich bin der Meinung, daß bei den meisten Menschen Mitteleuropas ein gewisses religiöses Empfinden vorhanden ist, wenn auch nicht bei allen. Ich bin ferner der Meinung, daß diese religiösen Impulse nicht erkannt werden und sich dann im Alltag an Stellen zeigen, an denen sie sich dann wie eine Karikatur oder mit ganz negativen Folgen offenbaren.

W.W.: Mit Sicherheit. Mir geht es für dieses Gespräch vor allem darum, ob man Wege beschreiten kann, daß die bei den meisten Menschen vorhandenen religiösen Gefühle wieder auf diejenigen Wesen gerichtet werden, die man als höhere Wesen erkennen oder verehren kann, und daß das in einer Form geschieht, mit der der heutige moderne Mensch etwas anfangen kann. Mir geht es auch darum, den heute lebenden Menschen Wege zu eröffnen, die real vorhandenen geistigen Wesen zu spüren, zu erkennen und sie in das alltägliche Leben einzubeziehen, denn wir alle – geistige Wesen, Menschen, Naturgeister, Tiere, Pflanzen, Steine und viele mehr – leben hier in einer Welt. Das wäre meine Intention in diesem Interview.

Der Große: Gut.

W.W.: Und das möchte ich vorwiegend auf die Christengemeinschaft beschränken, von der ich annahm, daß alles dies dort möglich sei, von der ich weiß, daß sie der Ort ist, an dem das möglich war, und von der ich hoffe, daß sie auch in Zukunft dieser Ort sein wird. Aber hier liegt meine große Sorge.

Der Große: Es gibt natürlich Inseln im Bereich der Christengemeinschaft, auf denen auch die jungen Menschen nach der Konfirmation eine Zugehörigkeit zur Christengemeinschaft bewahren; aber das liegt meist nur an einzelnen Persönlichkeiten, die die jungen Menschen begleiten, nicht am Gesamtkonzept.

Kontakt zur Christengemeinschaft gesucht, aber nicht gefunden

W.W.: Es gibt heute eine sehr große Gemengelage. Jeder Mensch hat zwar seine individuelle Biographie, aber es gibt ähnliche Tendenzen bzw. gewisse Gruppen unter den Menschen. Ich möchte vier Gruppen benennen und vorwiegend über zwei näher mit Dir sprechen:

1. diejenigen, die wenige religiöse Impulse in ihrer Seele haben bzw. einen Lebenswandel führen, der es ihnen gar nicht oder nur sehr schwer ermöglicht, von sich aus oder auch von seiten der Christengemeinschaft einen Kontakt zur Christengemeinschaft oder zur Anthroposophie zu finden. Das ist die Masse, und die betrachten wir in diesem Gespräch nicht;
2. diejenigen, die einen religiösen Impuls in ihrer Seele aus der geistigen Welt mitgebracht haben und einen ersten Zugang zur Christengemeinschaft und zur Anthroposophie bekommen, aber nicht aufgegriffen oder bleibend gefunden haben oder behalten wollten; aus verschiedensten Gründen. Die betrachten wir;
3. diejenigen, die diesen Impuls auch mitgebracht haben und den Weg zur Anthroposophie und zur Christengemeinschaft gefunden haben. Die betrachten wir weniger;
4. diejenigen, die den Weg zur Anthroposophie und zur Christengemeinschaft gefunden haben, diese Zusammenhänge aber nach einiger Zeit aus unterschiedlichen Gründen mehr oder weniger wieder verlassen haben. Die betrachten wir auch.

Nehmen wir zuerst die zweite Gruppe, und das sind Menschen in allen Altersgruppen. Es sind diejenigen Menschen, die aufgrund ihres Schicksals, aufgrund eines Kontakts mit der Christengemeinschaft einmalige erste oder wenige anfängliche Wahrnehmungen von dieser gemacht haben, und zwar als Kinder im Religionsunterricht, als Erwachsene durch einen Vortrag oder einen sonstigen Besuch einer Veranstaltung der Christengemeinschaft, durch das Lesen von Büchern und Zeitschriften, den Besuch des Kultus, durch ein Gespräch mit einem Pfarrer oder einem Gemeindemitglied. Bei den wenigsten dieser Menschen mit Erstkontakt ist es vermutlich zu einem dauerhaften Kontakt oder Mittun in der Christengemeinschaft gekommen.

Die Zahl dieser Menschen, die nach diesem anfänglichen Kontakt nicht den Zugang zur Christengemeinschaft gefunden haben, ist vermutlich sehr groß, aber keiner kennt sie. Es gibt also eine große Grauzone von Menschen, die wir alle nicht kennen, weil wir notwendigerweise nur auf diejenigen schauen, die da sind. Wir kennen immer nur einzelne von denjenigen, die irgendwo verprellt worden sind, die sich aus verschiedensten Motiven wieder abgewandt haben, obwohl sie eigentlich den religiösen Impuls in Richtung Christengemeinschaft in sich trugen. Aber niemand hat einen Überblick über sie alle. Siehst Du es ähnlich?

Der Große: Ja. Zu dieser großen Gruppe von Menschen sollten wir auch noch die zählen, die keine Durchhaltekraft haben und die beim ersten Ansprechen seitens der Christengemeinschaft nicht den Impuls halten konnten, so daß dieser Impuls wieder unterging. Auch von diesen gibt es viele.

Es gibt also zum einen die große Gruppe derjenigen, die verschreckt wurden, zum anderen diejenigen, die keine Durchhaltekraft haben. Aus meiner Sicht als Geistwesen kann man diese gesamte Gruppe etwa halbieren – in die eine Hälfte, die aufgrund von den von Dir beschriebenen Erlebnissen nicht mehr hingehen, und in die andere Hälfte derjenigen, die keine Durchhaltekraft haben. Die Menschen der zweiten Hälfte hat an der Christengemeinschaft nichts gestört, sondern sie wurden durch die eigene Trägheit abgehalten. Für Dich ist jetzt die erste Hälfte interessant, die eigentlich nicht zu träge sind, sondern die sich an irgend etwas gestört haben bzw. verschreckt wurden.

W.W.: In bezug auf diese Menschen hatte ich eine große Hoffnung in bezug auf die Christengemeinschaft, genauso in bezug auf die Anthroposophische Gesellschaft und alle weiteren anthroposophischen Einrichtungen – daß in diesen Einrichtungen bzw. in der Anthroposophie so viel Kraft vorhanden ist, daß man immer mehr Menschen von der Anthroposophie überzeugen könne, daß es eine geistige Welt gibt und daß man diese mit moderner Sprache und anthroposophischem Denken wenigstens denken, wenn nicht sogar erleben kann. Und es war meine Hoffnung, daß mit dem Wirken der Christengemeinschaft und der Anthroposophie im weitesten Feld diese Menschen bestmöglich erreicht werden könnten, so daß sie diesen Weg eigenständig weitergehen, und ich hoffte, daß dies immer mehr Menschen würden. Diese Hoffnung ist zwar noch nicht ganz gestorben, aber ich sehe immer deutlicher, daß diese größere oder größer werdende Bewegung nicht stattfindet, ganz im Gegenteil sogar; ich glaube aber trotzdem, daß diese Menschen vorhanden sind und eigentlich hätten erreicht werden können. Denn ich gehe davon aus, daß sehr viel mehr Menschen einen geistigen Impuls aus der geistigen Welt mitgebracht haben, als wir momentan sichtbar erleben können.

Der Große: Das quält Dich auch persönlich. Und Du beschreibst die Zusammenhänge richtig. Ich sehe aus der geistigen Welt heraus sehr viele Menschen, die diesen geistigen Impuls in sich tragen, aber an vorhandenen Menschen und Institutionen gescheitert sind. Das ist so.

W.W.: Damit es nicht so kompliziert wird, beschränken wir unsere Betrachtung jetzt auf diejenigen, die eigentlich einen Kontakt zur Christengemeinschaft gesucht haben. Sind dies sehr viele Menschen?

Der Große: Mit Sicherheit noch mal so viele, wie es jetzt Mitglieder der Christengemeinschaft gibt, samt denjenigen, die im Umfeld der Christengemeinschaft leben. Man könnte auch einmal darüber reden, warum viele Menschen den Kultus besuchen, aber keine Mitglieder der Christengemeinschaft werden. Auch das ist eine merkwürdige Geste.

W.W.: Halten wir also fest, daß es eine ziemlich große Gruppe von Menschen gibt, die irgendwo und irgendwann in ihrem Leben einen Erstkontakt hatten, verprellt oder abgeschreckt wurden oder aus verschiedensten Gründen der Christengemeinschaft wieder den Rücken gekehrt haben. Mir geht es nun darum, daß wir diese Menschen nicht aus dem Blick verlieren, zumindest darum, daß wir uns fragen, aus welchen Gründen sie verschreckt worden sind. Denn hierbei geht es um Menschen, die im gesamten Umfeld der Christengemeinschaft nicht betrachtet werden, ähnlich wie die Gewerkschaften nicht mehr diejenigen unterstützen, die in die Arbeitslosigkeit abrutschen. Sind wir einer Meinung, daß es seitens der Christengemeinschaft eine Neuorientierung bzw. eine partielle Beschäftigung mit diesen Menschen geben müßte, zumindest aber mit den Gründen, weswegen diese Menschen der Christengemeinschaft den Rücken kehren?

Der Große: Das sollte auf jeden Fall zunehmend im Bewußtsein der Christengemeinschaft sein. Natürlich muß man berücksichtigen, daß diejenigen, die nicht in der Christengemeinschaft sind, nicht mehr Rechte haben als diejenigen, die in der Christengemeinschaft sind. Aber es sollte eine grundlegende Beschäftigung mit der aktuellen Problemlage erfolgen. Es kann aber nicht so gemeint sein, daß man alle Kräfte abzieht, um neue Mitglieder zu gewinnen.

W.W.: Sicherlich richtig. Trotzdem möchte ich etwas überspitzt anfügen, daß der Zug sehr schnell in eine einseitige Richtung gehen kann. Wenn es in einem Raum 100 Menschen gibt, und unter diesen 100 Menschen sind sieben äußerst skurrile Persönlichkeiten, die nach und nach die anderen 93 verprellen, dann gibt es irgendwann nur noch diese sieben. Und dann nähert sich diese Gemeinschaft einer traurigen Absurdität.

Der Große: Richtig. Irgendwann wird es absurd. Grundlegend kann man hier sagen, daß es an dieser Stelle sehr viel Arbeitsbedarf gibt. Am besten steigen wir in die einzelnen Felder ein, die Du besprechen möchtest. Bisher waren es ja nur allgemeine Betrachtungen.

IV – Religionsunterricht

Keine Märchenstunde in den ersten Klassen

W.W.: Es geht mir hier nicht um Schuldzuweisungen. Ich suche nur Gründe und Beschreibungen und Wege zur Verbesserung. Für den ausgebliebenen und dauerhaften Kontakt der Menschen zur Christengemeinschaft gibt es sehr viele Gründe, die zum einen in dem Individuum liegen, zum anderen aber in einem unzulänglichen Auftreten derjenigen, die die Christengemeinschaft vertreten. Um letzteres geht es mir hier in diesem Gespräch vordringlich.

Beginnen wir mit den Kindern und Jugendlichen und dem Religionsunterricht. In den beiden ersten Klassen werden hauptsächlich Märchen, religiöse Geschichten, Jahreszeiten-Geschichten und ähnliches erzählt, damit die Kinder ein Gefühl für das Übersinnliche und Geistige in der Natur und auch im Menschen bekommen, ebenso für die geistige Welt. Vermutlich ist diese Darstellung von Märchen und Naturgeistergeschichten ziemlich der richtige Weg. Kannst Du hierzu etwas sagen?

Der Große: Ich halte es nicht so zwingend für den richtigen Weg. Und zwar aus folgenden Gründen. Betonen möchte ich, daß ich natürlich nichts gegen Märchen habe, auch nichts gegen Naturgeistergeschichten. Bei letzteren möchte ich das *nichts* allerdings ein wenig einschränken. Wenn Naturgeistergeschichten zu lieblich werden, wirken sie gegenteilig. Und im großen Rahmen der Naturgeistergeschichten gibt es eine Neigung zur Verkitschung. Solche Geschichten halte ich für absolut kontraproduktiv. Wichtig ist es aus meiner Sicht, daß man die Märchen und die Naturgeistergeschichten, die per se Nahrung für die Kinder sind, aus ihrem Rahmen herauslöst und die Gegenstände und Wesen aus diesen Geschichten beim Namen nennt. Man muß endlich die Haltung einstellen, daß bestimmte Begriffe in Gegenwart von Kindern nicht zu fallen haben.

W.W.: Kannst Du ein Beispiel nennen?

Der Große: Wir können ruhig die Begriffe physischer Leib, Ätherleib, Astralleib und Ich nehmen. Die Sprache innerhalb der Märchen soll so bleiben, wie sie ist. Diese Sprache hat allerdings eine bestimmte Form. Aber es gibt auch ein Leben außerhalb der Märchen. Und wenn hier alles, was mit den Märchen zusammenhängt, was mit etwas Geistigem zusammenhängt, im Vagen, im Schwammigen gelassen wird, wenn es weiterhin verhüllt wird, geht es in eine grundlegend falsche Richtung. Diese Kinder – gerade weil es heute lebende Kinder sind – haben unzählige Eindrücke, für die sie Worte bzw. Begriffe suchen. Es wird ihnen aber dauernd ein Märchenschleier davorgehängt. Das kann sehr, sehr schaden, weil dadurch die geistige Wirklichkeit in eine Märchenform hineingedrückt wird. Heutige Kinder müssen sehr früh konkrete Begriffe lernen, weil sie wesentlich früher als die heute unterrichtenden Erwachsenen zunehmend Näheerlebnisse und Wahrnehmungen vom viergegliederten Menschen haben. Und wenn man ihnen die richtigen Begriffe mit der Haltung, dazu seien sie noch zu klein, vorenthält, verschreckt man sie. Und dann wird alles zur Märchenstunde.

W.W.: Auch schon im siebten Lebensjahr?

Der Große: Auch in diesem Lebensjahr, ja. In diesen Lebensjahren, vor dem neunten Lebensjahr, sind die Kinder noch ganz offen, sie sind noch offen für höhere Eindrücke, und wenn sie dann nur noch Märchenhaftes hören, wenn nie etwas konkretisiert wird, entsteht eine wesentlich schiefe Richtung. Der Märchentext als solcher soll natürlich im Märchenhaften bleiben und ist in sich vollkommen in Ordnung. Aber es ist ganz wichtig, daß eine solche Entwicklung vor dem neunten Lebensjahr einsetzt, denn nach dem neunten Lebensjahr ist es für viele Kinder zu spät. Denn dann beginnt die Phase, in der sie alles dasjenige, was sie vorher noch nie einigermaßen konkret gehört haben, von sich aus in die Märchenecke abschieben.

W.W.: Du denkst also an eine erste kindgerechte begriffliche Darlegung spiritueller Zusammenhänge, indem man alles dasjenige, was die Kinder erfragen, beim Namen nennt?

Der Große: Ja. Sie müssen einen Begriff für ihre Fragen bekommen.

Wenn ein Kind z.B. fragt, wo sich ein Zwerg befindet, soll man ruhig antworten: *„In der Ätherwelt"*. Es hilft diesem Kind, daß es einen Begriff bekommt. Hier sollte keine Nebelwolke konstruiert werden. Es reicht nicht, *„irgendwo in der Natur"* zu sagen. Die Begriffe müssen den Kindern wesentlich klarer entgegengebracht werden.

Kindern gegenüber geistige Wesen beim Namen nennen

W.W.: Ich vermute einmal, daß Deine Aussagen einen gewissen Proteststurm entfachen werden.

Der Große: Mit Sicherheit! Aber das ist der notwendige Beginn dessen, daß diesen Kindern, die neue Fähigkeiten mitbringen, ihre Ängste genommen werden. Ängste führen zu Verdrängungen. Verdrängungen führen dazu, daß man die geistige Welt verneint. Ich will nicht, daß keine Märchen erzählt werden, aber ich möchte, daß um die Märchen herum Dinge beim Namen genannt werden.

W.W.: Wenn die Kinder also Dämonen sehen ...

Der Große: ... dann soll man auch Dämonen beim Namen nennen. Man kann auch kurz erzählen, daß ein Mensch nicht nur aus Materie besteht, sondern auch einen Lebensbereich, eine Seele und ein Ich hat. Wenn Kinder geistige Wesen sehen, soll man sie beim Namen nennen, denn das nimmt die Ängste, das beruhigt sie. Wenn man Kindern endlich einmal erzählt, daß dort etwas ist, also ein Wesen, und daß dieses Wesen einen Namen hat, dann ist das für das Kind eine ungeheure Erleichterung. Und man muß einfach aufhören, den rosa oder lila Schleier vor solche Wesen zu hängen. Man sollte auch nicht ausweichend sagen, daß man das später erklärt. Dieses Später gibt es dann nämlich nicht mehr.

W.W.: Kehren wir in den Religionsunterricht der beiden ersten Klassen zurück: Wie sollte hier die Haltung der Lehrerin bzw. des Lehrers sein? Ist es von entscheidender Bedeutung, ob man von den erzählten Inhalten überzeugt ist, ist es von entscheidender Bedeutung, wie man sich vorbereitet, und auch, ob man die Geschichte frei erzählt? Was wäre hier positiv, was wäre hier negativ?

Der Große: Negativ ist es, wenn die Lehrerin oder der Lehrer eine solche Geschichte als Pflichtprogramm abzieht. Wenn man einen Lehrplan durchzieht, hinter dem man nicht steht, merkt es jedes Kind sofort. Sofort! Dann ist das Thema, welches der Lehrer vortragen will, bei den Kindern sofort untendurch. Dann wird Religionsunterricht zu einer reinen Erzählstunde, und es bleibt nichts hängen.

Wenn eine Lehrerin oder ein Lehrer eine Geschichte frei vorträgt, ist dies wesentlich schöner, aber es ist nicht zwingend. Wenn es ihnen persönlich schwerfällt, eine solche Geschichte nachzuerzählen, kann man sie auch vorlesen. Man muß aber innerlich dabeisein und die Zusammenhänge innerlich mittragen. Man muß davon überzeugt sein, daß es Wahrheit ist. Wer hier nur ein Pflichtprogramm abspult, vermittelt den Kindern, daß das Erzählte nicht wirklich wichtig ist. Man wirkt dadurch kontraproduktiv, und man wirkt als Lehrer nicht als Vorbild für die Wichtigkeit des Erzählten. Kinder haben spirituelle Wahrnehmungen. Und wenn ein Unterricht ohne innere Überzeugung als Pflichtprogramm heruntergespult wird, schieben die Kinder nicht nur das Erzählte, sondern auch ihre eigenen Wahrnehmungen weg.

Ganz wichtig sind auch Erzählungen von eigenen Erlebnissen, genauso wichtig sind auch Erzählungen von eigenen Nichterlebnissen.

W.W.: Auch in diesem Alter?

Der Große: Gerade in diesem Alter.

W.W.: Was genau meinst Du mit Erzählungen des Nichterlebten?

Der Große: Man kann von Naturgeistern erzählen, man kann darüber berichten, daß man weiß, daß sie anwesend sind, daß man sie aber mit den eigenen Augen nicht schauen kann. Und dann man kann von anderen Menschen berichten, die diese Wahrnehmungen haben, und man kann die Kinder ansprechen, daß sie selbst vielleicht diese Wahrnehmungen haben. Und diese Wahrnehmungen haben dann bestimmt einige Kinder. Selbstverständlich werden auch einige andere anfangen zu phantasieren, aber das sind dann normale pädagogische Probleme.

W.W.: Du willst also anregen, daß man nicht nur Märchen erzählt bzw. vorträgt, sondern daß man auch anschließend über die Inhalte dieser Märchen mit den Kindern spricht.

Der Große: Bei den Märchen ist es weniger wichtig, weil sie in sich Kunstwerke sind. Bei den Naturgeistergeschichten ist dies aber auf jeden Fall wichtig, und hier kann man auch von eigenen Erlebnissen berichten. Es geht hier nicht um das große Erlebnis mit dem Erdgeist, sondern um kleine Begebenheiten. Man kann als Lehrer z.B. darüber berichten, wie man im Herbst einen Haufen Blätter zusammengeharkt hat und wie plötzlich ein Windstoß kam und nur diesen einen Haufen – und nicht woanders – durcheinandergewirbelt hat, und zwar auf eine fröhliche Weise, vielleicht aber auch auf eine aggressive Art. Dann kann man berichten, daß man weiß, daß hier ein Wesen ist, welches einem vielleicht etwas mitteilen möchte, welches einen Schabernack machen möchte. Oder man erzählt, daß man am Meer oder am Fluß stand und mit einem Male naßgespritzt wurde, und dann sollte man zugeben, daß man gespürt hat, daß da jemand ist, obwohl man ihn nicht geschaut hat. *„Sehen konnte ich ihn leider nicht, aber gefühlt habe ich ihn. Aber ich kenne Menschen, die solche Wesen schauen können."*

W.W.: Ich vermute einmal, daß die meisten Religionslehrer von der Wahrheit der Naturwesen überzeugt sind, trotzdem werden nur die wenigsten eine reale Schau von ihnen haben. Hast du einen Tip dafür, wie man sich in der Vorbereitung ein lebendigeres Bewußtsein von diesen Wesen verschafft, über die man dann den Kindern erzählt? Wie kann man sich ein Bewußtsein der geistigen Zusammenhänge des Erzählten vorab verschaffen, damit die Erzählung lebendiger und realer wird?

Der Große: Das wäre ein wichtiger Schritt. Und hier sollte man sich von der festgelegten Fixierung auf vier Elementarwesengruppen verabschieden, denn es gibt nicht nur diese vier Gruppen, und insofern sollte man in seinem Bewußtsein eine große Bandbreite von

Naturgeistern und ähnlichen Wesen zulassen. Es gibt nicht nur die Salamander, Sylphen, Undinen und Gnomen. Schon in der untersten Gruppe wird es schwierig, denn der eine nennt sie Zwerge, der andere Gnomen. Wenn man aber nur diese vier Gruppen korrekt behandeln will, sind es keine Zwerge, sondern Gnomen. Schon in dem Moment, in dem man als Erzähler Zwerge zuläßt, nimmt man eine Teilung dieser unteren Elementargeistergruppe vor, und solche Teilungen bzw. Differenzierungen sollte man dann überall zulassen. Es gibt Elfen, Pflanzengeister, Baumgeister, höhere Elementarwesen, Hausgeister, Heizungswesen usw. usf.

Man könnte vor den Kindern auch die Frage aufwerfen, ob eines der Kinder den Raumgeist der Klasse wahrnehmen könne. Ich denke dabei jetzt aber nicht daran, daß man mit den Kindern irgendwelche Schulungen macht; das wäre ganz falsch. Aber man muß Begriffe liefern, und zwar vor dem neunten Lebensjahr. Diese Begriffe müssen vor dem Rubikon kommen. Sie müssen den Kindern vor den aufkommenden individuellen Ängsten gegeben werden. Wenn man glaubt, alles erst nach dem Rubikon oder nach der Pubertät oder am besten erst nach der Schule mit sachlichen Begriffen an die Kinder bzw. Jugendlichen bzw. jungen Erwachsenen herantragen zu können, liegt man ganz falsch. Ich denke dabei keineswegs an irgendeine Indoktrinierung; denn genauso, wie man den Kindern erzählt, daß ein geometrisches Gebilde ein Dreieck ist, kann man sagen, daß dieses oder jenes ein Naturwesen ist.

Angst vor Indoktrinierung

W.W.: Wie erklärst Du Dir die Scheu der Benennung geistiger Zusammenhänge und Wesenheiten, die bei vielen Anthroposophen vorhanden ist?

Der Große: Das liegt vor allen Dingen daran, daß die Angst vor Indoktrinierung sehr groß ist. Man will keine Freiheit brechen. Es liegt auch an der Angst, Begriffe von Wesenheiten zu benennen, die man selber nicht schaut. Sachlich ist das eigentlich nicht ganz zu verstehen, denn z.B. die Corioliskraft, die man in der Schule bespricht, kann man auch nicht wahrnehmen.

W.W.: Liebe kann man auch nicht wahrnehmen.

Der Große: So ist es. Aber ihr redet trotzdem von der Liebe, und so gibt es zahllose Begriffe, die ihr verwendet, ohne das Wesen dahinter zu sehen. In bezug auf geistige Wesen hat man aber Angst, zu konkret zu werden, weil man meint, andere Menschen zu indoktrinieren.

Nein, man gibt nur Beschreibungen, Worte für eine Welt, die für die Kinder sowieso selbstverständlich ist. Man muß also viel konkreter werden: Kinder brauchen heutzutage Begriffe, damit sie das, was sie wahrnehmen, benennen können. Sonst wird alles verdrängt, verzerrt oder führt zu Phobien.

Unglaubwürdige Heiligenvorbilder

W.W.: Die Heiligenlegenden, die in der zweiten Klasse vorgesehen sind, werden heutzutage im Religionsunterricht nicht gut angenommen. Woran liegt das? Wie erklärst Du Dir das?

Der Große: Sie dürfen nicht mit dem Zeigefinger erzählt werden; denn das kommt heute nicht mehr gut an. Wenn sie moralisierend, mit erhobenem Zeigefinger erzählt werden, in dem Sinne, daß z.B. dieser bestimmte Heilige das Super-Vorbild ist, dann lehnt der heutige Mensch das total ab. Kinder, die aus einem antiautoritären Kontext kommen, lehnen solche Figuren besonders ab. Denn dann wird mit einem Male eine nicht greifbare Autorität präsentiert, die in die Gegend gestellt und häufig auch nicht in ihre geschichtlichen Zusammenhänge gebettet wird – und dann wird alles unecht.

Wenn der geschichtliche Kontext verlorengegangen ist, wissen die Kinder nicht, wann St. Nikolaus oder Franz von Assisi – die bestimmt drankommen – gelebt haben bzw. wie ihre äußeren geschichtlichen Umstände waren. Diese Heiligenfiguren werden oft so geschildert, daß der Eindruck entsteht, als würden sie gestern gelebt haben. Gleichzeitig werden diese Figuren als überperfekte Menschen hingestellt, mit dem Ansinnen, daß diese menschliche Größe nicht von den Kindern erreicht werden könne. In jungen Jahren sind die Lehrer noch in gewisser Weise ein Vorbild für die Kinder, sollten es zumindest sein, auch wenn sie alle ihre Macken haben; doch dann kommen diese Super-Vorbilder, die faktisch sogar Vorbilder sind, aber diese füllen die Rolle als Vorbilder nicht mehr völlig aus und werden zu Über-Vorbildern. Das wird als unglaubwürdig erlebt.

W.W.: Wie kann man das wenden bzw. geraderichten? Oder sollte man diese Heiligenlegenden ganz lassen?

Der Große: Zum einen sollte man sie in den geschichtlichen Kontext einbetten. Es gibt auch einige Menschen, die vom Saulus zum Paulus wurden, und das kann man klarer darstellen, so daß man nicht nur diesen Heiligen-Teil überhöht. Man kann also das Erlebnis schildern, warum dieser Mensch heilig geworden ist, auch daß es weh getan hat. Möglicherweise könnte man auch modernere Heilige nehmen, z.B. Henry Dunant, Florence Nightingale, Mahatma Gandhi – diese Personen sind greifbarer, während dagegen die anderen Heiligen unnahbarer sind.

W.W.: Man glaubt eigentlich kaum, daß sie gelebt haben.

Der Große: Genau. Das ist der Punkt. Man kann auch von Menschen sprechen, die im Zweiten Weltkrieg Juden geholfen haben und die in vergleichbaren Welten wie heute gelebt haben, also z.B. Oskar Schindler. Das sind auch in gewisser Hinsicht Heilige. Und den jeweiligen geschichtlichen Kontext kann man in kindgerechter Weise vorsichtig hinzufügen. So wunderbar das ist, was Franz von Assisi mit den Vögeln gemacht hat, so wunderbar sein Sonnengesang ist, die Heiligenlegenden müssen nicht immer im 4. oder im 12. Jahrhundert spielen.

Auf der anderen Seite ist die Nikolaus-Legende natürlich auch wichtig. Nehmen wir die einmal heraus. Es ist allein schon für die Bildung und die Bedeutung des 6. Dezember gut zu wissen, wofür dieser Tag steht, gerade für solche Figuren, die einen Tag besetzen, der durch die Werbung so überdimensional herausgehoben wird. Hier sollte der irdische wie der geistige Hintergrund an die Kinder herangetragen werden. Man kann durchaus erzählen, daß die weiße und die rote Farbe des Nikolausgewands von Coca Cola herangebracht worden ist, und zwar als Werbegag. Diese Farben haben mit Nikolaus nichts zu tun. Es ist mir aufgefallen, daß selbst in hochwertigen Kinderbüchern der Nikolaus in rotweißem Gewand gemalt wird.

W.W.: Nehmen wir also an, daß man versucht, die Gestalt des Nikolaus in ihrer geistigen Bedeutung den Kindern zu vermitteln, und dann geht man in der Adventszeit mit den Kindern durch die Stadt und trifft dort zahlreiche *„Nikoläuse"*. Was sagte man denn, wenn das Kind fragt, ob dies der Nikolaus sei? Daß er das nicht ist und daß dies nur ein Schauspieler ist?

Der Große: Man sagt ganz einfach, daß dies ein Mensch ist, der den Nikolaus spielt. Und wenn das eine blöde Veranstaltung – z.B. von einem Supermarkt – ist, kann man ohne weiteres sagen, daß die Inhaber des Supermarkts den Nikolaus spielen lassen, um mehr Produkte zu verkaufen. Das versteht ein Kind in dem Alter. Und wenn das Kind sagt, daß es dies nicht in Ordnung findet, dann antwortet man ganz einfach, daß man das ebenfalls nicht in Ordnung findet. Und schon hat in der Seele des Kindes eine Erlösung stattgefunden.

W.W.: Gibt es in bezug auf die beiden ersten Klassen noch etwas zu sagen?

Der Große: Ich möchte wiederholen, daß es aus meiner geistigen Sicht überaus wichtig ist – und das war früher anders –, daß die Kinder mit bestimmten Begriffen informiert werden. Sie brauchen sie. Sie brauchen im Informationszeitalter diese Begriffe ganz dringend. Märchen sind gut, aber die Kinder müssen zusätzlich Informationen bekommen. Sonst holen sich die Kinder die Begriffe aus dem Internet und aus den anderen Medien; und das sind dann ganz andere Begriffe und Inhalte.

Die Zeit des Alten Testamentes ist vorbei!

W.W.: Ist es noch zeitgemäß, in der dritten und vierten Klasse nur das Alte Testament zu erzählen?

Der Große: Nein.

W.W.: Kannst Du das noch ein wenig näher erläutern?

Der Große: Das Alte Testament ist nicht unwichtig. Aber es steht mit anderen Mysterien gleichwertig im Raum. Das Alte Testament ist nicht die einzige vorchristliche nichtchristliche Mysterienerzählung. Das Alte Testament ist nicht christlich!

Das Alte Testament berichtet hauptsächlich nicht vom Vatergott. In den Anfängen, u.a. bei Moses, wird auch der Vatergott berührt. Ansonsten ist die Hauptgestalt im Alten Testament derjenige Gott, der eine besondere Beziehung zum jüdischen Volk hat, nämlich Jahve.

Genauso wie die Schilderungen von Jahve können andere Mysterientexte gleichberechtigt hingestellt werden. Das betrifft sowohl die Edda, die Veden, die indianischen Mythologien, die Kalevala sowie die Geschichten der Traumzeit der Aborigines; die sind sogar ganz besonders und zukunftsweisend. Und es gibt viele weitere Mythen, die ich jetzt nicht genannt habe. Und soweit es sich um mitteleuropäische junge Menschen handelt, möchte ich betonen, daß diese Menschen einen besonderen Bezug zu den Mythen haben, die zu ihrem Umfeld, zu ihren Völkern gehören, zu den Wesen und Göttern, die in ihrem Umfeld auftreten und nicht aufgetreten sind. Insofern müßten in Mitteleuropa die mitteleuropäischen Mythologien eine besondere Stellung bekommen. Und dazu gehören vorwiegend die Edda, die Kalevala und das estnische Volksepos Kalevipoeg. Und auch das Traumlied des Olaf Åsteson gehört dazu; auch wenn dies kein Schöpfungsmythos ist. Zu Europa gehören natürlich auch die römischen und griechischen Götter u.v.m.

Übrigens – ich möchte etwas vehement betonen: Die Zeit des Alten Testamentes ist vorbei! Diese Zeit ist spätestens mit dem Mysterium von Golgatha abgeschlossen.

W.W.: Die Zeit der Edda dagegen ist sicherlich nicht vorbei, oder?

Der Große: Nein, die Edda reicht in die Zukunft. Die indischen Erzählungen dagegen sind auch vorbei. Wenn man den Religionsunterricht in der dritten und vierten Klasse gestaltet, muß man nach Vergangenem, Gegenwärtigem und Zukünftigem gleichermaßen schauen.

W.W.: Aber die Urgeschichte, die Erzählungen der Gestalten des Alten Testaments bis zu Joseph und einigen später lebenden Propheten sind doch sicherlich vom Bildgehalt sehr schön und auch erzählenswert?

Der Große: Ja, aber es sind trotzdem die Bilder, die nicht zum mitteleuropäischen Volk gehören, sondern zu den semitischen Völkern. Es ist einfach so. Es sind gute Bilder, es sind wahre Bilder, welche Zusammenhänge sehr bildhaft schildern, die auch durchaus großräumiger in ihrer Bedeutung sind als in bezug auf das semitische Volk; aber die Geschichten sind in Bilder gefaßt, die diesen Völkern zugänglicher sind als den nordischen Völkern. Es gibt auch in den nordischen Erzählungen adäquate Geschichten.

W.W.: Nehmen wir den Zeitraum der dritten und vierten Klasse; wie würdest Du diesen Unterricht in bezug auf die verschiedenen angesprochenen Mythen aufteilen?

Der Große: Der Vorschlag der geistigen Welt ist, daß man für die mitteleuropäischen Schüler *etwa* 25 % nordische Mythologien erzählt, etwa 25 % Altes Testament danebensetzt, vielleicht sogar, wenn machbar, Parallelen aufzeigt, und die anderen 50 % kann man auf andere Mythologien verteilen. Und hier sollte man möglichst darauf hinschauen, was Vergangenheit und was Zukunft ist. Man kann es auch alles mischen, man kann abspüren, was die jeweilige Klasse braucht. Man kann auch schauen, ob es sinnvoll ist, zuerst nur Vergangenes, am Ende Zukünftiges darzustellen; das müßte man aber in die Freiheit des Lehrers bzw. der Lehrerin stellen.

Geführte Informationsnotwendigkeit

W.W.: Man kann ja gegen Ende des vierten Schuljahres die zukünftigen Aspekte der Mythologien darstellen, also z.B. die Christuserwartungen des Alten Testaments und der nordischen Mythologien, um damit eine Vorbereitung für den Stoff des Neuen Testaments im nächsten Schuljahr einzuleiten. Dadurch, so kann ich mir vorstellen, kommen die Kinder in eine richtige Erwartungsstimmung auf das Kommende des Christentums.

Der Große: Ja, das ist eine gute Idee. Das wäre sinnvoll. – Durch das Informationszeitalter besteht auch eine Informationsnotwendigkeit, und zwar eine geführte und keine wahllose. Jeder Lehrer, jede Lehrerin ist aufgerufen, die Schülerinnen und Schüler mit richtigen Informationen zu versorgen, damit dem Informationsfluß aus dem Wahllosen der Medien ein geordneter Informationsfluß entgegengesetzt wird. Es wird in den folgenden Klassen viel leichter sein, das Wirken Christi zu vermitteln, wenn sie diese Grundlagen entsprechend gehört haben. Die Religionslehrer müssen sich natürlich ziemlich gut in den verschiedenen Mythologien auskennen und die notwendigen Gesichtspunkte auswählen. Wer kein Wissen oder Verständnis in bezug auf die anderen Mythologien hat, muß sich dieses aneignen; diese Forderung habe ich. Natürlich muß dies von Klasse zu Klasse individuell beurteilt werden; aber tendenziell ist es mehr Stoff. Die Lehrerin bzw. der Lehrer hat deutliche Gestaltungsmöglichkeiten.

Auf jeden Fall schlage ich nicht vor, einer Klasse in diesen beiden Schuljahren nur das Alte Testament zu vermitteln. Die Kinder brauchen andere Informationen. Gerade Feinheiten – und die Religion steckt voller Feinheiten – kann man heutzutage nur vermitteln, wenn man vielseitig informiert. Um es mit einem einfachen Beispiel zu sagen: Man kann nicht über die unterschiedlichen Grüntöne sprechen, wenn man nicht vorher dargestellt hat, daß es Grün gibt.

Man kann auch schildern, daß Christus Verzweiflungsmomente erlebt

W.W.: Wechseln wir zur fünften und sechsten Klasse, in der vorwiegend das Neue Testament vermittelt werden soll, in der fünften Klasse mit Schwerpunkt auf den Heilungen. Wie kann es gelingen, Kinder und Jugendliche in der heutigen Zeit in eine stärkere Verbindung zum Neuen Testament zu bringen? Was ist heute noch zeitgemäß?

Der Große: Das ist zugegebenermaßen sehr schwer und ist eine echte Herausforderung. Wichtig ist aus meiner Sicht, wieder einen Zeitbezug herzustellen. Die Ereignisse vor 2000 Jahren sollten nicht wie eine Insel im luftleeren Raum hängenbleiben. Man sollte also an den Geschichtsunterricht anknüpfen. Von daher wäre es gut, wenn man im Geschichtsunterricht in der Klasse die Ereignisse zur Zeitenwende durchgenommen hat. Ein gewisses geschichtliches Grundwissen müßte also vorhanden sein. Mit Bezügen zur Geschichte sollte man dann also die Zeitabfolge im Leben des Jesus Christus darstellen, und zwar in dem Sinne, daß es 30 Jahre Jesus und gut drei Jahre Christus gegeben hat.

W.W.: Sollte man auch die beiden Jesusknaben erwähnen?

Der Große: Auf jeden Fall! Man kann es hin und wieder auch in Legenden einbetten, wie z.B. in die Christuslegenden von Selma Lagerlöf.

Hier ist z.B. die Geschichte des zwölfjährigen Jesusknaben im Tempel sehr geeignet. Er ist übrigens mit den Kindern der 5. Klasse gleich alt. Hierbei sollte klar werden, daß es sich bei Jesus um einen Menschen handelt, der auch eine menschliche Geschichte hat. Es handelt sich sogar um zwei Menschen, die eine menschliche Geschichte haben.

Später kann man dann die Taten des Christus hinzufügen, auch wieder im historischen Kontext. Und hier gibt es die leichter zu verstehenden Taten, wie z.B. die Heilungen, später auch die schwerer zu verstehenden Taten, also die persönlichen Beziehungen zwischen Christus und den Menschen, wenn er z.B. von den Hohenpriestern gemobbt wird. So ein Begriff darf ruhig fallen. Man kann auch schildern, daß Christus Verzweiflungsmomente erlebt, daß er kräftemäßig am Ende ist, aber dann in die Haltung zum Vatergott hineinkommt, daß dessen Wille geschehen soll. Das wäre der Moment im Gethsemane-Garten. So etwas gehört aus Sicht der geistigen Welt heutzutage in den Unterricht hinein.

Der junge Mensch muß dem Schmerz begegnen dürfen

W.W.: Tod und Auferstehung sollte man also auf jeden Fall in der sechsten Klasse besprechen?

Der Große: Ja, gegen Ende, vielleicht aber auch in der siebten Klasse. Aber man muß auf jeden Fall alles besprechen, was auf diesen Moment hinführt. Das Erkennen des Todes setzt in diesem Lebensalter an, auch die Erkenntnis, daß der Tod etwas Individuelles ist. Der junge Mensch muß in dieser Zeit dem Schmerz begegnen dürfen. Den Schmerz würde ich sogar an bestimmten Stellen betonen.

In bezug auf die Heilungen kann man andere Menschen besprechen, die Schmerzen haben. Später kommt dann wie ein Spiegel der Christus-Schmerz hinzu. Durch diese Zusammenhänge werden die Heilungen plausibler, sie beginnen zu atmen. Der Schüler erlebt es am anderen, dann am Christus und dadurch auch an sich selbst. In diesen Zusammenhängen kann man mit Phantasie sehr viel gestalten.

Als Lehrer muß man natürlich das ganze Neue Testament kennen, wenn man es vermitteln will. Lehrer wirken immer dann unglaubwürdig, wenn sie nur die Ausschnitte kennen, die morgen dran sind.

Es ist seit einigen Jahrzehnten, etwa seit Ende des Zweiten Weltkriegs, an die Menschheit eine Aufgabe herangetragen worden, aus der positiven wie aus der negativen Seite der geistigen Welt, daß man die Notwendigkeit des Todes erkennt – für einen selbst, für andere, für die Welt. Man sollte den Tod nicht mehr verneinen. Man sollte ihn auch nicht verhüllen. Dies hat sich in den letzten Jahrzehnten stark verändert.

Das hat sich durch eine Weltkatastrophe wie den Zweiten Weltkrieg geändert. Durch das Versagen der europäischen Völkergemeinschaft brach der Erste Weltkrieg hervor bzw. wurde initiiert, aber auch die Menschen selbst haben versagt. Deswegen ist aus der negativen Seite der geistigen Welt so etwas wie eine Rachegeste gekommen, die der Menschheit mit dem Zweiten Weltkrieg noch etwas Schlimmeres aufgezwungen hat, eine Art verstärkte Wiedervorlage. Dadurch ist die Menschheit gezwungen worden, den Tod intensiver und genauer zu betrachten, sowohl den individuellen Tod wie auch den Völkermord.

Hiermit hängen auch verschiedene Lebensfragen zusammen, wie z.B. der Freitod, die Sterbehilfe, die Organtransplantation.

Nicht ohne Maßstab in die Wogen der Informationsflut setzen

W.W.: Würdest Du diese Fragen auch mit den Jugendlichen in der sechsten und siebten Klasse besprechen?

Der Große: Selbstverständlich. Wann denn sonst, wenn nicht in dieser Zeit! Diese Fragen gehören zum Neuen Testament. Das Neue Testament gibt auf diese Fragen Antworten.

W.W.: Würdest Du diese Themen auch umfangreicher im Religionsunterricht besprechen oder nur kurz mit dem Evangelium verknüpfen?

Der Große: Ich würde diese Themen intensiv vorstellen; z.B. das Thema der Sterbehilfe würde ich mit allen damit zusammenhängenden ethischen Fragen ausführlich besprechen, und dafür werden wahrscheinlich mehrere Stunden notwendig sein. Anschließend kann man besprechen, wie Christus mit diesen Lebensfragen umgegangen ist. Mit allen Lebensfragen geht das natürlich nicht. Aber in bezug auf viele Lebensfragen kann man darstellen, wie Christus entschieden oder nicht entschieden hat. Das betrifft auch Fragen wie die des Ehebruchs, z.B. bei der Frau, die in der Mitte steht und immer noch in der Mitte des Kreises steht, nachdem alle Menschen fortgegangen sind.

W.W.: Wie soll man mit den zehn Geboten aus dem Alten Testament umgehen?

Der Große: Das ist eine ganz wichtige Frage. Stehen die zehn Gebote im Neuen Testament?

W.W.: Nicht vollständig und in der Reihung des Alten Testaments.

Der Große: Eigentlich stehen sie da gar nicht drin. Wieso sind die zehn Gebote dann christlich?

W.W.: Weil sie von den großen Kirchen übernommen worden sind.

Der Große: Genau. Ich will die Gebote nicht schlechtreden, aber man sollte prüfen, ob der Christus auch solche Gebote im Neuen

Testament gibt. Er tut es, nebenbei gesagt, aber es sind eigentlich nur sieben Gebote. Wenn ich sage, daß die zehn Gebote nicht christlich sind, werden sicherlich manche Religionslehrer schreien und sich die Haare raufen. Christus selbst betrachtet allerdings die zehn Gebote des Alten Testaments.

W.W.: Wird man Deinen Worten nicht entgegenhalten, daß ein Gespräch über Sterbehilfe und ähnliche Themen in der sechsten und siebten Klasse zu früh ist?

Der Große: Sie werden erleben, daß das nicht so ist. Eine der Grundlagen der Waldorfpädagogik ist, daß man die Entwicklung der Menschheitsgeschichte in die Entwicklung der Kinder und Jugendlichen spiegelt. Jedes Kind vollzieht bis zu seinem 21. Lebensjahr in etwa in einer gerafften Form die Menschheitsentwicklung nach. Wenn Kinder bzw. Jugendliche aus einer Schule, in der sie in einem Märchenkontext gehalten wurden, nach Hause gehen, drücken sie auf den Knopf ihres PCs, rufen einen Internetbrowser auf und werden meist mit nicht kindgerechten Informationen konfrontiert. Dadurch bekommen sie kaum ethische Werte mit. Die Kinder und Jugendlichen werden durch das Internet einer Informationsflut ausgesetzt, ohne selbst im schulischen Kontext Werte erhalten zu haben. Märchen u.ä. vermitteln natürlich eine gesunde Grundlage, aber sie reichen nicht aus. Wenn die Lehrer hier nicht etwas Entsprechendes in den Kindern veranlagen, weil sie glauben, viele Themen seien noch zu früh, verantworten sie damit eine Schieflage; denn die Kinder und Jugendlichen leben dauernd in einem Umfeld, in dem sie mit solchen Themen konfrontiert werden.

W.W.: Werden die Religionslehrer jetzt nicht behaupten, daß man zwar wisse, daß die Welt des Internets alle Brutalitäten des Lebens offenbare, aber das heiße ja noch lange nicht, daß man im Rahmen des Religionsunterrichts alle diese Fragen ansprechen müsse? Vermutlich werden sie behaupten, daß man wegen des Internets keineswegs Themen, die ihrer Meinung nach zu früh sind, im Unterrichtsgespräch vorverlegen könne.

Ich stimme Dir zwar weitgehend zu, trotzdem ist es aber so, daß man mit einem Zwölfjährigen definitiv nicht alles besprechen kann. Im Internet gibt es aber alles. Wie sondiert man hier?

Der Große: Selbstverständlich kann man z.B. im 12. oder 13. Lebensjahr nicht alles besprechen, aber man kann die Jugendlichen vorbereitend schulen, man kann ihnen Werte vermitteln, auch wenn es noch nicht die eigenen Werte sind. Das sind dann zumindest Werte von Personen, denen sie vertrauen. Dadurch erhält der Jugendliche einen Maßstab. Es ist sehr viel sinnvoller, einem Kind oder Jugendlichen einen Maßstab mitzugeben, als ihn bzw. sie ohne Maßstab in die Wogen der Informationsflut zu setzen. Wichtig u.a. ist, daß der junge Mensch, der noch sehr prägsam ist, etwas mitbekommt, an das er sich halten kann, bevor er sich aus irgendwelchen merkwürdigen Foren eigene Maßstäbe zusammenbastelt. Deshalb ist es besser, ihm bzw. ihr von einer Vertrauensperson einen Maßstab mitzugeben, auch dann, wenn dieser Maßstab vielleicht etwas zu früh kommt. Man kann auch einem ganz kleinen Kind, das noch keine Zahlen lesen kann, ein Lineal in die Hand geben, damit es damit einen geraden Strich zieht. Wenn man keine Maßstäbe geben will, muß man ertragen, daß sich die Schüler ihre eigenen Maßstäbe aus dem Internet zusammensuchen.

Auf die Bilder in den Köpfen der Schüler eingehen

W.W.: Ein Problem sind die Medien, und wenn die Kinder und Jugendlichen zu Hause in Fülle Filme, Computerspiele u.ä. konsumieren, sind sie am nächsten Morgen in der Schule, besonders am Montag, voller Horrorbilder. Viele Jugendliche werden auch noch während der Schulzeit bereits die nächsten Strategien für das Computerspiel, mit welchem sie sich gerade befassen, entwickeln und somit noch weniger am Unterricht teilnehmen können. Ihre Gedanken kreisen um diese Spiele oder die Bilder der jüngst konsumierten Filme, und diese Bilder sind in ihrem Gehirn und ihrem Ätherleib. Nun sitzen sie beispielsweise im Religionsunterricht, und die Lehrerin oder der Lehrer erzählt eine religiöse Geschichte. Vermutlich kommen diese religiösen Bilder gar nicht mehr an die Kinder heran, weil sie mit anderen Bildern vollgestopft sind bzw. weil diese anderen Bilder sehr viel stärker wirken. Wie kann man dieses Problem lösen oder zumindest tendenziell ein wenig mildern, wenn auch vielleicht nicht gänzlich heilen?

Der Große: Das ist möglich, wenn es auch nicht einfach ist. Nehmen wir ein Standardbeispiel: Der Religionslehrer möchte über Moses erzählen. Er beschreibt Moses, wie er damals aussah, vielleicht mit einer Kutte oder mit einem Gewand, mit einem Stab in der Hand, vielleicht war er ganz anders gekleidet als seine ägyptischen Nachbarn. Dieser Moses tritt sehr kompakt auf, eher ärmlich gekleidet, ohne schillernde Gewänder oder gar eine Kampfausrüstung. Der Religionslehrer versucht also diesen Moses, vielleicht mit tendenziell pathetischen Worten, in dieser Weise zu beschreiben. Und die Klasse kontert nun vielleicht mit ähnlichen Gestalten aus irgendeinem Film oder Computerspiel, vielleicht mit Yedi-Rittern aus einem Star-Wars-Film, die vielleicht genauso gekleidet sind, wie der Religionslehrer gerade Moses beschrieben hat. Und dann meldet sich ein Schüler und sagt: *„Kenn ich"* und nennt einen Namen aus einem ihm bekannten Film.

W.W.: Das geschah mir auch einstmals im Religionsunterricht, als ich mit den Schülern *„Geh aus, mein Herz, und suche Freud"* sang: Da meldete sich ein Schüler der fünften Klasse und sagte: *„Kenn ich. Das habe ich gerade im Film* „Indiana Jones" *gesehen, da wurde auch einem das Herz rausgerissen."* Er hatte *„Geh aus, mein Herz"* als Herzrausreißen verstanden. In ihm lebten diese Bilder stärker als der Sinnzusammenhang dieses Liedes. Was tut man in diesem Fall?

Der Große: Aufgreifen.

W.W.: Wie?

Der Große: Auf keinen Fall sollte man sagen: So einen schlechten Film hast Du gesehen! Das wäre ganz falsch. Man sollte auch keinesfalls androhen, daß man mal mit den Eltern sprechen würde. Das wäre ebenso falsch. Man kann auf den Inhalt des Films eingehen, man kann fragen, ob die Gestalten im Film das gleiche wie Moses tun. Und dann kommen von den Schülern bestimmt Fragen nach dem, was Moses denn so alles gemacht hat. Und so kommt man ins Gespräch, ob Moses ähnliches, gleiches oder anderes als z.B. die Yedi-Ritter gemacht hat. Und schon ist Spannung im Klassenraum.

Vielleicht kommt auch ein bestimmter Songtext zur Sprache, und dann geht man auf diesen ein. Man muß auf jeden Fall auf die Bilder, die in den Köpfen der Schüler sind, eingehen. Man sollte gleichzeitig Parallelen zu den religiösen Bildern suchen, vielleicht auch gegenteilige Bilder. Man kann beide miteinander vergleichen und die Schüler fragen, was ihnen besser gefällt. Man kann sie fragen, welche Gestalten ihnen sympathischer sind, welches Bild sie schöner finden. *„Geh aus, mein Herz, und suche Freud: Macht das Herzrausreißen Freude?"* Man sollte den Bildern, die die Schüler mitbringen, positive Bilder entgegensetzen; aber es sollten Bilder sein, die zu ihren Bildern passen. Man kann auch über Indiana Jones sprechen und die Jugendlichen fragen, was er sucht, dann kommt man vielleicht auf den siebenarmigen Leuchter, den er sucht, er sucht die Bundeslade – und schon ist man beim salomonischen Tempel.

W.W.: Natürlich wird es nicht immer mit einem solch klassischen Beispiel ablaufen. Man kommt in den Unterricht, möchte etwas darstellen, die Kinder und Jugendlichen sind voll mit Bildern aus den Computerspielen und wissen natürlich, daß der Lehrer bzw. die Lehrerin das nicht so unbedingt schätzt, und werden davon eher weniger erzählen. Die Verbindung beider Bilderwelten wird nicht so ohne weiteres möglich sein. Man müßte also schon bewußt auf die Kinder zugehen, sie darstellen lassen, was sie am Abend vorher gesehen haben, damit diese Bilder herauskommen.

Der Große: Ja, man sollte sich als Lehrerin oder Lehrer natürlich immer informieren, welche Filme und Computerspiele gerade „in" sind, und dann kann man vielleicht auch mal ganz bewußt einen solchen Film oder ein solches Computerspiel thematisieren.

W.W.: Also ruhig platzgreifend im Religionsunterricht über diese Inhalte sprechen?

Der Große: Auf jeden Fall! Die Bilder sind ja ohnehin in den Köpfen der Schüler.

Christusheilungen in die heutige Welt transponieren

W.W.: Sollte man die Kinder die Horrorbilder aus den Computerspielen auch hin und wieder im Religionsunterricht malen lassen, damit diese Bilder herauskommen und Gestalt annehmen?

Der Große: Auf jeden Fall. Daran könnte man sehr gut die Heilungen des Christus anfügen und die Schüler fragen, ob sie der Meinung sind, daß der Christus diese Horrorgestalten auch heilen könnte. Man sollte die Christusheilungen in die heutige Welt transponieren. Man könnte ja die Schüler fragen, wie der Christus gegenüber solchen Horrorgestalten auftreten würde, wie er so etwas heilen könnte usw. Dadurch schafft man Bezüge. Man schafft Bezüge zur Welt der Kinder und Jugendlichen. Man schafft Bezüge zu den Bildern, mit denen sie vollgeknallt sind.

Natürlich muß man ein wenig aufpassen, weil in jeder Klasse auch die abgeschirmten Kinder sitzen, die diese Bilder nicht in ihrer Seele haben.

W.W.: Daraus ergibt sich natürlich eine große Diskrepanz in der Klasse.

Der Große: Dann kann man diejenigen Schülerinnen oder Schüler, die die Filme gesehen haben, auffordern, denjenigen Klassenkameradinnen oder Klassenkameraden, die diese Filme nicht kennen, den Inhalt zu erzählen. Schon werden sie aktiv und regen ihre Phantasie- und Erinnerungskraft an.

W.W.: Dadurch ergibt sich sicherlich auch eine Spannung in der Klasse, z.B. indem einige diese Filme und Bilder nicht gut finden werden.

Der Große: Genau, und dadurch ermöglicht sich ein Gespräch über Werte. Es ist auch wichtig herauszuarbeiten, daß nicht alles cool ist, was in den Filmen vorkommt, sondern daß dort auch Menschen oder andere Wesen verletzt und getötet werden. Und schon ist man wieder im Heilungsgeschehen. Heilungen und Gewalt kann man gut in Beziehung setzen.

Man kann die Kinder auch auffordern, in mitgebrachten Bibeln zu lesen und weitere Heilungen zu suchen. Vielleicht schauen sie dann zum ersten Mal ins Neue Testament. Für mich, aus geistiger Perspektive, ist es auch wichtig, daß man Matthäus, Markus, Lukas und Johannes nicht einfach als Namen eines Testaments überstülpt, sondern man sollte den Schülern auch einen Eindruck von diesen Menschen vermitteln.

W.W.: Wie sollte man die Heilungen des Christus näher beschreiben, wenn man mit den Kindern darüber spricht? Es reicht ja nicht, daß man nur sagt, daß Christus Menschen heilt, daß er ein Gott ist und alles kann, sondern es sollte schon etwas genauer dargestellt werden, wie er heilt. Vielleicht ergibt sich auch die Frage, ob Menschen dies auch können. Wie kann man den Jugendlichen vermitteln, wie eine solche Heilung vonstatten geht, ohne zu sehr anthroposophische Begriffe zu nennen?

Der Große: Zuerst sollte man die Heilungen selbst etwas näher betrachten. Berührt Christus den Menschen, oder spricht er nur? In einem Fall vermischt er Erde mit Speichel und reibt diese Mischung in die Augen. Das ist ja schon eine Art Tablette, zumindest ein zusätzliches Medium. Bei anderen legt er die Hand auf. Bei anderen, z.B. beim Hauptmann von Kapernaum, reicht das Wort.

Und dann muß man natürlich nach Bezügen suchen. In bezug auf die Heilung mit Worten kann man den Johannes-Prolog hinzuziehen, man kann genauso auf die nordischen Mythologien zurückgreifen, wo das Wort ebenfalls eine große Rolle spielt. Der Atem kommt in vielen Schöpfungsmythen vor. Genauso kann man auf die Genesis zurückgreifen, wo ein göttliches Wesen spricht: *„Es werde Licht!“* Es gibt viele Möglichkeiten, über die Kraft des Wortes zu sprechen.

Ermüdungseffekte vermeiden

W.W.: Ein anderes Problem entsteht auch noch in der Waldorfschule, u.a. in der dritten und vierten Klasse, wenn im Hauptunterricht ebenfalls das Alte Testament durchgenommen wird, später auch die nordische Mythologie, und der Religionslehrer dann oft erlebt, daß die Schüler die Geschichten aus dem Alten Testament schon kennen. Ein weiteres Problem ist, daß im Hauptunterricht und in anderen Fächern sehr viel gemalt wird und die Kinder dann hin und wieder überdrüssig sind, im Religionsunterricht auch noch zu malen. Hast Du hierzu einige praktische Vorschläge?

Der Große: Eigentlich ist es sehr weise, die Schüler malen zu lassen, weil sie dadurch eine Möglichkeit haben – und das ist der

Zukunftsgriff –, sehr viel aus sich herauszusetzen. Das ist auch wegen der schon angesprochenen Horrorbilder sehr wichtig. Nicht so wichtig ist, daß die Kinder den erzählten Stoff malen. Sie sollen vielmehr die Möglichkeit haben, das aus sich herauszusetzen, was in ihnen lebt.

Der parallele Stoff im Hauptunterricht und im Religionsunterricht ist ein Problem. Es kann eine große Hilfe sein, daß derselbe Stoff verschiedentlich erzählt wird, aber hier müßte eine intensive Gesprächskultur zwischen Religionslehrer und Klassenlehrer entstehen. Das geschieht sicherlich nicht überall. Man müßte sich absprechen, indem z.B. der eine den eher geschichtlichen Teil durchnimmt, der andere mehr auf verschiedene Inhalte eingeht. Es ist ungut, wenn beide genau die gleiche Geschichte erzählen. Das hat einen Ermüdungseffekt. Gerade bei heutigen Kindern ist das intensiv der Fall. Die heutigen Kinder sind es gewöhnt, Bild nach Bild geliefert zu bekommen, Information nach Information, und alles in Sekundenschnelle. Sie hören beim zweiten Mal schon gar nicht mehr zu. Deswegen muß etwas Neues kommen, etwas anderes. Man muß sich abstimmen, daß der eine diese, der andere jene Gestalten nimmt. Man kann also, wenn im Hauptunterricht die Epoche Altes Testament läuft, eine andere Mythologie, z.B. die nordische, im Religionsunterricht darstellen. Dadurch regt man die Kinder an, Ähnlichkeiten zu suchen.

Religionsunterricht zusammenlegen und Ethik vermitteln

W.W.: Ist es noch zeitgemäß und vor allem ökonomisch, daß die Pfarrer der Christengemeinschaft und die Religionslehrer für den freien christlichen Unterricht an der Waldorfschule getrennte Unterrichtsstunden geben? Sollte man diesen Unterricht, mit Ausnahme des Konfirmationsunterrichts, zusammenlegen?

Der Große: Auf jeden Fall sollte man ihn zusammenlegen, vielleicht auch mit allen anderen Konfessionen. Das muß natürlich im Einzelfall entschieden werden. Der Religionsunterricht sollte auch ganz stark ethische Gesichtspunkte enthalten. Ohne Ethik geht Religion nicht. Ethikunterricht vermittelt Maßstäbe für alle Fragen der Gesellschaft und der Jugendlichen. Und dann kann man z.B. ein Idol besprechen, das wie Gott behandelt wird, aber nicht Gott ist. Dafür brauchen die jungen Menschen allerdings Maßstäbe. Und dafür braucht man Ethik.

Ethik braucht man aber auch dafür, um Religion und Religiosität überhaupt verstehen zu können. Im Endeffekt hat alles mit Moral zu tun. Moral kann man keinem Menschen erklären, wenn man nicht vorher ethische Maßstäbe erarbeitet hat. Und Ethik ist für alle Religionen – für

Muslime, für Katholiken, für Protestanten, für Menschen aus der Christengemeinschaft – gleich. Insofern würde ich den Religionsunterricht zusammenlegen. Früher wurde die Ethik in den Familien erklärt und beigebracht. Vielleicht gab es einen Vater, der sich als Herr der Ethik fühlte. Diese Figur ist heute meist überhaupt nicht mehr vorhanden oder überhaupt nicht mehr tolerabel mit seinem schlechten Benehmen. Folglich reicht die Vermittlung von Religion im Religionsunterricht nicht mehr aus, und man muß sogar Ethik vermitteln.

W.W.: Auch recht früh?

Der Große: Sehr früh! Je früher, desto besser. Aber es muß kindgerecht und angemessen zugehen, denn in den unteren Klassen kann man nicht gleich mit der gedanklichen Ethik kommen. In den unteren Klassen ist auch bereits ein Maßstab in einfacher Form eine Hilfe, wenn man in bezug auf Horrorfilme formuliert: *„Ich finde diese Filme nicht gut, sie tun meiner Seele weh. Deshalb schaue ich sie mir nicht an."* Auf diese Weise kann man als Vorbild mit einem Maßstab, mit einem ethischen Grundsatz wirken. Je älter die Schüler werden, desto abstrakter muß man das natürlich begründen.

Ist der religiöse Erziehungsauftrag der Christengemeinschaft gescheitert?

W.W.: Ich formuliere jetzt etwas provokant eine These, die ich nicht belegen kann, die aber aus meiner Sicht vermutlich der Realität sehr nahe kommen wird. Würde man alle Menschen, die in den letzten 40 Jahren in Deutschland am CG-Unterricht, samt Sonntagshandlung und Konfirmation, während ihrer nächsten vier Lebensjahrzehnte untersuchen im Hinblick auf die Frage, ob sie nach der Konfirmation den Weg zurück in die Christengemeinschaft gefunden haben, so vermute ich einmal, daß dies allerhöchstens ein kleiner einstelliger Prozentsatz sein wird. Nun kann man nicht verleugnen, daß die Christengemeinschaft u.a. auch so wirken sollte, daß sie ihre Kräfte nicht nur frei in die Welt verströmt, sondern daß die Menschen auch zur Christengemeinschaft finden, um in ihr das religiöse Leben zu gestalten. Wenn man aber über Jahrzehnte sieht, daß die Jugendlichen nach der Konfirmation mit der Christengemeinschaft nichts mehr zu tun haben wollen, sollte man dann nicht davon sprechen, daß der religiöse Erziehungsauftrag der Christengemeinschaft mehr oder weniger – wenn auch bei jedem Pfarrer unterschiedlich – weitgehend gescheitert ist? Ich weiß, daß jetzt viele aufbegehren und darauf hinweisen werden, daß man in den Jugendlichen etwas veranlagt und daß dies im späteren Leben zu Früchten kommen wird; man wird auf die schwierigen Zeiten verweisen und sagen, daß die Jugendlichen irgendwann schon zur Christengemeinschaft zurückkommen werden. Bloß, wenn man die letzten vier Jahrzehnte betrachtet, kann man ja sehen, daß sie nicht kommen. Wie siehst Du das?

Der Große: Das ist ein schwieriges Problem. Man darf die Zeitsignatur nicht außer acht lassen. Vor etwa dreißig oder vierzig Jahren war dies phasenweise anders. In dieser Zeit haben die Jugendlichen auch in der Christengemeinschaft sehr viel gemacht, diskutiert, und es war allgemein eine Aufbruchstimmung. Die ist heute nicht mehr vorhanden. Das stimmt.

W.W.: Aber das meine ich nicht. Es geht mir darum, daß die Jugendlichen irgendwann nach der Konfirmation den Weg zurück bzw. überhaupt zum ersten Mal in die Christengemeinschaft finden, weil ihnen der Kultus etwas bedeutet. Und ich glaube, daß man mittlerweile, einige Jahrzehnte überblickend, sagen kann, daß die Jugendlichen, die am CG-Unterricht teilgenommen haben, in den Jahrzehnten nach der Konfirmation nicht den Weg in die Christengemeinschaft gefunden haben, zumindest nicht sehr viele.

Der Große: Immerhin werden einige von ihnen, wenn ihre Kinder in die Schule kommen, mit der Notwendigkeit des Religionsunterrichts konfrontiert, und dann beschäftigen sie sich doch wieder teilweise mit der Christengemeinschaft.

W.W.: Das wird und mag bei einigen so sein, aber bei den meisten sicherlich eher nicht. Es sind äußere Notwendigkeiten, die die Eltern dazu bringen, wiederum mit der Christengemeinschaft in Berührung zu kommen, nämlich weil ihr Kind in die Schule kommt und an einem Religionsunterricht teilnehmen muß. Das teilt man dann irgendwie auf, oft auch nach Sympathie, dann sitzen die Kinder im Religionsunterricht der Christengemeinschaft, nach sieben Jahren werden sie konfirmiert, und weg sind sie. Und ob die Eltern dann bleibende Mitglieder der Christengemeinschaft sind bzw. ob sie ein gestaltetes Religionsleben wollen, möchte ich sehr in Frage stellen.

Der Große: Sicherlich hast Du weitgehend recht. Es gibt aber durchaus eine gewisse Gruppe von Menschen, die ein gestaltetes Religionsleben wollen, hin und wieder auch aufgreifen und durchhalten.

W.W.: Dann müßte man sie ja physisch sehen. Ich habe natürlich keine Erhebungen gemacht, es mag in vielen Gemeinden durchaus einige davon geben; aber die weitaus größte Zahl derjenigen, die irgendwann einmal konfirmiert wurden, sieht man nicht mehr. Seit Jahrzehnten gehen doch die Jugendlichen in allen Gemeinden der Christengemeinschaft durch die Konfirmation. Das werden immer mehr. Noch leben die meisten, die nach dem Zweiten Weltkrieg konfirmiert worden sind. Aber sind sie wirklich wieder zur Christengemeinschaft gestoßen? Eigentlich müßte die Mitgliederzahl der Christengemeinschaft durch diese Menschen anwachsen. Ich glaube aber, daß das Gegenteil der Fall ist.

Der Große: So ist das in Deutschland. In anderen Ländern ist dies nicht der Fall.

Es ist eine der Klingen der Freiheit, daß manchmal etwas nicht kommt, was wünschenswert wäre. Man kann sich die Frage stellen, ob der Religionsunterricht dazu da ist, daß die Menschen im späteren Leben den Weg in die Christengemeinschaft finden. Das muß nicht so sein, aber *ein* Ziel ist es schon. Du spricht in der Tat ein großes Problem an. Die heute lebenden Menschen finden nicht den Weg in die Christengemeinschaft. Es wäre mir allerdings zuwider, wenn der Religionsunterricht der Christengemeinschaft zu einer Art Zwangsmitgliedschaft in der Christengemeinschaft führen würde, wie das bei den anderen Kirchen der Fall ist.

W.W.: Daran denke ich nicht einmal! Ich hoffe lediglich darauf, daß die Menschen, die am Religionsunterricht der Christengemeinschaft und der Sonntagshandlung sieben Jahre teilnehmen, so viele Zukunftskeime in sich tragen, daß sie aus eigenem Antrieb, aus Freiheit, in späteren Jahren den Kultus der Christengemeinschaft wollen.

Zu streng an Vorgaben gehalten

Der Große: Das wäre eine wünschenswerte Variante. Der Religionsunterricht der Christengemeinschaft müßte so gut sein, daß die Menschen in späteren Jahren in Scharen am Leben der Christengemeinschaft teilnehmen. Und hier muß sich heute in der Tat viel ändern. Hier muß sich etwas tun. Der Religionsunterricht muß wieder so gut werden, daß dies passiert. Diese Fragen werden viele Religionslehrer sehr persönlich nehmen. Man sollte ihnen eine Möglichkeit geben, damit schonend umzugehen, indem man ihnen z.B. sagt, daß sie sich zu streng an Vorgaben gehalten haben. Sie haben nicht aus ihrer persönlichen Freiheit auf die Bedürfnisse der Kinder und die Veränderungen der Zeit geschaut. Sie haben diese Vorgaben über diese Bedürfnisse und Veränderungen in der Zeit gestellt. In dem Moment, in dem man das gravierend ändert, wird der Prozentsatz der sogenannten Abgänger, die in späteren Jahren in die Christengemeinschaft finden, ansteigen.

W.W.: Genau das ist mein Ansinnen. Ich will auch gar nicht alles kritisieren oder zu schwarz sehen, sondern ich leide unter diesen

Zusammenhängen und möchte so viele Menschen wie möglich mit diesen Gesprächen anregen, die Problemfelder zu betrachten und alles mögliche zu tun, fruchtbare Veränderungen zu versuchen. Man muß sich der Probleme bewußt werden, um sie heilen zu können, um Veränderungen herbeizuführen. Und wenn man sieht, daß die meisten Jugendlichen nach der Konfirmation in die Welt gehen und keinen Kontakt zur Christengemeinschaft wollen, dann stimmt irgend etwas nicht; dann ist diese Art von Unterricht m.E. weitgehend gescheitert.

Der Große: Das sehe ich ähnlich. Diese Veränderungen will ich genauso. Ich möchte nur die persönlichen Schuldgefühle und Aggressionen der Religionslehrer ein wenig dämpfen, möchte aber trotzdem anmerken, daß sie sich zu direkt über ihre persönliche Wahrnehmungsmöglichkeit hinaus an Vorgaben gehalten haben, die nicht mehr zeitgemäß sind. Es kann sogar sein, daß sie sich an diese Vorgaben halten mußten, weil es ihnen von ihren Vorgesetzten so vorgeschrieben worden ist bzw. weil die Kollegen dies genauso gemacht haben.

Ihr müßt akzeptieren, daß bei der Beschleunigung der Zeit, bei der Beschleunigung der momentanen Entwicklung auf der Erde, Vorgaben regelmäßig überprüft werden müssen. Das gilt auch für das, was wir hier besprochen haben und besprechen. Auch diese Worte müssen regelmäßig und grundlegend überprüft werden.

W.W.: Vielleicht kennen andere Menschen noch ganz andere Möglichkeiten, haben noch viele weitere Ideen. Wir reißen hier ja nur kurz die Probleme an.

Der Große: Davon bin ich überzeugt. Es gibt mit Sicherheit viele Menschen, die ganz großartige Ideen haben.

Auf eines möchte ich aber noch dringend hinweisen, was wir nur ansatzweise haben anklingen lassen: Die Angst vor Dogmen ist heutzutage sehr groß. Bei vielen löst allein der Begriff Kirche eine starke Abwehr aus. Sie legen die Scheuklappen an, sie wollen nichts weiter hören. Das ist ein Ergebnis der immer stärker werdenden Individualisierung von immer mehr Menschen. Lediglich der Verdacht eines Dogmas treibt große Mengen von Menschen zur rasenden Flucht an. Das verursacht mir persönlich große Schmerzen. Denn eigentlich soll alles, was im Rahmen der Christengemeinschaft lebt, die menschliche innere Freiheit ansprechen, aber nicht die menschliche Unfreiheit. Trotzdem muß alles in der Mitte bleiben, und sowohl die eine Seite des Dogmas als auch die andere Seite der völligen Beliebigkeit sind Fehlwege. Der Christus steht in der Mitte.

V – Das Problem anthroposophischer und religiöser Begriffshülsen in der Erziehung und warum man die Jugend nicht mehr erreicht

Der Umgang mit der Anthroposophie wird in vielen anthroposophischen Elternhäusern nicht authentisch gelebt

W.W.: Schauen wir ein wenig auf die häusliche Erziehung. Es ist ein offenes Geheimnis, daß auch viele Kinder von Anthroposophen im späteren Lebensalter keinen Bezug zur Anthroposophie und zur Christengemeinschaft bekommen, sich oft sogar total davon abwenden, obwohl die Eltern versucht haben, ihnen vieles nahezubringen – Besuch der Waldorfschule, der Sonntagshandlung und des Religionsunterrichts der Christengemeinschaft, durch Feiern der Feste zu Hause und eine tolerante freilassende Erziehung zu Hause. Eigentlich ist alles angelegt worden, aber der Bezug der jungen Erwachsenen zur Religion und zur Anthroposophie ist nur selten zu bemerken. Woran liegt das? Was macht man falsch? Oder macht man nichts falsch?

Der Große: Doch. Wissend um die Frustration, die ich jetzt auslöse, möchte ich trotzdem sagen, daß diese gutgemeinte Zurückhaltung falsch ist. Sie war nicht immer falsch, ist aber im Laufe der Zeit falsch geworden. Es entsteht nämlich bei den Kindern und Jugendlichen dadurch der Eindruck, daß ihre Eltern und andere Erwachsene bestimmte Themen vor ihnen nicht besprechen wollen, weil die Eltern die Kinder nicht dogmatisieren wollen. Das ist eine Haltung, die nicht authentisch wirkt. Kinder und Jugendliche wollen aber authentisch sein und auch so behandelt werden, und wenn sie diese nichtauthentische Haltung bemerken, nehmen sie auch die zurückgehaltenen religiösen und anthroposophischen Inhalte nicht an. So einfach ist das.

W.W.: Ich glaube nicht, daß man das so einfach und so schwarzweiß sehen kann. Ich kenne durchaus eine Reihe authentischer Anthroposophen, die selbstverständlich ihre Kinder nicht dogmatisieren wollten, entsprechend auch vorsichtig mit geistigen Fragen an sie herangetreten sind, aber trotzdem darüber gesprochen haben und dies auch vorgelebt haben. Die Themen waren also durchaus im Gespräch. Jedes Mehr wäre vermutlich zuviel gewesen. Trotzdem wollen die Kinder oftmals nichts von Religion und Anthroposophie wissen, auch nicht, wenn sie 30 Jahre oder älter werden. Aus meiner Sicht muß hier noch etwas ganz anderes sehr falsch laufen, aus welchen Gründen auch immer. Und das halte ich vor dem Hintergrund aller Fragen, die wir hier schon besprochen haben, vor der brisanten katastrophalen Weltentwicklung und vor der Notwendigkeit einer spirituellen Gesinnung von immer mehr Menschen für äußerst problematisch. Hier läuft irgend etwas gehörig schief.

Der Große: Das Problem ist sehr vielschichtig und ist mit „falsch" oder „richtig" nicht zu beantworten. Das ist meine Schwierigkeit bei der Beantwortung. Solange die Eltern vor den Kindern authentisch aufgetreten sind, auch mit entsprechender Zurückhaltung in bezug auf anthroposophische Inhalte, haben sie selbstverständlich alles richtig gemacht. Sicherlich findet die Anthroposophie im Leben der erwachsen werdenden Menschen oft wenig Resonanz. Das stimmt.

Trotzdem erlebe ich – und das wird wieder sehr viele frustrieren –, daß der Umgang mit der Anthroposophie in vielen anthroposophischen Elternhäusern nicht authentisch gelebt wird. Ähnliches erleben die Schüler, besonders die älteren Jugendlichen, auch in sehr vielen Waldorfschulen und in der Christengemeinschaft. Viele Erwachsene sind für sie nicht überzeugend, nicht authentisch. Sie erleben an ihnen, daß viel über Anthroposophie geredet, diese aber nicht gelebt wird. Das ist leider so.

Trotzdem gibt es Menschen, die authentisch leben und deren Kinder keinen Bezug zur Christengemeinschaft und zur Anthroposophie bekommen. Und es gibt auch einige, die beides hinbekommen. Aber sehr viele reden anthroposophisch, handeln aber ganz anders. Viele reden hehre Worte, handeln aber ganz entgegengesetzt. Sie sprechen z.B. darüber, wie freilassend man die Seele behandeln solle, gehen aber ganz entgegengesetzt mit ihren Partnern oder anderen Mitmenschen um. Die Kinder und Jugendlichen, die das jahrelang im Elternhaus miterleben, sehen solche Verhältnisse nicht als ihre Heimat, sondern als ihr Gefängnis an. Und aus diesem Gefängnis streben sie hinaus. Dann sind sie über lange Strecken ihres Lebens, zumindest solange die Sonne in ihrem Leben scheint, nicht bereit, auf die Christengemeinschaft, auf anthroposophische Zusammenhänge und auf die Anthroposophie zuzugehen. Es könnte sein, daß das anders wird, wenn die andere Geste in ihr Leben tritt.

W.W.: Man kann schon mindestens vier Jahrzehnte überschauen; diejenigen, die vor vierzig Jahren konfirmiert wurden, sind heute 54 Jahre alt. Und ich stelle nicht fest, daß viele Jugendliche oder jüngere

Erwachsene, die aus anthroposophischen Elternhäusern gekommen sind, die anthroposophischen Einrichtungen stärken.

Der Große: Sicherlich. Trotzdem, wenn man in die Geschichte der letzten Jahrzehnte schaut, kann man feststellen, daß sehr viel Anthroposophie gemacht und gelebt wird, an Stellen in der Gesellschaft, die man gar nicht vermutet.

W.W.: Selbstverständlich, hier gibt es eine ganze Menge. Aber vieles ist im Sinne der Umgestaltung gesellschaftlicher oder sozialer Zusammenhänge, was natürlich alles wunderbar und idealistisch ist, weil man diese Welt irgendwo etwas besser machen möchte. Oft aber fehlt vielen engagierten Initiativen die Spiritualität. Die Frage ist, ob auch gesellschaftliches Engagement mit anthroposophischem Hintergrund bei der heutigen Jugend vorliegt. Und das ist m.E. ziemlich dünn.

Der Große: Warten wir es ab. Es ist ihre Freiheit, was sie daraus machen. Man sollte immer so authentisch mit der Anthroposophie umgehen, daß die Jugendlichen ihre Freiheit dazu nutzen, über die Anthroposophie zu einer eigenen Authentizität zu kommen, die sie auch leben können und wollen. Gerade in bezug auf die heutige Jugend habe ich große Hoffnungen, denn in den Medien und anderen Bereichen des Lebens wird ihnen so viel vorgelebt, was sie eigentlich ablehnen, so daß ich hoffe, daß sie etwas Eigenes entwickeln.

Jugendliche finden sich in anthroposophischen Begriffen nicht wieder

Ein weiteres Problem ist – und ich weiß, daß Du es noch ansprechen wirst –, daß viele religiöse und anthroposophische Begriffe nicht mehr in die heutige Zeit passen. Das ist ein wirkliches Problem, und ich weiß, daß es unter den derzeit lebenden Anthroposophen und Mitgliedern der Christengemeinschaft eine große Gruppe gibt, die an diesen Begriffen nicht rühren will; aus wahren und unwahren Gründen. Oft auch aus einer großen Mischung von Gründen. Die heutigen Jugendlichen finden sich mit ihrer Seele und ihren Problemen und Vorstellungen in diesen Begriffen nicht wieder, deswegen haben sie überhaupt kein Interesse, auf die Anthroposophie zuzugehen.

Ein weiterer Punkt ist, daß durch die Informationsgesellschaft auch aus anderen Kulturen und Religionen viele wertvolle Dinge an die Menschen heranströmen, z.B. aus dem Buddhismus, und zwar in einer Vielfalt, die absolut neu ist. Das betrifft die gesamte Weltbevölkerung. Das ist auch Globalisierung. Andererseits kann man auch sagen, daß viele junge Menschen, die ihre Eltern etwas milde lächelnd wegen ihrer anthroposophischen Betätigung anschauen und sich überhaupt nicht zur Anthroposophie bekennen, in ihrem Alltag ähnliche Wertemaßstäbe leben. Sie verhalten sich in ihrem Leben anders, als wenn sie nichtreligiös oder nichtanthroposophisch erzogen worden wären. Das ist auch eine Tatsache, und das ist eine gute Tatsache.

Es muß sich etwas ändern

W.W.: Das ist alles wunderbar, und das soll auch so sein. Das ist aber nicht genau das, was ich meine. Ganz vereinfacht könnte man sagen, daß die Anthroposophie zum einen dafür angetreten ist, daß die Menschen durch sie viele Lebensbereiche menschlicher und vor allem spiritueller gestalten können; andererseits ist sie aber auch angetreten, damit man Geistiges in einer modernen Weise denken, fühlen und wollen kann, damit die Wesenhaftigkeit dieser Welt verstanden und gelebt wird, alles in allem: damit die Welt einen Schritt spiritueller wird. Und da reicht nicht eine andere Lebenshaltung, sondern hier muß schon die geistige Welt real angeschaut und benannt und einbezogen werden. Und die Christengemeinschaft wie auch die Anthroposophische Gesellschaft und eigentlich alle Anthroposophen, die irgendwo wirken, sind ja mehr oder weniger auch deswegen angetreten, um anderen Menschen davon zu erzählen, daß es eine geistige Welt gibt. Und eigentlich hoffte ich, daß diese Gruppe von Menschen quantitativ wachsen würde. Das sehe ich aber in den letzten Jahrzehnten nicht. So gesehen meine ich, daß hier etwas grundlegend nicht stimmt. Und ich höre seit 40 Jahren über die Jugendlichen, die z.B. in der Christengemeinschaft konfirmiert worden sind, daß sie schon irgendwann in ihrem Leben zur Christengemeinschaft zurückfinden würden.

Der Große: Das stimmt, ich will Dich auch nicht vertrösten. Ich wollte nur sagen, daß es in eurer Gesellschaft vieles gibt, was ähnlich ist, aber ein anderes Etikett hat als die Anthroposophie. Trotzdem sprichst Du ein gravierendes Problem an. Vieles in der Bewegung der Grünen, zumindest in den Anfängen, wurde auch von Anthroposophen mitgestaltet. Ähnliches finden wir auf sehr vielen Gesellschaftsfeldern. Natürlich ist das keine reine Anthroposophie, es hat letztendlich vielleicht gar nichts mehr damit zu tun.

Aus geistiger Sicht ist es so, daß die ökologische Bewegung entstanden ist, weil die Anthroposophie in die Welt gekommen ist – was nicht heißt, daß alle ökologisch orientierten Menschen Anthroposophen sind, und was ebenfalls nicht heißt, daß man eine direkte Beziehung knüpfen kann. Aber durch das Auftreten der Anthroposophie ist für die ökologische Bewegung ein gewisser Boden geschaffen worden.

Das ist jetzt aber nicht unbedingt das von Dir angeschnittene Thema. Aber man sollte es nicht vergessen. Vieles in der heutigen Zeit gäbe es nicht, wenn die Anthroposophie nicht in die Welt getreten wäre, obwohl die heutigen Darstellungsformen vordergründig überhaupt nichts mehr mit der Anthroposophie zu tun haben.

Momentan sieht die anthroposophische Entwicklung und die der Christengemeinschaft relativ düster aus, aber ich habe einen größeren Überblick und kann aufgrund der letzten ca. 110 Jahre sagen, daß die Möglichkeit durchaus vorhanden ist, daß es in absehbarer Zeit, auch wenn das heute noch nicht zu sehen ist, zu einer größeren Spiritualisierung von mehr Menschen kommen kann. Diesen Überblick habe ich, obwohl ich nicht weiß, was sich aus der Freiheit der Menschen entwickeln wird.

W.W.: Ich rede aber über die heutige Zeit und über die letzten vier Jahrzehnte.

Der Große: Es ist schon richtig, daß es die Anthroposophie heute sehr schwer hat, gleichermaßen die Christengemeinschaft. Es ist auch so, daß die gegenwärtig lebenden Menschen tendenziell eher keine Anthroposophen werden. Insofern sind die Früchte, die Du erhoffst, kaum vorhanden. Trotzdem sehe ich die Zukunft eher nicht schwarz. Und deswegen reden wir hier miteinander, weil sich etwas ändern muß. Es muß sich etwas ändern, damit wieder mehr Menschen in der Anthroposophie und in einer lebendigen religiösen Betätigung einen Sinn sehen. Momentan gibt es hier in der Tat eine Abnahme; da widerspreche ich Dir nicht.

W.W.: Dann sind wir ja einer Meinung. Ich wünsche mir im Grunde, daß sich gewisse Formen, Verhaltensweisen, Denkansätze, Sprachgebräuche und persönliche Haltungen ändern.

Der Große: Wir können also resümierend festhalten, daß das Wirken sehr vieler Anthroposophen, sehr vieler Menschen, die in der Christengemeinschaft stehen, bei den jungen Menschen weitgehend nicht ankommt, zumindest nicht so, wie man es erhoffen könnte. Insofern müssen wir über Änderungen in diesen Bereichen sprechen; teilweise, in bezug auf den Religionsunterricht, haben wir das ja schon getan.

Es ist notwendig, daß sich etwas ändert! Da sind wir völlig einer Meinung! Und wir versuchen gemeinsam hinzuschauen, was überhaupt änderbar ist. Vieles liegt an den Begriffen, die nicht mehr in die Jetztzeit passen. Aber wenn ihr euch ändert, wird es auch wieder mehr Interesse an der Anthroposophie geben. Mit den jetzigen Bedingungen in den Waldorfschulen, in der Christengemeinschaft und in der Anthroposophischen Gesellschaft kann es allerdings nicht mehr werden, weil die Menschen nicht mehr angesprochen werden. Es wird sogar weniger.

VI – Das Problem anthroposophischer und religiöser Begriffshülsen in der öffentlichen Darstellung

Das Label verhindert Verständnis

W.W.: Ich fasse noch einmal zusammen: Es geht um das Problem, daß auf der einen Seite die Anthroposophie in der Welt ist und eine ausgezeichnete Möglichkeit ermöglicht, Geistiges zu denken, wenn man es noch nicht schaut. Auf der anderen Seite haben wir sehr viele Menschen, die Interesse für Spirituelles zeigen, bei den Jugendlichen auch tendenziell zunehmend übersinnliche Wahrnehmungen. Aber gleichzeitig bemerkt man eine starke Ablehnung alles dessen, was Anthroposophie ist bzw. was die Anthroposophen in die Welt gestellt haben. Diese Diskrepanz möchte ich mit diesem Gespräch ein wenig überwinden.

Es geht aus meiner Sicht ja nicht darum, daß die Menschen auf dieser Erde nur irgendwie alles richtig machen. Denn denken wir den optimalen Fall, daß sich z.B. alle Menschen in der Natur so der Natur entsprechend verhalten, daß sämtliche Naturwesen davon entzückt wären, daß diese Menschen aber gleichzeitig nichts von diesen Naturwesen wissen. Es geht also einerseits um ein richtiges Empfinden und Handeln, andererseits um die Kenntnis der Begriffe, der Namen, der Zusammenhänge. Insofern muß es irgendwie eine Möglichkeit geben, daß man die Anthroposophie, die aus meiner Sicht in der heutigen Zeit die beste Möglichkeit ist, Geistiges ohne Hellsicht zu denken, an die Menschen heranzubringen, damit sie ihre vielleicht vorhandenen Empfindungen, spirituellen anfänglichen Wahrnehmungen und auch ihre Sehnsucht und ihren Wunsch nach einer entsprechenden Tat in der Welt mit der Anthroposophie zusammenbringen können.

Der Große: Wenn man Menschen die Inhalte der Anthroposophie darstellt, nahebringt, das sogenannte Label aber wegläßt, dann ist die Brücke mit einem Male vorhanden. Stört vielleicht der Begriff Anthroposophie?

W.W.: Mitunter sicherlich. Aber eigentlich ist es unsinnig, etwas Anthroposophisches nicht anthroposophisch zu nennen, wenn man sich nicht ungeschickt ausdrückt und verhält. Ich weiß aber, was Du meinst, denn es geht um die Diskrepanz zwischen den Inhalten der Anthroposophie, dem eigentlich Wesenhaften, und der Darstellung dieser durch sehr viele Anthroposophen, die hier dieses Label ein wenig in die Schieflage gebracht haben.

Der Große: So ist es. Ist es besser, alles zu Tode zu gestalten, oder ist es besser, ein neues Label zu bilden? Das ist die Frage, die ihr im Hinblick auf die Zukunft klären müßt.

W.W.: Man muß auf jeden Fall Wege finden, daß man über Sachfragen, über reale Wesen und alles weitere so sprechen kann, daß man es den Wesen entsprechend, der Sache entsprechend so gut wie möglich darstellt. Wie man dies dann nennt, ist sekundär. Wenn man über ein geistiges Wesen sprechen will, z.B. einen Erzengel oder ein Naturwesen, über eine Seelenhaltung eines Menschen usw., dann muß man diese genau benennen bzw. genau beschreiben, und es muß richtig sein, und der andere muß es verstehen können. Wenn man statt dessen, wie oftmals bei einigen Anthroposophen, nur einen Begriff ausspricht, so wirkt dieser Begriff trocken, vielleicht sogar schon tot, er erschlägt den anderen, der Inhalt aber wird nicht verstanden. Und wenn der Begriff noch mit einer gewissen moralisierenden Haltung des Sprechenden begleitet wird, wird er und die angesprochene Sache oder Wesenheit abgelehnt. Man braucht es nicht unbedingt Anthroposophie zu nennen.

Der Große: Aber viele Anthroposophen hängen sehr an diesem Label. Und dieses Label verhindert oft bei anderen Menschen das Verständnis.

W.W.: Man kann aber auch mit den anthroposophischen Begrifflichkeiten eine Sprache so sprechen, daß andere Menschen alles das, was man darstellen möchte, verstehen können. Mir geht es um eine lebendige und verständnisvolle Sprache, gleichzeitig um eine entsprechende undogmatische Haltung. Es muß möglich sein – und das geht auch –, anderen Menschen durch diese Haltung und Sprache eine bewußte und bejahende Beziehung zu geistigen Zusammenhängen zu ermöglichen. Und in diesem Zusammenhang kann man auch ganz offen und vielleicht sogar ein wenig locker mit der Anthroposophie umgehen. Man braucht sie nicht in der Hinterhand zu halten oder die Begrifflichkeiten zu vermeiden. Man muß sie nur erklären, und zwar so, daß sie jeder verstehen kann. Dann stört die Begrifflichkeit m.E. andere Menschen nicht mehr. Die Anthroposophie darf nur nicht zum bloßen Etikett bzw. Label werden.

Der Große: Stimmt. Man sollte auch nicht verhehlen, daß die Anthroposophie oder die Christengemeinschaft durchaus auch Menschen anziehen, die in ihrer Seele nicht immer so sind, wie andere es vielleicht wünschen, bzw. es kann sein, daß durch die Beschäftigung mit der Anthroposophie ungute Eigenschaften aus jedem Menschen herauskommen, wenn sie nicht aufpassen.

Die Trennung von Christengemeinschaft und Anthroposophie ist nicht sinnvoll

Aber wir reden jetzt hauptsächlich über die Anthroposophie; angetreten waren wir ja, um über die Christengemeinschaft zu sprechen. Auch hier gibt es bei vielen Anthroposophen ein sogenanntes nichtrichtiges Label: daß die Christengemeinschaft für das Gefühl da sei, die Anthroposophie aber für das Denken. Das ist aus meiner Sicht völlig falsch, denn bei einer solchen Teilung gibt es keine Bewußtseinsseelenentwicklung. Die Trennung von Christengemeinschaft und Anthroposophie ist aus meiner Sicht nicht sinnvoll.

W.W.: Erkenntnis wird letztendlich zur Religion, Religion wird letztendlich zur Erkenntnis.

Der Große: Aber in einer Symbiose einer Bewußtseinsseelenform, denn beides muß zu einer Synthese kommen. Trotzdem gibt es immer noch viele Menschen, die zum einen einen Verstand haben, auf der anderen Seite ein Gefühlsleben, und die beides nicht miteinander in Verbindung bringen können. Sie reden im Bereich des Verstandes, weigern sich aber, über Gefühle zu sprechen. Diese Menschen schaffen die angesprochene Synthese noch nicht. Das aber sind eher die älteren Menschen. Die heute jüngeren Menschen sind da völlig anders. Nur ist dies leider wie bei der Kleidung auch eine Etikettenfrage. Man zieht sich nicht gerne ein Kleid an, auf dem ein falsches Etikett klebt. Deswegen ist dieses Etikettenproblem im Bereich der Anthroposophie, vor allem im Bereich der Anthroposophischen Gesellschaft, aber auch im Bereich der Christengemeinschaft, ein echtes Problem. Hier muß man im Hinblick auf die Zukunft sehr bald Wege finden, damit nicht wegen des Etiketts die ganze Sache stirbt. Dafür sind wir jetzt hier angetreten, um gemeinsam Vorschläge zu erarbeiten. Wir wollen ja versuchen, zukunftstragende Wege aufzuzeigen, anhand verschiedener Bereiche.

Wenn man mit Kindern arbeitet, arbeitet man mit der Zukunft

W.W.: Dieses Buch ist auch nicht so gedacht, daß wir alle Probleme lösen wollen, sondern wir möchten nur diejenigen Probleme, die man ziemlich deutlich bemerken kann, zur Sprache bringen, damit sich die vorwiegend Betroffenen hinsetzen, vielleicht Arbeitsgruppen bilden, um die Probleme zu lösen oder zumindest verbessern. Das Gespräch über den Religionsunterricht z.B. spricht aus meiner Sicht viele Probleme der Gegenwart an und zeigt zugleich Wege auf, wie man Änderungen und Verbesserungen vornehmen kann.

Der Große: Danke. Das war mir sehr wichtig. Denn gerade wenn man mit Kindern arbeitet, arbeitet man mit der Zukunft. Das ist die Aufgabe des Lehrers. Darüber hinaus sind auch gerade diejenigen Menschen, die momentan am Sterben sind, ausgesprochen wichtig, denn sie sind es, die den zur Inkarnation absteigenden Ichen das entgegenbringen, was zur Zeit auf der Erde lebt. Das ist ein erstes Lernen für die herabsteigenden Wesen. Beide Menschengruppen, die Sterbenden wie die sich Inkarnierenden, kommunizieren miteinander. Eigentlich sind die Haupttätigen auf der Erde, also etwa die Menschen zwischen 30 und 60 Jahren, für die Zukunft die unwichtigsten; zumindest von dem eben geschilderten Aspekt her gesehen.

Wenn Priester ihre Probleme verhüllen

W.W.: Beschränken wir uns im folgenden weitgehend auf die Christengemeinschaft. Problem bei jedem Gespräch, wie auch bei diesem, ist, daß man immer Gruppen von Menschen ansprechen muß, obwohl jeder Mensch eine Individualität ist und auch ein ganz individuelles Wirken auf dieser Erde hat. Aber wir müssen dies tun, da es nicht anders geht.

Seit langem kann man es feststellen, daß die meisten Jugendlichen im Umfeld der Anthroposophen und vor allem der Christengemeinschaft nur wenig mit dem anfangen können oder wollen, was ihnen in der religiösen Erziehung geboten wird. In der Phase der Jugend geht es ja vorwiegend um Sympathie, Begeisterung und Vorbild für die Jugendlichen. Kann es sein, daß sehr viele Jugendliche auch durch verschiedene Pfarrer verschreckt werden, weil sie – ich drücke es neutral aus – nicht die Sprache der Jugendlichen sprechen, die religiösen Inhalte nicht richtig erklären können und weil sie mitunter auch sozial schief oder moralisierend auftreten?

Der Große: Das ist auf jeden Fall ein sehr wichtiger Aspekt. Es liegt *auch* an den Priesterpersönlichkeiten. Es gibt eine Tendenz bei nicht wenigen Menschen, die an schwierigen Stellen innerhalb ihrer Biographie den Weg zum Priestertum suchen und sich in diesen Beruf stürzen, um ihre eigene Biographie zu heilen. Das mag für ihre eigene Biographie eine weise Entscheidung sein, ist aber meist nichts, was besonders herausleuchtet und Jugendliche anzieht. Leider ist die Situation oft auch so, daß aufgrund der äußeren Begebenheiten die Jugendlichen nur einen oder sehr wenige Priester kennen; und wenn sie dann erleben, daß sich ein Priester aufgrund einer schwierigen Biographie in den Priesterberuf hineingerettet hat, ist das nicht unbedingt ein Ansporn, dies nachzuahmen.

W.W.: Es könnte aber auch von Vorteil sein, wenn z.B. ein ehemals Drogensüchtiger seine Sucht absolut überwunden hat und Priester wird, wenn er also weiß, wie man Fehler macht und diese überwinden kann – das kommt m.E. bei Jugendlichen gut an.

Der Große: Selbstverständlich, das kommt sehr gut an. Ich denke aber eher an solche Menschen, die ihre Probleme verhüllen und auch in bezug auf dieses Verhüllen durch ihre Vorgesetzten deutlich bestärkt werden. Und das schreckt ab! Jugendliche bemerken die dann vorhandene Unechtheit.

Ein weiterer Punkt ist – und das gilt nun für alle, ob sie gut oder schlecht sind –, daß sie systembedingt vollkommen überarbeitet sind. Das wirkt auf Jugendliche nicht sonderlich animierend. Ausgelaugte Persönlichkeiten, die mit einem Schritt im Burnout stehen und deswegen vielleicht sehr gereizt sind, haben keine gute Außenwirkung, auch wenn das aus ihrem persönlichen Leben oft nicht anders geht und gut zu verstehen ist.

Wie das zu lösen ist, ist eine andere Frage, denn es gibt Priestermangel und zahlreiche Probleme. Und dieses Problem der Überarbeitung wird sich noch verschärfen. Hier muß man nach Lösungswegen suchen. Auf jeden Fall liegt es auf der Hand, daß fast ausgebrannte Persönlichkeiten, immer schon im roten Bereich arbeitende Menschen, gerade für die Jugendlichen nicht diejenigen Menschen sind, auf die sie strahlend zulaufen. Solche Menschen leuchten nicht mehr. Wir sehen aus der geistigen Welt mit Sorge auf die zahlreichen überarbeiteten Priester.

Pfarrer brauchen auch als Menschen die Menschenweihehandlung

Ein weiterer Punkt ist wichtig, und ich werde nicht müde, ihn zu benennen: Viele Priester sind in der Christengemeinschaft, weil sie den Kultus, die Menschenweihehandlung so wunderbar finden, sie zelebrieren die Menschenweihehandlung, aber sie gehen niemals selbst in die Menschenweihehandlung als Teilnehmende. Meist gehen sie nur als Priester in die Menschenweihehandlung, selten als Mensch. Sie brauchen aber auch als Mensch die Menschenweihehandlung, als einer unter anderen. Einige Pfarrer machen dies ja. Aber auch hier entsteht hin und wieder ein ungutes Verhältnis, denn wenn ein Priester als Gemeindemitglied am Kultus teilnimmt, dann lächeln vielleicht einige Gemeindemitglieder etwas gekünstelt, und nächstes Mal ziehen diese Pfarrer doch wieder ihr Gewand an. Dann setzen sie sich im Gewand an die Seite des Altars, aber dann sind sie wiederum nicht als Mensch, sondern als Pfarrer in der Menschenweihehandlung.

W.W.: Warum sollten die Pfarrer hin und wieder als normale Menschen unter allen anderen Gemeindemitgliedern an der Menschenweihehandlung teilnehmen?

Der Große: Weil der Mensch ohne die Priesterweihe die Menschenweihehandlung benötigt, um in seiner Seele gesund zu werden.

W.W.: Das wird der Priester nicht, wenn er zelebriert, wenn er im Gewand ist?

Der Große: Nein, und zwar deswegen nicht, weil er in diesem Moment, in dem er die Stola umlegt, den individuellen Menschen zur Seite nimmt. Er ist dann ein Stellvertreter, er lebt in einer sehr engen Hülle; aber gerade das Individuum, vor allem der seelische Teil des Individuums, muß in diesem Moment draußenbleiben. Der Priester ist dann eine Art Durchlassungsgefäß für geistige Kräfte, er wirkt als Stellvertreter Christi. Die eigene persönliche Christusbegegnung in der Menschenweihehandlung ist ohne Stola eine persönliche, mit Stola ist sie eine stellvertretende, im Sinne eines Durchlassungsgefäßes. Der Priester wirkt in diesem Fall für die anwesenden Gemeindemitglieder. Ein wenig anders ist dies auf Priestersynoden, wenn die Priester unter sich zelebrieren. Aber eigentlich sollte jeder Priester als ganz individueller Mensch einmal im Monat in die Menschenweihehandlung gehen, unabhängig davon, ob er sie in diesem Monat mehrfach zelebriert hat.

W.W.: Ich könnte mir auch vorstellen, daß es unter Jugendlichen gut ankommt, wenn der Priester hin und wieder neben ihnen in der Menschenweihehandlung sitzt und nicht nur vorne im Gewand zelebriert.

Der Große: Das ist ein Zusatzeffekt, sehr wohl! Für die jüngeren Menschen wäre dies ganz wichtig, für einige ältere könnte es ein wenig merkwürdig sein.

Betrachtung aus der Perspektive des Todes

V. Staël von Holstein: Ich erinnere mich noch sehr genau, wie in meiner Jugend einmal ein Pfarrer der Christengemeinschaft zu mir sagte, daß es eine der häufigsten Aufgaben der Priester sei, Menschen zu bestatten. Und das verführe dazu, das gesamte Leben aus der Perspektive des Todes zu betrachten und sich nur mit den Kräften des Alters zu beschäftigen. Er führte weiter aus, daß er sich auch immer neu greifen müsse, weil das Taufen und die Jugendarbeit mindestens genauso wichtig seien. Alle Phasen des Lebens müssen aus der Begleitung des Priesters heraus gleichgewichtig betrachtet und durchgeführt werden. Aber dazu gehöre sehr viel innere Kraft, weil der Bereich der Sterbebegleitung und des Todes überwiege; eine Beerdigung reihe sich an die nächste, ebenso die Trauerbegleitung.

Das kann man auf die gesamte Christengemeinschaft übertragen, und das bedeutet, daß die Pfarrer in ihrem Alltagsgeschäft sehr vieles aus der Perspektive des Todes betrachten, alles sozusagen aus der Beerdigung heraus sehen. Daraus folgt, daß sich die Priester in einem großen Teil ihrer Arbeit nur um die alten Leute, die ja auch meistens bei den Veranstaltungen sitzen, und um die Sterbenden und die gerade Verstorbenen kümmern. Darum sind die Kinder- und Jugendarbeit sowie die Arbeit mit Erwachsenen in der Mitte ihres Lebens so wichtig, um hier einen Ausgleich zu schaffen, um ein Gegengewicht gegen die Kräfte des Sterbens zu bilden. Und diese Todes-Tendenz wird sich in den nächsten Jahren verstärken.

Ist die Konfirmation noch sinnvoll?

W.W.: Eine der geistig unehrlichsten Kultushandlungen in der Christengemeinschaft ist m.E. die Konfirmation, weil sie für einen Großteil der Teilnehmenden nichts als ein notwendiges Übel oder ein äußeres Etikett ist. Eigentlich ist es eine sehr schöne Feier, ein wichtiger Lebenseinschnitt, eine geistig bedeutende Kultushandlung. Aber viele der Jugendlichen machen die Jahre des Religionsunterrichts nur mehr oder weniger schleppend und unwillig mit, weil die Eltern das wollen, weil es ein äußeres Etikett ist oder weil man bei der Konfirmation Geschenke bekommt.

Beim Kultus der Konfirmation selbst kommen dann sehr viele Verwandte, die nichts mit diesem Kultus zu tun haben, so daß ein Großteil der Teilnehmenden diesen Kultus im besten Falle nur duldet, oft aber total ablehnt. Hier kann man fragen, ob das Ganze noch sinnvoll ist. Was kann man da machen? Was kann man machen, daß dieser wichtige Lebenseinschnitt, der von diesem Kultus, diesem Sakrament, begleitet wird, mehr von den Jugendlichen angenommen wird? Was kann man machen, daß es primär um das Sakrament der Konfirmation geht und nicht um die äußeren Geschenke? Was kann man dafür tun, daß die Jugendlichen innerlich fühlen können, daß die Christengemeinschaft etwas Bedeutendes ist, bei dem sie in den nächsten Jahren mitmachen wollen, also in diese Religionsgemeinschaft eintreten wollen, bei der sie in ihrem Lebensalter bis zur Konfirmationszeit ja nicht einmal Mitglied sind?

Der Große: Das ist wirklich nicht einfach! Und wenn ich das so ausspreche, ist das wirklich ein großes Zugeständnis. Leider gibt es die fragwürdige Tradition, daß die Konfirmation ein Sponsoring-Moment im Leben der Jugendlichen ist. Man kann das kaum noch anders bezeichnen. Das wissen die Jugendlichen. Wenn sie diese Konfirmation, diese Tradition, diesen Sponsoring-Moment auslassen, vielleicht sogar aus Gewissensgründen, weil sie nicht mehr hinter der jeweiligen Religionsgemeinschaft stehen, nicht mehr hinter der Konfirmation als geistig-religiöser Tatsache, ist es von einer anderen Sichtweise aus betrachtet völlig dumm von ihnen, weil sie dann nicht mehr gesponsert werden. Ein Ansatz wäre also, daß mittelfristig ein Bewußtsein dafür geschaffen wird, daß das Sponsoring der Konfirmation abgeschafft wird, zumindest zurückgedrängt oder auf einen anderen Zeitpunkt verlegt wird.

W.W.: Das wird nicht klappen. Dazu müßte man sehr viel früher anfangen, Jahre vorher, und dieses Problem thematisieren. Man müßte viele Jahre vorher mit den Eltern darüber sprechen, daß die Jugendlichen selbstverständlich alle Geschenke im Zeitraum der Konfirmation bekommen, die sie bekommen sollen, daß sie diese Geschenke auch bekommen, wenn sie nicht in der Christengemeinschaft am Religionsunterricht, am Konfirmationsunterricht und der Konfirmation teilnehmen. Dann wird man ja sehen, wie echt die Teilnahme an der Konfirmation noch ist.

Der Große: Diese Tendenz gibt es bereits an verschiedenen Orten in der Gesellschaft, aber noch nicht in der Christengemeinschaft. Man kann dann ein Sponsoring-Date machen, unabhängig davon, ob der bzw. die Jugendliche sich konfirmieren lassen will. Diese Tendenz ist im Zunehmen. Ein solches Verhalten müßte jetzt aber in die Christengemeinschaft hineingelebt werden. Im Bereich der Christengemeinschaft gibt es vor solchen Tendenzen eine Art Zurückschrecken, weil man dieses Sponsoring ohnehin per se als ein wenig unanständig ansieht.

W.W.: Man will es eigentlich nicht, deswegen spricht man nicht darüber, obwohl man genau weiß, daß es genau so stattfindet.

Der Große: Genau. Aber dieser Sponsoring-Moment wird auf jeden Fall mit der Konfirmationsfeier verknüpft, die Jugendlichen wissen es natürlich, und dadurch entsteht diese unheilvolle Verknüpfung. Viele Jugendliche wissen, daß die Eltern es eigentlich unanständig finden, daß ihre Kinder mit Geschenken überhäuft werden, aber sie müssen jetzt durch die Mühle der Konfirmation hindurch, weil sie sonst nicht diese Geschenke bekommen würden. Also machen sie mit. Und sie wissen, daß das Leben der Gesellschaft so aufgebaut ist, daß sie das Sponsoring an dieser Stelle ihrer Biographie brauchen, z.B. Geld für den Führerschein. Das ist ein ähnlicher Punkt im Leben eines jungen Menschen wie früher die Aussteuer. Die Konfirmationsgeschenke sind ein vorgezogener Aussteuerersatz.

Der Hauptansatzpunkt ist also, daß die beiden nicht zusammenpassenden Elemente, Konfirmationsfeier und Sponsoring-Moment, innerlich und äußerlich voneinander getrennt werden müssen. Das ist der Hauptansatzpunkt.

W.W.: Also müßte man einen Rahmen finden, eine Art Feier, bei der diese Geschenke übergeben werden.

Der Große: Ja. Und die Konfirmation selbst wäre dann in einem kleineren Rahmen, im Rahmen der Christengemeinschaft und im Rahmen der Familie und der Paten. Und zu der religiösen Feier braucht man nicht die Nachbarschaft bis ins 50. Glied einzuladen. Wenn man beides trennt, würde man einen vernünftigen Weg beschreiten. Das ist auch nicht unanständig.

W.W.: In welcher Reihenfolge?

Der Große: Das ist ein bißchen Geschmacksache. Ich als geistige Wesenheit würde die Konfirmation an die erste Stelle legen, dann die äußere Feier.

Die Wertigkeit der Religion vorleben

Gibt es weitere Aspekte, was man als Eltern, als Priester, als Lehrer in den ersten 14 Jahren des Lebens eines Kindes anders machen könnte, damit der jüngere Erwachsene nach der Konfirmation einen Weg zur Christengemeinschaft und zur Anthroposophie findet?

Der Große: Die eigene Beziehung zur Christengemeinschaft bzw. zur Anthroposophie muß ehrlich sein. Sie muß zum eigenen Lebensumfeld gehören, sie muß selbstverständlich dazugehören. Es darf nicht etwas Aufgesetztes und Aufgeklebtes sein. Die Priorität des religiösen Lebens muß ganz vorne sein. Es sollte nicht so sein, daß man nur hin und wieder, quasi als letzte Möglichkeit, zum Kultus geht bzw. die Kinder zur Sonntagshandlung schickt, sondern es sollte eigentlich so sein, daß man auch dann am religiösen Leben teilnimmt, wenn es einem mal schwerfällt oder nicht gutgeht. Das ist im alltäglichen Leben oft nicht ganz durchzuhalten, es sollte auch nicht dogmatisch gefordert werden, aber es müßte klar sein, daß man durch ein rhythmisches religiöses Leben eine wesentlich höhere Lebensqualität bekommt.

Wenn das die Kinder und Jugendlichen erleben, bekommen sie dadurch eine andere Wertigkeit mit. Das ist auch im Leben der Schule oft so, daß man bei Lehrermangel z.B. den Religionsunterricht oder den Kunstunterricht streicht, aber auf keinen Fall den Mathematikunterricht. Da entsteht auch eine ungute Wertigkeit. Und man könnte die Meinung vertreten, daß die Kinder sehr viel mehr vom Religionsunterricht oder Kunstunterricht haben als vom Mathematikunterricht. Man könnte hin und wieder auch ein äußeres Ereignis, einen Familienausflug oder was auch immer, streichen, um statt dessen die Kirche zu besuchen.

W.W.: Selbst wenn die Eltern so handeln, muß das bei den Jugendlichen keineswegs auf fruchtbaren Boden fallen; zumal auch noch andere störende Faktoren hier Einfluß nehmen.

Der Große: Selbstverständlich. Trotzdem kann man dann wenigstens sagen, zumindest im nachhinein, daß man als Eltern diese Lebensführung vorgelebt hat, die Wertigkeit der Religion ins Leben eingeschrieben hat; aber irgendwann beginnt die eigene Entscheidung des Kindes und des bzw. der Jugendlichen. Zwingen kann man niemanden. Wenn man bedauert, daß die Kinder nicht zur Sonntagshandlung oder zur Menschenweihehandlung gehen, dann sollte man vielleicht sehen, daß es daran liegt, daß man als Erwachsener auch nicht daran teilnimmt. Man geht vielleicht nur noch aus Tradition zu Ostern und zu Weihnachten in die Kirche, weil man dies aus traditionellen Gründen so kennt – aber das war's dann auch. Das machen die Jugendlichen natürlich nach.

W.W.: Kurz gefaßt: Es liegt also zu einem großen Teil an den schlechten Vorbildern der Eltern?

Der Große: Zu einem großen Teil, aber nicht nur! Es kommt natürlich hinzu, daß viele Jugendliche die Kirche uncool finden, obwohl in evangelischen und katholischen Kreisen und im Rahmen von Taizé das keineswegs bei allen Jugendlichen der Fall ist. Es gibt auch viele Jugendliche, deren Eltern in der Christengemeinschaft sind, die aber z.B. in die evangelische Kirche gehen, weil dort aus ihrer Sicht tolle Angebote gemacht werden, was sie im Rahmen der Christengemeinschaft nicht finden.

Verstaubte anthroposophische und religiöse Begriffe

W.W.: Trotzdem möchte ich hier wieder einschränken, daß die religiösen Bilder, die man im Religionsunterricht der Christengemeinschaften mitbekommt, genauso eigentlich auch zu Hause, gleichermaßen der Kultus der Sonntagshandlung für die Kinder, eigentlich so wirken müßten, daß sie als kraftvolle Samenkörner in den Jugendlichen aufgehen. Ähnlich müßte es mit den anthroposophischen Begriffen für die etwas älteren Jugendlichen sein. Liegt es an den religiösen Bildern, auch an den anthroposophischen Begriffen, daß sie in sich keine Kraft und Wirkung mehr haben, so daß die Jugendlichen durch sie nicht mehr von selbst zur Anthroposophie oder zur Christengemeinschaft kommen? Ist die Anthroposophie in sich nicht so geistkräftig, sind die Kultusworte der Menschenweihehandlung in sich nicht so religiös kraftvoll, ist die Bildsprache der Evangelien, die Religion in sich heute nicht mehr so geistkräftig, daß ein junger Mensch, der dies alles in einigermaßen geeigneter Weise kennenlernt, nicht in der Weise angezogen wird, daß er das interessant findet, daß er sich dafür begeistert, daß er beschließt, dies zu wollen, daß er dies als lebenswichtig ansieht, für sich und für die Welt?

Der Große: Eigentlich sind die anthroposophischen Begrifflichkeiten, ist der Kultus so geistkräftig, daß sie so wirken könnten. Aber in ihrer heutigen Form sind sie verstaubt.

W.W.: Erkläre dies bitte noch etwas genauer.

Der Große: An sich sind alle Rituale und Kulte der Christengemeinschaft sehr geistkräftig, aber sie sind in einen Renovierungsstau geraten. Etwas kann auch noch so geistkräftig sein: Wenn die Form, in der dieses spirituelle Leben ist, die Menschen nicht mehr erreicht, kann auch der stärkste Geist nicht mehr zu den Menschen sprechen. – Man sollte jetzt nicht alles an Formen über Bord werfen, aber man sollte vorsichtig hinschauen, was das Verstaubte ist, wo man etwas ändern kann – sei es am Reizthema Musik, sei es beim Reizthema des Umgangs mit den Kindern und Jugendlichen im Vorfeld, d.h. daß nicht alles so bierernst erscheint und die Kinder sich mit traurigen und ernsten Gesichtern vor der Sonntagshandlung aufstellen sollen. Warum kann das nicht anders und fröhlich zugehen? Sei es, daß man bis hin in die Kultustexte schaut, wo es Wendungen gibt, einzelne Begriffe, die heutzutage nicht mehr verständlich sind.

Sprache lebt und hat sich verändert

Das muß man stark berücksichtigen, denn die Sprache hat sich verändert. Sprache lebt. Das heute gesprochene Deutsch ist nicht mehr das Deutsch, welches vor 100 Jahren gesprochen wurde. Man kann sich auch fragen, warum das Dativ-e im Kultus unbedingt gesprochen werden muß, obwohl es im Alltag nicht mehr gesprochen wird. Es wird mit der Sprachrhythmik begründet, was natürlich auch nicht falsch ist. *„Im Beginne …“* – geh mal so in den Unterricht und rede so mit den Jugendlichen. Die zeigen Dir einen Vogel, und das war's dann. Die Sprache im Kultus sollte nicht zur Internetsprache ausarten, aber man sollte hinhören, wie einzelne Begriffe und Laute heute klingen. Wenn man als Jugendlicher nicht von solchen merkwürdigen Lautgebilden abgelenkt wird, versteht man mit einem Male auch wieder mehr von dem, was im Kultus gesprochen wird. Wenn man als Jugendlicher eine Stunde in einem Zusammenhang sitzt, von dem man fast nichts versteht, kommt man nicht wieder! Man sollte es auch einmal aus diesem Blickwinkel anschauen.

W.W.: Auf der einen Seite gibt es also Kultusworte, die sogar vor 100 Jahren erneuert wurden, die eigentlich eine Geistkräftigkeit in sich bergen, und auf der anderen Seite gibt es fast die gesamte Menschheit, die diese Worte nicht mehr versteht. Da stimmt doch etwas nicht hin. Ist das nicht eine Fehlkonstruktion der geistigen Welt? Oder liegt es an denjenigen Menschen, die diese Zusammenhänge heute vermitteln müssen?

Der Große: Wenn ich einmal ganz hart sein darf: Fast alle Menschen, die diese Zusammenhänge heute vermitteln, wirken nicht so, wie sie müßten.

W.W.: Ich nehme das mal trauernd zur Kenntnis.

Der Große: Das ist natürlich sehr schwarz-weiß gezeichnet. Es gibt natürlich überall nachvollziehbare Gründe für diese Zusammenhänge, z.B. die Begründung der Reinhaltung des Kultus, daß man eine Urform bewahren will. Aber was spricht dagegen, daß man einmal im Monat den Urkultus zelebriert, an den anderen Tagen einen leicht reformierten?

W.W.: Auf diesen Punkt komme ich später noch zu sprechen. Ich denke, daß es bei der Veränderung im Kultustext der Weihehandlung nur um einige wenige Worte geht.

Der Große: Veränderungen werden oft als provokant empfunden. Und hier kommt von sehr vielen Priestern der Christengemeinschaft das Totschlagargument, daß es sich bei der Menschenweihehandlung um die Urform handle, die man reinhalten müsse. An dieser Stelle entsteht bei vielen Priestern eine unendliche Angst, die ich auch wiederum verstehen kann.

Mehr Punkte in die Sätze machen

W.W.: Was kann man in der Zeit bis zum 14. Lebensjahr, bis zur Konfirmation, tun, damit die Jugendlichen und jungen Erwachsenen in den nächsten Jahren oder Jahrzehnten den Weg zur Christengemeinschaft und zur Anthroposophie finden? Was kann man tun, bzw. wie kann man die religiösen Bilder bis zum 14. Lebensjahr so in den Kindern veranlagen, daß sie in den späteren Jahren einen eigenen Weg zur Christengemeinschaft und zur Anthroposophie finden? Wie kann man die Bilder so veranlagen, daß sie so geisteskräftig wirken, daß die jungen Menschen aus eigenen Motiven und aus Freiheit diesen Weg aufsuchen?

Der Große: Mehr Punkte in die Sätze machen. Auch wir neigen hier dazu, zu lange Sätze zu formulieren. Oft erlebt man im Bereich der Anthroposophie, daß unendlich lange Sätze gesprochen werden, mit sprachlich wunderbaren Wendungen und vielen Nebensätzen, mit vielen Einschüben. Aber diese Satzgebilde kommen heute bei den jungen Menschen nicht mehr an.

W.W.: Warum nicht?

Der Große: Wir leben im Informationszeitalter. Man erwartet alles knapp, kurz und informativ. Ob das gut ist, ist eine andere Frage. Heute ist die Zeit so. Man muß die Inhalte in kurze Formen verpacken, dann kann man viele solche kurzen Formen hintereinander verabreichen, aber der einzelne Zusammenhang muß in einer prägnanten und kurzen Form dargereicht werden. Man sollte klare Antworten geben, Sachverhalte knapp und kurz beschreiben. Das kann man heute verstehen. Und wenn man etwas versteht, kommt man wieder, um noch mehr verstehen zu wollen, weil man sich in diesen Zusammenhängen wohlfühlt. Solche Zusammenhänge, vielleicht auch solche Darstellungen aus dem anthroposophischen Bereich heraus, müssen aber auch in die heutige und anthroposophische Sprache überführt werden. Es gibt leider Traditionen im anthroposophischen Umfeld, genauso im Bereich der Christengemeinschaft, z.B. auf Gemeindeabenden, diese so unendlich langen Sätze zu formulieren und vor allem um die Sache herumzureden, die Sache nicht klar auszusprechen, nicht klar zu benennen.

W.W.: Also geistige Zusammenhänge kurz, knapp und verständlich darstellen, wie z.B.: Das hat ein Engel bewirkt!

Der Große: Genau so. Solche Darstellungen können die jungen Menschen heute verstehen. Wenn man sagt, das habe der Engel gemacht, kann der junge Mensch fragen, weiterfragen, wenn er interessiert ist. Wenn sie Interesse haben, werden sie weiterfragen. Und sie haben Interesse!

W.W.: Gibt es weiteres, was man tun kann?

Der Große: Wir haben schon darüber gesprochen: Wenn Kinder im Umfeld des Kultus dauernd als Störenfriede erlebt werden, wenn sie weggescheucht werden, wenn sie mit bierernster Miene vertrieben werden, weil sie zu laut sind, und wenn viele ältere Menschen mit wichtiger Miene überall herumstehen und miteinander sprechen, auch während der Sonntagshandlung für die Kinder, und es als Belästigung empfinden, wenn ihnen während dieser Zeit der Pfarrer entzogen wird, dann kommt dies bei den Kindern sehr schlecht an. Dann fühlen die Kinder sich nicht willkommen. Hier muß man die Formen ändern. Kinder sind kein Nebenher. Selbstverständlich gibt es Kirchen, die das gut geregelt haben, aber ich drücke es nur etwas allgemein aus. Die Gemeinde sollte die Sonntagshandlung für die Kinder viel mehr in ihren Mittelpunkt stellen. Während der Sonntagshandlung für die Kinder sollte eine gleiche Ruhe und Wertschätzung vor der Tür herrschen, wie bei der Menschenweihehandlung.

Denkdusselei

W.W.: Gibt es weiteres, auch außerhalb der Christengemeinschaft, was man dafür tun kann, damit die Kraft der religiösen Bilder und der Anthroposophie später bei den jungen Menschen zu wirken beginnt?

Der Große: Es gibt ja diesen dummen Spruch, diese Floskel: Glaube ist nicht Wissen. Wenn dieser Spruch ausgesprochen wird, kommt er im Regelfall als ein abwertendes Moment. In eurem Sprachalltag wird der Glaube oftmals mit dem Etikett Dummheit verknüpft, dem Denken untergeordnet. Denken ist dann das obere Prinzip, das alles Erfüllende und Herrliche. Und die anderen Menschen werden insofern abgewertet, als sie *bloß* glauben. Diese Haltung zu ändern ist eine wichtige Aufgabe im Alltag, mindestens bis in den Religionsunterricht hinein. Redet doch einmal von Denkdusselei und nicht immer nur von Gefühlsdusselei. Man kann fast schneller denkdusselig werden als gefühlsdusselig. Gefühle sind eigentlich immer eindeutig, Gedanken können verworren sein. Wenn euch das Wort Glaube aufgrund der langen verwerflichen kirchlichen Tradition quer im Hals steckt, kann man auf den Begriff Ahnen ausweichen. Das ist etwas Ähnliches.

Wer Fastfood ißt, nimmt sich die Fähigkeit zu beten

W.W.: Liegt es in der heutigen Zeit auch an den Jugendlichen selbst, daß sie aufgrund ihrer Konstitution keinen Zugang mehr zur Religion und zur Anthroposophie bekommen? Haben sie es in der heutigen Zeit auch schwerer, diese Zusammenhänge zu ergreifen?

Der Große: Das liegt zu großen Teilen auch an der Ernährung. Wer Fastfood ißt, nimmt sich die Fähigkeit zu beten.

W.W.: Das war jetzt etwas plakativ, aber es hört sich gut an. Zumindest war das ein kurzer Satz. Erkläre ihn trotzdem noch etwas ausführlicher.

Der Große: Gerne. Wenn Du degenerative Nahrungsprodukte zu Dir nimmst, kommt der Körper nach einer gewissen Zeit, vielleicht nach einigen Jahren, in eine andere Verfassung, als wenn Du biologisch hochwertige Produkte essen würdest. Das kann Dir jeder Arzt bestätigen. Und heute haben immer mehr Menschen degenerative Ernährungserscheinungen und Ernährungsfolgen. Oft peppt man sich dann durch Multivitaminpräparate oder entsprechende Drinks auf, aber die kommen aus der Chemofabrik. Mit der Folge, daß die physischen Körper dieser Menschen weit weg sind von allen natürlichen Zusammenhängen. Sie sind dann eine Art Inkubus. Ich spreche das einmal so grob aus. Dadurch haben die Naturgeister und die Engel dieser Menschen im Tagesbewußtsein sehr viel größere Probleme, an sie heranzukommen; im Nachtbewußtsein ist das ein wenig anders. Die übersinnlichen Wesen können in diesen Chemokörper des Menschen nicht mehr eintreten. Diesen Jugendlichen, natürlich auch den Erwachsenen, die sich entsprechend ernähren, geht die Fähigkeit des Betens verloren.

Denn man kann nur richtig beten, wenn der Engel – ins Bild gebracht – seine Hände um Dich herumlegt. Denn der Engel macht den Kanal auf, wenn die Erde, wenn der Mensch – wie derzeit – in all den Dreckschichten und auch Elektrosmog-Schichten lebt. Wenn der Körper aber immer mehr zu einem Chemoprodukt wird, weil der Mensch sich nur noch degeneriert ernährt, kann der Engel nicht mehr in diesen Menschen eintreten. Er kann dann gar nicht mehr – wieder im Bild gesprochen –, ohne sich zu verätzen, die Flügel um diesen Menschen herumlegen. Wenn das Kind bzw. der Jugendliche oder Erwachsene aber die Fähigkeit des Betens verloren hat, kann dieser Mensch keine religiösen Inhalte mehr annehmen, und er kann die Fähigkeit des Betens aufgrund seines chemisch durchdrungenen Körpers nur noch schwer lernen.

Filmbilder sind immer stärker als Phantasiebilder

W.W.: Und dann haben wir die Medien noch nicht besprochen; welche Auswirkungen hat es, wenn Jugendliche und Erwachsene ständig in den Medien leben?

Der Große: Darüber müßten wir eigentlich sehr lange reden, weil das ein ungeheuer wichtiger Aspekt in der heutigen Zeit ist. Entscheidend ist hier die Ablage dieser Medienbilder. Wir haben schon im

Zusammenhang mit dem Religionsunterricht darüber gesprochen. Du kannst als einfaches Experiment z.B. etwas vorlesen, ich nannte die Gestalt des Moses; das Kind wird sich daraus ein Phantasiebild bilden. Die Bilder eines Films legen sich vor die anderen, vor die inneren Phantasiebilder. Diese Medien-Bilder nutzen etwas aus, nämlich wie euer Auge funktioniert. Diese Bilder sind schlauer als ihr selbst. Sie kommen schneller und unterlaufen euer Bewußtsein. Wenn ihr Filme seht, werdet ihr durch diese Bilder ausgetrickst, und ihr werdet noch viel weiter und prägend ausgetrickst, als euch das bewußt ist.

W.W.: Was soll man hier machen?

Der Große: Es geht nicht, die Kinder überhaupt nicht mehr an die Medien heranzulassen, aber man kann dies so spät wie möglich machen. Die Bilder des Films sind immer stärker als die Phantasiebilder. Phantasiebilder haben gegenüber Filmbildern eigentlich keine Chance. Aber man kann in der Familie Traditionen aufbauen. Man kann bei den Kindern veranlagen, daß man regelmäßig vorliest, daß man also gemeinsam etwas erlebt. Kinder finden dieses Vorlesen schön, und die Eltern sind dabei. Das ist nicht die kalte Kiste des PCs oder des Fernsehers. Das kann zu einer Tradition werden, das kann man täglich oder einige Male wöchentlich durchführen, und zwar sehr viele Jahre. Dann sitzen alle zusammen, und dadurch entsteht ein familiärer Raum, in dem die Phantasie wieder zu leben beginnen kann.

Frag einmal ein Kind, ob es lieber vorgelesen bekommen möchte oder vor den Fernseher gesetzt werden will. Wenn dieses Kind nicht völlig medienverseucht ist, möchte es vorgelesen bekommen, denn dabei ist ein persönlicher Kontakt vorhanden. Wenn Kinder traditionell schon immer vor dem Fernseher abgestellt wurden, wird das natürlich nicht passieren. Man muß die Kinder und Jugendlichen bewußt mit den Medien in Kontakt bringen, aber das sollte möglichst spät sein, und dieser traditionelle Familienzusammenhang des Vorlesens, der gemeinsamen Phantasieerzeugung, sollte immer dabeibleiben.

Und wenn man z.B. im Religionsunterricht ein Bild malen läßt, kann man darauf hinweisen, daß man den besagten Moses, den man als Schauspieler im Film gesehen hat, nicht so malt wie den Schauspieler, sondern wie das Kind ihn sich selber vorstellt. Aber darauf muß das Kind bewußt gestoßen werden. Dann nämlich beginnt die Phantasie in ihm zu leben.

W.W.: Man muß also das Problem erkennen, man muß wissen, daß die Medienbilder stärker sind, daß sie die Phantasiebilder überlagern, auch die künstlerischen Fähigkeiten, und darauf muß man das Kind hinweisen und es veranlassen, ein eigenes Bild zu malen?

Der Große: So ist es. Dann überwindet das Kind dieses Filmbild, dann wird das eigene Bild stärker als das abgelegte Medienbild. Aber diese eigene Kraft muß man im Kind entfachen, man muß es darauf hinweisen. Man darf aber die Zusammenhänge, auch mit den Medien, keineswegs verteufeln und verschweigen. Man muß bewußt mit ihnen umgehen.

Und immer und überall muß man darüber reden. Eigentlich sind das ganz banale Erziehungsmethoden. Auch religiöse Erziehung ist genausowenig eine Verhüllungs- und Geheimhaltungsmethode wie im nichtreligiösen Erziehen. Ein Erwachsener muß immer Fragen in bezug auf die Religion aushalten können. Wenn ein Kind fragt: *„Wieso glaubst Du an Jesus?"*, dann muß der Erwachsene darauf eine Antwort geben können. Er sollte nicht ausweichen.

Sprache in Vorträgen und Artikeln

W.W.: Ein großes Problem ist auch manche Begriffswahl bei Vorträgen, Andachten und in Artikeln im Rahmen der Christengemeinschaft und auch auf anthroposophischem Felde. Ich beschränke mich hier aber im wesentlichen auf den Bereich der Außenwirkung der Christengemeinschaft. – Stellen wir uns einen etwas älteren Jugendlichen oder jungen Erwachsenen vor, der mit einem gewissen Interesse zum ersten Mal in der Christengemeinschaft einen Vortrag oder eine Andacht hört oder einen Artikel in den Zeitschriften liest. Sofern er nicht anthroposophisch geprägt ist, hat er nicht unbedingt ein umfangreiches Wissen über verschiedene geisteswissenschaftliche Zusammenhänge. Er wird nun aber erleben, daß sehr viele Begriffe verwendet werden, die er eigentlich nicht verstehen kann. Ich denke dabei z.B. an Begriffe wie „Auferstehung", „Mysterium von Golgatha", „Christus-Impuls", „Christus ist durch den Tod gegangen und hat ihn besiegt", „Christus ist für uns alle gestorben", „Zeitalter der Bewußtseinsseele" u.v.m. Man kann sich zwar durch diese Begriffe und die Darstellungen irgendwie berührt fühlen, trotzdem denke ich, daß man in der heutigen Zeit solche Begriffe eigentlich kaum noch verstehen kann und daß man sie daraus folgend möglichst auch nicht mehr darbringen darf, ohne sie mit anthroposophischem Hintergrund oder vergleichbaren Begriffen tatsachengemäß zu erklären.

Natürlich geht das nicht mit jedem Begriff zu jeder Zeit, aber auf diesem Gebiet sollte m.E. ein sehr viel stärkeres Bemühen um Verständlichkeit in die Tagesordnung übergehen. Ich denke nicht, daß man heute noch Begriffe wählen darf, die eine Tatsache beschreiben, wie z.B. die Auferstehung, ohne diese auch so zu erklären, daß man sie verstehen kann. Und in diese Dimensionen eines wirklichen Verständnisses reicht meines Wissens nur die Anthroposophie oder eben eine Beschreibung aus eigenem Wissen und Seelenvermögen, die diese angesprochenen Begriffe bestmöglich und konkret erklärt. Dies wird aus meiner Wahrnehmung u.a. im Bereich der Christengemeinschaft viel zuwenig versucht. Man versteckt sich hinter Begriffshülsen.

Ist es richtig, daß man religiöse Begriffe nicht mehr verwenden sollte, ohne zugleich ein vollgültiges Verständnis für die damit zusammenhängenden Tatsachen zu vermitteln? Sollte man nicht möglichst oft eine geisterfüllte und verständliche Erklärung zu jedem religiösen Begriff geben?

Der Große: Ich hole ein wenig aus. Es geht um das Wort. Ihr Anthroposophen habt einen starken Fokus auf den Begriff Logos gerichtet. Diesen Begriff schätzt ihr sehr hoch, und das ist durchaus richtig. Logos heißt auf Deutsch „Wort", obwohl dieser griechische Begriff noch weitaus mehr Bedeutungen zuläßt. In der heutigen Zeit ist es zunehmend der Fall, daß außer einem kahlen Begriff nicht mehr sehr viel Inhaltlich-Verständliches vermittelt wird, auch zunehmend bei Anthroposophen. Ein Begriff wird in die Welt gestellt, ohne ihm erklärende und flankierende Worte hinzuzufügen. An dieser Stelle muß sehr bald eine gravierende Umstellung erfolgen – durch das Bemühen eines jeden Vortragenden oder Schreibenden, auch im alltäglichen Sprachgebrauch.

Euch ist klar, aufgrund mühsamer Vorbildung und dem Studium des Prologs des Johannes, daß Christus und das Urwort, der Logos, in einem sehr engen Zusammenhang stehen. Das Wort ist mit das Höchste, was den Menschen zur Verfügung steht. Wenn es aber darum geht, die Menschen mit Worten und Begriffen zu erreichen, verfallt ihr oft in Stereotypen, die das Gegenüber nicht mehr wirklich erreichen. Das liegt daran, daß diese Begriffe nicht mehr sinnerfüllt sind. Dafür habt ihr das schöne deutsche Wort Begriffshülsen gebildet.

Junge Menschen sind heute ohnehin schon in ihrem Alltag von Begriffshülsen seelisch wundgescheuert, wenn auch nicht durch die religiösen und anthroposophischen Begriffshülsen. Ihr gesamtes Umfeld – in den Medien, in den E-Mails, in ihren SMS-Nachrichten, auf Twitter und Facebook usw. – ist eine einzige Gemengelage dieser Begriffshülsen. Und dazu stehen sie in einer Art Haßliebe. Diese Begriffshülsen werden noch zu Abkürzungen gesteigert, daß man dann z.B. *„Hdgdl"* oder *„MfG"* oder sogar nur noch Zeichen verfaßt. Diese Hülsen und Abkürzungen werden milliardenmal verwendet, sind aber nicht seelisch und geistig inhaltlich angereichert, sondern werden nur als Floskel weitergereicht. Aber damit kontaktiert man einen anderen Menschen. Und in bezug auf diese Begriffshülsen und Abkürzungen besteht bei den heutigen Jugendlichen eine Art Haßliebe.

Wenn man mit einem Jugendlichen von Angesicht zu Angesicht über Liebe oder Liebhaben spricht, dann wird er sicherlich nicht *„Hdgdl"*, also *„Hab dich ganz doll lieb"* sagen, sondern er wird vielleicht seinen seelischen Zustand beschreiben. Wenn man Jugendliche in bezug auf *„MfG"* befragt, werden sie dies als einen netten Gruß deklarieren, darüber hinaus geraten sie vermutlich ins Stottern. Aber sie handhaben auch diese Worthülsen. Das ist heute die Alltagssprache.

Und nun hören sie von denen, die ihre Vorbilder sein sollten – also Eltern, Lehrer, Priester der Christengemeinschaft, Vortragsredner –, auch solche Worthülsen. Ihre eigene Sprache besteht aus Kurzdeutsch, aus Begriffshülsen und aus auf Abkürzungen heruntergepfahltem Deutsch, manchmal mit Anglizismen durchtränkt. Diese Hülsen benutzen die Jugendlichen selber. Wenn jetzt anthroposophische oder religiöse Begriffe ausschließlich in ähnlicher Begriffshülsenform dargereicht und nicht inhaltsgemäß erklärt werden, empfinden die Jugendlichen diese Begriffe auch als Kurzdeutsch. Und damit sind sie für diese Jugendlichen sinnentleert in einer viel größeren Weise, als ihr euch das vorstellen könnt; viel mehr, als ihr das vermutet!

Viele Jugendliche benutzen ihre Kürzel und sehen, daß auch ihre erwachsenen Vorbilder ähnliche Kürzel benutzen. Sie selbst wissen, daß hinter ihren Kürzeln nichts ist, und vermuten demzufolge, daß auch hinter den Kürzeln der Erwachsenen nichts ist.

Daraus ergibt sich für die anthroposophisch Vortragenden und alle diejenigen, die religiöse Zusammenhänge erklären wollen, die Notwendigkeit, möglichst immer wieder neue Worte zu verwenden oder die Begriffe zu erklären, so daß sie den anderen Menschen erreichen. Man muß den Begriff und das Wort frisch erhalten. Das aber passiert leider nicht. Aber in vielen anthroposophischen Zusammenhängen und denen der Christengemeinschaft erlebt man immer wieder die gleichen Wortmonster, die man einfach nicht mehr verstehen kann. Was nützt es, den Begriff Mysterium von Golgatha einem Menschen gegenüber auszusprechen, der davon nichts weiß?

Handbuch zum Kultus

W.W.: Nun haben wir aber mit der Menschenweihehandlung einen Ritualtext, der nur schwer verändert werden kann und – mit gewissen

Ausnahmen – auch nicht verändert werden sollte. In diesem Kultus gibt es z.B. das Credo, in der u.a. die Formulierungen *„Wiederbelebung des ersterbenden Erdendaseins"* oder *„geistig-physisches Gotteswesen"* verwendet werden. Wie kann man diese verstehen, wenn man sie nicht wirklich anthroposophisch verständlich erklärt? Was tut man an dieser Stelle?

Der Große: Eine gute Hilfe wäre z.B., daß man die wesentlichsten Begriffe aus der Anthroposophie oder in diesem Fall aus der Menschenweihehandlung in einem kleinen Buch verständlich erklärt. Das ist keine Blasphemie, wie es vielleicht manche äußern werden. Das ist eine Notwendigkeit! *„Handbuch zum Kultus"* könnte man es nennen. Man muß auch berücksichtigen, daß der humanistische Bildungshintergrund, der noch vor 100 Jahren in größeren Kreisen der Bevölkerung vorhanden war, zunehmend verschwindet. Vor 100 Jahren konnte man noch wie selbstverständlich auf gewissen Begriffen und auch auf Glaubenszusammenhängen aufbauen. Das ist heute nicht mehr möglich. Und in einem solchen Handbuch würde dann erklärt werden, was *„Wiederbelebung des ersterbenden Erdendaseins"* und was *„geistig-physisch"* bedeutet, also daß es um eine Leiblichkeit geht, die eine physische Hülle bildet, aber keine materielle ist. Das müßte man etwas anschaulich erklären.

W.W.: Also eine Art Wikipedia in Kurzform zum Verständnis der Menschenweihehandlung.

Der Große: Genau. Weihehandlung-Wiki.

W.W.: Begriffe kurz, verständlich, undogmatisch erklärt.

Der Große: Und auf jeden Fall sollten diese Erklärungen nicht mit dem Siegel versehen werden, daß diese Erklärungen jetzt wieder nicht verändert werden dürfen. Denn schon hätte man wieder eine neue Dogmatik. Dieses Kultus-Handbuch bzw. Weihehandlung-Wiki muß die Möglichkeit bieten, Diskussionsforen oder Veränderungen zu ermöglichen. Wenn die Jugendlichen z.B. äußern, daß sie eine Erklärung immer noch nicht verstehen, und statt dessen eine andere Erläuterung vorschlagen, dann sollte man darauf eingehen; auch inwieweit sich jeder an den Formulierungen zu dieser Wikipedia beteiligen kann.

W.W.: Welche Vorschläge hast Du noch?

Der Große: Sicherlich kommen wir noch zu dem sehr schwierigen Thema, daß man auch gewisse Begriffe aus dem Kultustext verändern sollte. Darüber hinaus kann man z.B. vor oder nach der Menschenweihehandlung hin und wieder einen kleinen Zeitraum eröffnen, in dem man ankündigt, schwierige Begriffe aus der Weihehandlung zu erklären. Das muß nicht einmal der Priester machen. Das muß auch nicht vor oder nach der Menschenweihehandlung sein, sondern kann zu jedem anderen Zeitpunkt geschehen. Aber man muß ein Bewußtsein dafür haben, daß viele Begriffe nicht mehr verstanden werden und erklärt werden müssen. Das kann man auch im Religionsunterricht in den höheren Klassen durchführen. Man muß also immer wieder Einführungsvorträge halten.

W.W.: Ich fasse noch einmal zusammen: Man sollte sich verstärkt bemühen, auf verschiedenen Wegen diejenigen Begriffe, die man verwenden muß oder will, so zu erklären und geistig durchtränkt inhaltlich so anzureichern, daß diejenigen Menschen, die in dieser Materie neu sind, diese Begriffe auch verstehen können.

Der Große: So ist es. Das macht jede Spezialgruppe genauso. Jede Gruppe macht ein Briefing. Wenn Du z.B. mit Hohlsaumstickerei konfrontiert würdest, würdest Du vermutlich auch mit Unverständnis davorstehen. Wenn Dir diese Angelegenheit aber sympathisch wäre, Du aber noch nicht genau weißt, worum es sich dabei handelt, würdest Du auch zuerst einmal zu dieser Spezialgruppe gehen, ein Briefing einfordern oder Dich im Internet schlau machen, z.B. bei Wikipedia. Du würdest vielleicht sagen: *„Das klingt spannend, ich möchte Genaueres wissen!"*

Wer möchte, daß die Menschen dem Christus folgen, sollte Worte finden, die die Menschen berühren!

W.W.: Das heißt also, daß diejenigen, die bereits in der sogenannten Szene der Christengemeinschaft und der anthroposophischen Bewegung sind, ein großes Schwergewicht darauf legen müßten, solche Briefings o.ä. in die Welt zu stellen, so daß möglichst vielen Menschen Wege zur Spiritualität eröffnet werden. Es gibt ja verschiedenste Ansätze. Aber offensichtlich reicht das noch nicht.

Der Große: Wer möchte, daß die Menschen dem Christus folgen, sollte Worte finden, die die Menschen berühren. Man kann es auch so ausdrücken. Es beschreibt aber dasselbe. Das muß sein, damit die Worte des Kultus nicht am Menschen vorbeigehen.

W.W.: Und wir sind uns einig, daß ein Begriff aus der Weihehandlung, so schön er klingt, so geistig er auch sein kann, ein hohler Begriff bleibt, wenn man den Inhalt nicht wirklich versteht?

Der Große: Ja. Er schlägt den Menschen tot, auch wenn er ihn verstehen will. Er geht am Menschen vorbei. Wenn Du nach Japan fährst und dort die japanische Menschenweihehandlung hörst, wirst Du natürlich ungefähr wissen, an welcher Stelle der betreffende Pfarrer sich jeweils im Kultus befindet, aber die einzelnen Worte verstehst Du nicht. Kultus und Wort gehören aber zusammen; das kann man gar nicht genügend betonen. Kultus ist Wort. Wort ist Christus. Aber die Menschen können Christus im Kultus nicht erleben, wenn sie die Worte nicht verstehen. Aber wenn sie den Christus im Kultus verstehen, dann kommen sie auch wieder.

„Besser schlafen nach der Weihehandlung"

W.W.: Gehen wir einen Schritt weiter. Im Rahmen der Christengemeinschaft findet man gehäuft Vortragstitel und Artikelüberschriften in den Zeitungen, in denen Bibelzitate verwendet werden, z.B. *„Ich bin der gute Hirte"* oder ähnliches. Nun weiß man aber, daß immer mehr Menschen keine Ahnung von der Bibel haben, dieses Bibelzitat also gar nicht verstehen können oder sogar nicht mal mehr kennen. Geht es überhaupt, daß man in Artikeln oder Vortragstiteln ein solches Bibelzitat bringt?

Der Große: Ausschließlich für ein spezielles vorgebildetes Publikum. Wenn man aber andere Menschen erreichen möchte, muß man andere Formulierungen und Titel finden, also z.B.: *„Wo oder wie kann Ihnen die Menschenweihehandlung helfen?"* Das wird bei den Lesern ein Aha-Erlebnis auslösen, sie fühlen sich angesprochen, sie werden neugierig, das finden sie interessant. Und dann gehen sie vielleicht hin.

W.W.: Fallen Dir noch andere Vortragstitel ein?

Der Große: *„Besser schlafen nach der Weihehandlung." – „Durch den Kultus besser miteinander umgehen." – „Sozialer werden am Kultus."* Wenn man dann einen Vortrag hält, kann man in ihm gerne Bibelzitate verwenden, aber man muß sie erklären. Um Dein „Ich-bin-Wort" aufzugreifen, kann man den Vortragstitel so wandeln: *„Wie können mir Ich-bin-Worte im Alltag helfen?"* Ganz unproblematisch ist dieser Titel natürlich nicht, weil man hier ein Ich-bin-Wort verwendet, ohne es vorab zu erklären. Das wäre vielleicht ein Vortragstitel für die Fortgeschritteneren.

W.W.: Wenn man als Pfarrer oder Mitglied der Christengemeinschaft oder als anthroposophischer Artikelschreiber einfach nur so ein Bibelzitat verwendet, ist es dann so, daß man damit etwas ausdrückt, was man selbst nicht in der Lage ist darzustellen?

Der Große: Natürlich! Man verwendet diese Zitate oft aus Scheu, Fehler zu machen. Man denkt, daß man zu Bibelzitaten greifen darf, weil diese nicht falsch sein dürfen. Man fühlt sich auf der sicheren Seite, wenn man zu einem Bibelzitat greift. Man denkt, daß man dann, wenn man alles mit eigenen Worten ausdrückt, sehr viele Fehler machen kann. Diese Angst aber muß den Pfarrern und Vortragsrednern genommen werden. Fehler sind doch erlaubt! Ihr Menschen lernt aus Fehlern. Das ist zwar eine Banalität, aber sie ist wahr. Außerhalb des Kultus sind die Priester der Christengemeinschaft Menschen und machen die gleichen Fehler wie alle anderen Menschen.

W.W.: Wie wirkt es auf die Menschen, die zwar einen religiösen Impuls in sich tragen, die vielleicht auf der Suche sind, wenn ihnen in einem Vortrag oder in einem Artikel ein Bibelzitat vorgesetzt wird, mit dem sie nichts anfangen können?

Der Große: Märchenhaft. Sie spüren, daß der Vortragende oder der Artikelschreiber nicht in ihrer eigenen Realität lebt. Sie empfinden dieses Bibelzitat als absolut realitätsfern. Sie denken, daß die Vortragenden und Artikelschreiber mit dem Träumen aufhören sollten. *„Kommt doch endlich in der Wirklichkeit an!“* So wirkt ein Bibelzitat.

VII – Kultus und Evangeliensprache

Den Text der Weihehandlung leicht verändern

W.W.: Der Kultus der Menschenweihehandlung ist sowohl Form als auch Leben. Der gegebene Ritualtext und alle äußeren Verrichtungen gehören zur Form, das Miteinander von geistigen Wesen und Menschen im Bemühen um den Kultus zum Leben in dieser Form. Als die Menschenweihehandlung von Rudolf Steiner als Text aus der geistigen Welt geholt wurde, war dies die Form, die zugleich auch dem damaligen Leben entsprach. Beides war mehr oder weniger identisch bzw. harmonierte bestmöglich miteinander. Zum Leben gehören natürlich auch die Denkart und die Sprache der Menschen. Nun sind 90 Jahre vergangen, und ich bin der Meinung, daß manches an dieser Form nicht mehr dem heutigen Leben gemäß ist. An manchen Ecken beginnt es zu knirschen.

Der Große: Das stimmt!

W.W.: Und aus diesem Grunde meine ich, daß man vorsichtig manche Begriffe des Ritualtextes der Menschenweihehandlung verändern sollte, nicht um die Weihehandlung bewußt verändern zu wollen, sondern weil gewisse Begriffe schlicht nicht mehr verstanden werden bzw. falsch verstanden werden können.

Der Große: Man sollte die Weihehandlung verändern, gerade deswegen, um sie nicht zu verändern, sondern um sie gleichzuhalten, um sie innerlich lebendig zu halten. Das ist der springende Punkt!

W.W.: Also ganz allgemein formuliert: Man muß also gewisse Begriffe des Ritualtextes der Menschenweihehandlung verändern, um sie im Zeitenstrom lebendig zu halten?

Der Große: Ja. Um sie lebensvoll zu halten, muß man den Text leicht verändern. Wenn man den Text nicht verändert, verschiebt sich etwas. Es muß doch zu verstehen sein, daß die Nichtveränderung zu dieser Verschiebung führt, nicht die Veränderung.

W.W.: Nehmen wir ein Beispiel: Die Begriffe „Der Sünde Last“ oder „Sündenkrankheit“ sind Begriffe, die man in der heutigen Zeit nicht mehr aussprechen sollte, weil sie definitiv nicht mehr verstanden werden können, sofern man keine grundlegende anthroposophische Bildung hat. Unter Sünde versteht man heute so etwas wie Schuld; gemeint ist aber etwas ganz anderes, nämlich eine Art Absonderung aus der geistigen Welt, der Fall aus einem ätherischen Sein in die Materie des physisch-materiellen Leibes, bzw. man versteht darunter, daß sich der Phantomleib mit Materiebestandteilen vollgesaugt hat, nachdem Luzifer in die Wesensglieder des Menschen eingegriffen hat. Das aber wird alles nicht gesagt. Folglich kann ein Laie es nicht mal im Ansatz verstehen und versteht die genannten Begriffe falsch.

Ist es also noch zeitgemäß, diese Begriffe zu verwenden, bzw. sollte man nicht schleunigst hierfür andere Begriffe wählen? Wenn ein sensibler Laie diese Begriffe hört, fühlt er sich irgendwie schuldig – er ist aber nicht schuldig –, und er wird sich schlecht fühlen. Insofern wird ein solcher Begriff zu einer Art Rausschmeißer und dient bei weitem nicht der Sache. Man könnte sogar, um im Rhythmus des Ritualtextes zu bleiben, statt Sünde einfach Erde schreiben, also „Der Erde Last" oder „Erdenkrankheit"; wobei letzterer Begriff auch zweideutig ist, da nicht gemeint sein kann, daß die Erde erkrankt sei. Aber es entspräche demselben Sprachrhythmus, es stimmt sogar weitgehend inhaltlich, aber vielleicht gibt es sogar noch bessere Begriffe.

Der Große: Man könnte auch „Des Schicksals Last" sagen; auch das versteht jeder sofort. Ich bin auf jeden Fall der Meinung, daß man im Ritualtext der Menschenweihehandlung verschiedene Begriffe möglichst zügig verändern sollte.

Die Priester haben Angst

W.W.: Warum wollen die Priester der Christengemeinschaft dies definitiv nicht, gerade die deutschen nicht?

Der Große: Weil sie Angst haben.

W.W.: Wovor denn?

Der Große: Sie haben Angst auf verschiedenen Ebenen. Das ist das Schwierige daran. Es geht einerseits um Angst, andererseits geht es um Macht. Man hat Angst, etwas zu verlieren, etwas sehr Großes zu verlieren. An erster Stelle steht die Angst, denn alle Priester sind sich sehr bewußt, daß sie fehlbar sind. Weil sie alle anständige Menschen sind, aber zugleich wissen, daß sie fehlbare Menschen sind, trauen sie sich nicht zu, etwas zu verändern, und zwar aufgrund ihrer Fehlbarkeit. Und deswegen haben sie Angst, daß, wenn etwas geändert wird, dies falsch sein könnte. Das ist sehr gut nachvollziehbar.

W.W.: Ich nehme das mal so hin. Aber wenn ich mir vorstelle, daß man den Begriff Sündenkrankheit z.B. durch Erdenkrankheit oder einen anderen Begriff ersetzen würde – was ist daran eigentlich so schlimm?

Der Große: Nichts! Aber es ist eine Änderung, und die bereitet nach wie vor Angst. Diese Angst könnte man aufheben, indem ein Wesen – das kann ein Mensch sein, muß aber kein Mensch sein – kommt und ex cathedra mit einem echten Totschlagargument kommt, ein Wesen, das gleichzeitig anerkannt ist und das dann sagt: *„Wir ändern es folgendermaßen!"* Was tut es aber damit? Es bricht die Freiheit aller anderen Menschen. Aber damit übernimmt es die Verantwortung, und die anderen brauchen keine Angst mehr zu haben. Aber so etwas ist nicht mehr zeitgemäß.

Die deutsche Sprache hat sich verändert

W.W.: Also müssen die Priester unter sich bzw. mit Gemeindemitgliedern Arbeitskreise zur etwaigen Veränderung mancher Textpassagen gründen oder einen Kreis delegieren, der etwaige miteinander ausgearbeitete Veränderungen vornimmt und entscheidet?

Der Große: Zum Beispiel. Aber vermutlich will man keine Änderung. Es gibt ja das grundlegende Problem, daß Rudolf Steiner in etwa ausgesprochen hat, daß er den Text der Menschenweihehandlung aus den Mantren der Sprache geschöpft habe, in diesem Fall aus den Mantren der deutschen Sprache, und daß er für das Michaelzeitalter eine neue Form der Messe gegeben habe. Damit ist dieser Text sakrosankt geworden. Vergessen wird dabei allerdings, daß sich auch die deutsche Sprache verändert hat. Natürlich gibt es eine Urform des Kultus, die man bewahren muß. Aber das bedeutet nicht, daß man die tägliche Gebrauchsform nicht der Zeit anpassen darf. Wer hindert uns denn daran?

Unwürdiges Geschöpf?

W.W.: In allen Gesprächen mit den Naturgeistern war die Haltung immer die, daß alle Reiche um den Menschen herum würdige Reiche sind; daß alle Wesen – die Steine, die Pflanzen, die Tiere und die Naturwesen – Wesen sind, die auch ihre Rechte haben; daß man als Mensch möglichst mit ihnen zusammenarbeitet; daß dies Reiche sind, denen sich der Mensch widmen muß; daß es sich hierbei nicht um Sachen handelt, die der Mensch zerstören kann.

Der Große: Selbstverständlich!

W.W.: Ich gehe im weiteren davon aus, daß alle geistigen Wesen, die in einer gewissen Weise über dem Menschen stehen, in ähnlicher Weise auch mit dem Menschen umgehen, auch wenn das Element der Freiheit im Menschenreich etwas Fremdartiges sein mag. Ich gehe also davon aus, daß die geistigen Wesen den Menschen, der in einer gewissen Warte unter ihnen steht, als würdiges Wesen betrachten.

Der Große: Selbstverständlich!

W.W.: Nun gibt es aber in der Menschenweihehandlung die Passage *„Ich, dein unwürdiges Geschöpf …"* – ein aus meiner Sicht ziemlich unerträglicher Begriff. Zwar könnte man als Gemeindemitglied sagen: Diesen Schuh zieh ich mir nicht an, das sagt der Priester zu sich selbst! Aber der Kultus ist ja eigentlich eine gemeinsame Sache von Priester und Gemeindemitgliedern, insofern spricht man diesen Satz auch als Gemeindemitglied in der ersten Person Singular mit. Ich als Mensch fühle mich alles andere als unwürdig, trotz aller Fehler. Der Mensch ist vielleicht nicht so hoch entwickelt wie andere Wesen, er hat dunkle Bereiche und macht viele Fehler, aber er ist nicht unwürdig, und er sollte auch seinerseits nicht sogenannte unter ihm stehende Wesen als unwürdig betrachten. Warum steht diese Textpassage im Text der Menschenweihehandlung?

Der Große: Weil der Text damals eine andere Bedeutung hatte.

W.W.: Aber das, was ich soeben sagte, galt ja auch vor 100 Jahren.

Der Große: Mit „unwürdig" ist nicht unbedingt etwas Schlechtes gemeint, sondern daß der Mensch nicht in der Lage ist, das ganze Leben, jedes Jahr, jeden Monat, jeden Tag, jede Sekunde auf höchstem Niveau in voller Würde zu agieren. Der Mensch schafft es nicht, seine Menschenwürde sich selbst und seiner Umwelt gegenüber immer völlig aufrechtzuerhalten.

W.W.: Also eine Art fehlerlose Maschine. Die Menschen sind allerdings die einzigen Wesen, die frei sind und notgedrungen Fehler machen müssen, aber deswegen sollte man sie nicht unwürdig nennen. Man wird doch nicht unwürdig, wenn man mal einen Fehler macht. Das hast Du vor wenigen Minuten selbst gesagt. Man wird auch nicht würdig, wenn man von morgens bis abends betet.

Der Große: Heute wird das so verstanden. Damals hatten die Menschen zur Würde aber noch ein anderes Verhältnis.

W.W.: Aber das ändert daran gar nichts, sie waren auch vor 100 Jahren nicht unwürdig; die Formulierung *„Ich, Dein unwürdiges Geschöpf"* signalisiert aber, daß der Mensch ein unwürdiges Geschöpf ist. Ich sehe hier leider keinen Ausweg und bin fest der Meinung, daß diese Formulierung verändert werden sollte. Diese Formulierung besagt ja, daß der Mensch per se, durch sein gesamtes Sein, ein unwürdiges Geschöpf ist.

Der Große: Das ist eine Interpretationsmöglichkeit. Auch mir stößt dieser Begriff auf, und ich bin der Meinung, daß er den eigentlichen Geistgehalt nicht mehr aussagt bzw. rüberbringt. Wer bewußt zuhört, wird sich an dieser Formulierung stoßen; auch wenn es Menschen gibt, die sich daran vielleicht gerade nicht stoßen werden. Man könnte an dieser Stelle ohne weiteres sagen: *„Ich, Dein nicht fehlerloses Geschöpf!"* Ich bitte Dich, daß Du beim bisherigen Ritualtext zumindest das Adjektiv ausläßt und einfach für Dich innerlich nur formulierst: *„Ich, dein Geschöpf."*

Dieser Satz sollte in der Tat verändert werden, auch wenn es vielleicht vor 90 Jahren anders gemeint war. Hier sollte man nicht krampfhaft an alten Texten festhalten. Leider muß ich feststellen, daß hier bei den Menschen innerhalb der Christengemeinschaft die Unfähigkeit aufkommt, etwas zu verändern. Keiner verlangt, die Urform der Menschenweihehandlung abzuschaffen. Sie sollte man bewahren. Sie sollte auch immer wieder in größeren Abständen in der alten Form gesprochen werden, zumindest eine Zeitlang. Aber warum kann man denn nicht gewisse Worte verändern!

W.W.: Indem man den Kultus der Menschenweihehandlung in andere Sprachen übersetzt, vollzieht man ohnehin einen ähnlichen Prozeß. Warum dann nicht auch im Deutschen?

Der Große: Richtig, so wird es fortwährend gemacht, und die Menschen ringen um Formulierungen. Und es gibt Sprachen, in denen schon lange mit dem Kultus gelebt wird und die kontinuierlich Formulierungen verändern, indem die Menschen sich zusammensetzen und an diesen Formulierungen arbeiten, sich gegenseitig befragen, sich ergänzen und die dann gemeinsam, manchmal nur ein einziges Wort, verändern. Und oft kommt man dann zu Formulierungen, mit denen man sich gemeinsam wohler fühlt. Die Menschen, die den Kultus in eine andere Sprache übersetzen, haben allerdings von vornherein den Vorteil, daß sie ihn übersetzen müssen. Der deutsche Nachteil ist, daß immer wieder dieses sogenannte Urform-Problem auftaucht und hochgehalten wird.

Deswegen, ich wiederhole mich, möchte ich anregen, die Urform zu behalten und sie auch zu leben, aber nur hin und wieder; und auf der anderen Seite sollte man eine Tagesform mit leichten Veränderungen verwenden.

W.W.: Ich habe es immer als sehr lebendig und äußerst interessant empfunden, die Menschenweihehandlung in einer anderen Sprache zu hören. Wenn die Christengemeinschaft größer wäre, wenn es möglich wäre, daß in einer Gemeinde einer Stadt verschiedensprachige Menschenweihehandlungen zelebriert werden könnten, so wäre dies äußerst interessant und lebendig. Insofern könnte man sich auch vorstellen, verschiedensprachige deutsche Fassungen zu haben. Aber das ist sicherlich Zukunftsmusik und erst ein dritter oder nie zu vollziehender Schritt.

Bedenkliche Evangelienpassagen

Dasselbe, was für den Kultus gilt, gilt selbstverständlich auch für die Evangelientexte, auch wenn diese oft in einer bildhaften Sprache verfaßt sind, die noch sehr beweglich ist. Aber auch hier gibt es Stellen, die man zwar nicht verändern kann bzw. sollte, aber die man zumindest nicht als Perikopen, also als im Kultus gelesene Evangelienpassagen, verlesen sollte. Diese Perikopen sind, so gesehen, herausragende Evangelienstellen, weil man sie während der Menschenweihehandlung liest. Und auch hier möchte ich sagen, daß diese Stellen so sein sollten, daß sie nicht abstoßen und daß man sie verstehen kann. Und hier gibt es z.B. eine Stelle, die ich absolut abstoßend finde. Es handelt sich um Lukas 17, 7-10:

„Wer von euch, der einen Knecht hat für den Acker oder für das Vieh, wird, wenn er vom Feld nach Hause kommt, zu ihm sagen: Komm sogleich und setze dich zu Tisch? Er wird vielmehr sagen: Bereite mir das Mahl und lege deinen Schurz an, um mir zum Essen und Trinken aufzuwarten; danach kannst du selbst auch essen und trinken. Verdient der Knecht Dank dafür, daß er seine Pflicht tut? So sollt ihr von euch selber denken. Wenn ihr alles getan habt, was euch zu tun aufgetragen ist, so sprecht: Schwache Knechte sind wir, wir haben nur getan, wozu wir verpflichtet waren." (Übersetzung: Emil Bock)

Was soll so etwas? Ein solches Herren-Knecht-Verhältnis ist in der heutigen Zeit nicht mehr zeitgemäß, auch wenn es das vielleicht vor 2000 Jahren war.

Der Große: Ich bin mit Dir insofern einer Meinung, als diese Stelle heute nicht zu den herausragenden Bibelstellen zählt und sie nicht im Kultus gelesen werden sollte, weil diese Stelle ungleiche Gesellschaftsstrukturen zementiert. Aber ich bin nicht der Meinung, daß man diese Stelle aus dem Evangelium herauslösen sollte. Man muß diese Evangelienstelle ja nicht im Kultus lesen. Hier gibt es nur Empfehlungen, keine bindenden Festlegungen. Die Zeiten verändern sich, andere Stellen werden wichtiger werden.

Der dumme Sämann

W.W.: Ich möchte eine andere Bibelstelle vorlesen, die etwas anders gelagert ist, und zwar das Gleichnis vom Sämann, u.a. Lukas 8, 4-8:

„Es zog einmal ein Säemann aus, um den Samen zu säen. Und während er säte, fiel ein Teil des Samens auf den Weg und wurde zertreten, und die Vögel des Himmels fraßen ihn auf. Ein anderer Teil fiel auf felsigen Grund, und das sprossende Grün verdorrte, weil ihm die Feuchtigkeit fehlte. Wieder

ein anderer Teil fiel mitten unter die Dornen, und der mitemporwachsende Dornstrauch erstickte das Keimende. Und schließlich fiel ein Teil des Samens auf gute Erde und wuchs und trug hundertfältige Frucht. Und er fügte mit lauter Stimme die Worte hinzu: Wer Ohren hat zu hören, der höre!" (Übersetzung: Emil Bock)

Die Aktivität geht vom Sämann aus, er wirft einen Teil der Samen auf den Weg, einen anderen auf felsigen Grund, einen weiteren unter die Dornen. Man ahnt vielleicht, was mit diesem Bild gemeint ist, aber ist es nicht Schuld des Sämanns, daß er die Samen in die Bereiche wirft, wo sie keine Frucht tragen können? Ist dieses Bild nicht falsch?

Der Große: Wir könnten jetzt eine unendliche Diskussion darüber beginnen, wer der Sämann ist. Du interpretierst vermutlich – und so steht es auch im danach folgenden Evangelientext –, daß damit die Gottheit gemeint ist. Der Same ist das Wort Gottes. Es ist ein Gleichnis, welches Christus ausspricht.

Ich muß Dir aber recht geben, denn wenn man das Bild ohne die Erläuterungen betrachtet, so muß man zugeben, daß es sich hier durchaus um einen ziemlich dummen Sämann handelt, denn Dreiviertel des Samens schmeißt er auf einen Boden, der keine Frucht tragen wird. Er verschwendet also den größten Teil seines Samens. – Höre ich aus Deinen Worten heraus, daß die geistige Welt ungeheuer schlau ist und alles wissen muß und keine Fehler macht?

W.W.: Eigentlich ja. Ich gehe davon aus, daß die geistige Welt weise ist, daß sie umfassend denkend ist. Trotzdem gibt es den Bereich der Freiheit im Bereich der Menschen.

Der Große: Wenn Du in den Bereich der Menschen schaust, so gibt es unter den Menschen mit Sicherheit dumme Wesen, auch dumme Bauern, die vielleicht einen Teil des Saatguts verschwenden. Warum soll nicht auch die geistige Welt einen Teil des Saatguts verschwenden? Diese Frage darf erlaubt sein. Das Gleichnis vom Sämann ist durchaus auch von Christus gebracht worden, um euch zu solchen Fragen zu bringen, natürlich nicht nur. Was genau mit dem Gleichnis gemeint ist, erläutert Christus anschließend, und da sieht man, daß es eigentlich anders gemeint ist, daß z.B. mit denjenigen Samen, die auf den felsigen Grund fallen, solche Menschen gemeint sind, die das Wort freudig aufnehmen, wenn sie es hören, bei denen dann aber das Wort keine Wurzeln schlägt. Trotzdem hast Du recht, daß das Bild schief ist, denn die Aktivität geht vom Sämann aus, und wenn man dann die Menschen kritisiert, so ist es mindestens fragwürdig.

W.W.: Das Problem ist hier ähnlich wie bei dem Kultustext, indem man davon ausgeht, daß dieser Evangelientext richtig ist, daß er nicht verändert werden darf. Die Überlegung, daß im Evangelium etwas steht, was der Mensch in Frage zu stellen habe, ist für viele Menschen sicherlich mindestens ungewohnt.

Der Große: Wozu geben wir euch die Freiheit, wenn ihr solche Fragen nicht diskutiert?

Die königliche Hochzeit

W.W.: Dann nehme ich noch ein drittes Beispiel, Matthäus 22, 1-14; das Gleichnis von der königlichen Hochzeit. Diese Evangelienstelle hat in der Christengemeinschaft eine herausragende Rolle, denn sie wird oft mehrere Wochen in der Michaelizeit gelesen. Und hier ergeben sich mindestens zwei Probleme. Die entsprechende Textpassage lautet:

„Das Reich der Himmel gleicht einem Menschen, einem Könige, der für seinen Sohn das Hochzeitsfest bereitete. Und er sandte seine Diener aus, um die berufenen Gäste zur Hochzeit einzuladen, aber sie wollten nicht kommen. Da sandte er noch einmal andere Diener aus und sprach: Saget den Geladenen, siehe, ich habe mein Festmahl zubereitet, die Ochsen sind geschlachtet und das andere Getier; alles ist bereit. Kommt zur Hochzeit. Aber sie gaben nicht acht darauf und gingen hin, der eine auf seinen Acker, der andere zu seinen Geschäften. Die übrigen ergriffen die Diener, mißhandelten und töteten sie. Da geriet der König in Zorn; er sandte sein Heer aus, vernichtete die Mörder und setzte ihre Stadt in Brand. Dann sprach er zu seinen Dienern: Das Hochzeitsfest ist zwar bereitet, aber die Gäste haben sich seiner nicht würdig gezeigt. So gehet nun auf die abgelegensten Wege zu, ladet zur Hochzeit ein, wen ihr findet. Und die Diener gingen auf die Straßen und versammelten alle, die sie fanden, Böse und Gute. Und der Hochzeitssaal füllte sich mit den Gästen des Mahles. Da trat der König herein, um nach den Gästen zu sehen, und sah unter ihnen einen Menschen, der nicht mit dem hochzeitlichen Gewand bekleidet war. Und er sprach zu ihm: Mein Freund, wie bist du hereingekommen, da du doch kein hochzeitliches Gewand trägst? Und er blieb stumm. Da sprach der König zu den Dienern: Bindet ihn an Händen und Füßen und werft ihn in die Finsternis des äußeren Daseins hinaus, wo die Menschen wehklagend und zähneknirschend leben. Denn an viele ergeht der Ruf, wenige jedoch machen sich wirklich zu Trägern des höheren Lebens.“ (Übersetzung: Emil Bock)

Vorab möchte ich fragen: Warum werden nur einige geladen?

Der Große: Weil die, die geladen sind, eigentlich diejenigen sind, die dieses Hochzeitsfest überhaupt verstehen können. An den anderen würde diese Hochzeit vorbeirauschen.

W.W.: Es beginnt mit berufenen Gästen, also von vornherein eine Selektion. Das ist m.E. schon deswegen verwerflich, weil ja eigentlich alle Menschen berufen sind. Anschließend werden alle eingeladen, gleich wer, Böse und Gute, sogar von abgelegenen Wegen. So weit, so gut. Wenn alle, auch Böse, eingeladen werden, frage ich mich, warum dann jemand unter diesen ist, der gebunden wird, weil er kein Hochzeitskleid trägt, und in die Finsternis geworfen wird. Was kann noch schlimmer sein, als daß man böse ist? Was soll dieses Bild? Es sind doch schon Böse geladen; was ist dann an diesem einen noch schlimmer, so daß er wieder hinausgeworfen wird?

Der Große: Dieser eine ist kein Mensch! In den Übersetzungen wird allerdings von einem Menschen gesprochen. Auch wenn es in den Evangelien so steht, möchte ich betonen, daß hiermit ursprünglich kein Mensch gemeint ist. Wie auch immer der Begriff Mensch hineingekommen ist, es war eigentlich nicht so gemeint.

W.W.: Warum wird dieses Evangelium gerade zu Michaeli gelesen?

Der Große: Wegen der kosmischen Intelligenz, die mit Michael zusammenhängt. Dieses Evangelium ist sehr widersprüchlich, es ruft auch die Empörung der Menschen hervor, und zwar nicht nur in der von Dir angesprochenen Stelle, sondern auch in einem weiteren Punkt. Michael ist der Herrscher der kosmischen Intelligenz, Ahriman ist der Herrscher der irdischen Intelligenz, und an dieser Evangelienstelle schärft der Mensch wirklich seine Intelligenz, indem er Fragen stellt.

Aber derjenige, der gebunden wird, ist ein dämonisches Wesen; man kann auch denken, daß es sich um einen Menschen handelt, der von einem solchen dämonischen Wesen besetzt ist, eine menschliche Hülle mit einer Besetzung. Und dieses Wesen wird gebunden und hinausgeworfen.

W.W.: Hier haben wir also wieder ein Beispiel dafür, daß es an jeder Ecke Erklärungsnotwendigkeiten gibt, gerade dann, wenn eine solche Evangelienstelle in so herausgehobener Weise über vier Wochen hinweg im Kultus gelesen wird. Das erste, was man denkt, ist doch eigentlich die Ungerechtigkeit dieses Zusammenhangs, daß also erst u.a. Böse geladen werden und daß dann einer von ihnen wieder hinausgeworfen wird.

Das Himmelreich gerät in Zorn und vernichtet Menschen

Der Große: Die andere Stelle wird oft noch als viel ungerechter angesehen: Wenn der König in Zorn gerät, sein Heer aussendet, die Mörder vernichtet und die ganze Stadt in Brand setzt. Das Himmelreich gerät in Zorn und vernichtet Menschen – das ist nicht langmütig. Daran stören sich die Menschen sehr oft.

W.W.: Es kommt hinzu, daß es ein wenig unlogisch ist, denn er zerstört die Mörder mit seinem Zorn, setzt ganze Städte in Brand, und dann lädt er Böse ein, wenn auch auf abgelegenen Wegen. Dann hätte er ja gleich die Mörder einladen können. Also hier gibt es anscheinend wieder zwei Kategorien von bösen Menschen.

Der Große: Diese Kleinigkeit ist sehr wichtig: daß der König die Diener auf die abgelegensten Wege schickt und nicht mehr in die Stadt. Zuerst schickt er seine Diener an ein konkretes Ziel, in die Stadt, zu den Berufenen; nachdem aber diese konkreten Orte zerstört sind, schickt er seine verbliebenen Diener zu den abgelegensten Wegen. Das ist ganz wichtig. Auf den Wegen sind die Menschen in Bewegung, sie sind nicht an einer Stelle.

W.W.: Ich will auch nicht allzu tief in die Interpretation dieses Gleichnisses eintauchen, es geht mir mit diesen Beispielen eigentlich nur darum, daß auch im Evangelium viele Stellen sind, die man heute eigentlich nicht mehr verstehen kann oder die man ungerecht findet oder ablehnt. Es besteht also auch hier ein erheblicher Erklärungsbedarf.

Der Große: So ist es. Ich schlage deshalb vor, daß gerade in der Michaelszeit nicht nur diese Evangelienstelle gelesen wird, sondern auch schon Passagen aus der Offenbarung des Johannes, wo Michael und seine Engel benannt werden, also z.B. Offenbarung des Johannes 12. Dann entsteht nicht die Klotzigkeit dieser Evangelienstelle aus Matthäus 22, die man eigentlich nur mit kosmischer Intelligenz verstehen bzw. interpretieren kann.

W.W.: Was ist denn an dieser Stelle eigentlich michaelisch, mal abgesehen davon, daß Michael der Verwalter der kosmischen Intelligenz ist und man diese Stelle mit kosmischer Intelligenz verstehen sollte? Ansonsten hat diese Stelle mit Michael doch eigentlich gar nichts zu tun.

Der Große: Es geht um die königliche Hochzeit, um den König, der vermutlich der Vatergott ist, der dann aber seine Heerscharen ausschickt, und das sind die michaelischen Scharen. Das ist die Hauptbegründung dafür, warum diese Textstelle michaelisch tingiert ist.

Christus lebt heute in der ätherischen Welt

W.W.: In der Karwoche ist es in sehr vielen Gemeinden der Christengemeinschaft üblich, daß man täglich oder zumindest einige Male

Andachten über das jeweilige Geschehen des betreffenden Tages dieser Karwoche hält, also über die Geschehnisse der letzten Woche im Leben des Christus Jesus. Dies versetzt einen durchaus in die Stimmung der Karwoche. Was ich seit längerem beobachte, ist, daß man an diesem jeweiligen Tag die Stimmung des betreffenden Tages vor 2000 Jahren malt und beschreibt; daß man mehr oder weniger die Ausführungen von Emil Bock referiert oder variiert, die keineswegs schlecht sind; daß man aber vorwiegend das darstellt, was im Geschehen zwischen Christus und den Juden vor 2000 Jahren geschehen ist – aber alles ohne einen schwergewichtigen Blick in die heutige Zeit. Sollte man nicht überwiegend in einer Predigt beschreiben, was heute Passionsgeschehen, Karfreitagsgeschehen und Auferstehungsgeschehen ist? Ist es in Ordnung, daß man nur über das spricht, was vor 2000 Jahren geschehen ist?

Der Große: Nein, das ist nicht in Ordnung. Es ist absolut nicht richtig, nur im Vergangenen zu wühlen, obwohl die Karwoche an dieser Stelle verführerisch ist, denn allein die Karwoche in der Vergangenheit ist schon sehr schwer zu verstehen, und so wirst auch Du erlebt haben, daß eine Wiederholung hier durchaus hilfreich sein kann, um das Geschehene in die eigene Vorstellung zu bekommen. Als Grundlage ist das vollständig in Ordnung. Es gibt aber sinnvolle andere Möglichkeiten.

Ich habe z.B. die Menschen in der Mühle motiviert, auch in der Karwoche Gespräche zu führen, mit direkten Hinweisen in die Jetztzeit. Hier gibt es auch Hinweise auf die jeweiligen Evangelienstellen. Die Bücher *„Mühlengespräche 3"* und *„Mühlengespräche 2"* können hier gute Anregungen geben, wie man das Tagesgeschehen und andere Beziehungen mit einbringt. Das Geschehen der Passionszeit und der Karzeit sollte einerseits in das politische Geschehen der Gegenwart, andererseits in das nichtpolitische Geschehen der Gegenwart gespiegelt werden, und man wird im ganz normalen Alltag der Menschen vieles wiederfinden, was dem Kargeschehen vor 2000 Jahren entspricht. Man kann z.B. in den *„Mühlengesprächen 2"* nachlesen, warum die Menschen in der Mühle an dem bestimmten Tag mit diesem bestimmten Gefühl sprechen. Man kann sich z.B. fragen, was das Gefühl des Sterbens mit dem Karfreitag zu tun hat.

W.W.: Es gibt ja auch heute ein Karfreitags- und ein Auferstehungsgeschehen. Worüber sollte der Priester der Christengemeinschaft in einer Andacht in der Karwoche bzw. zu Ostern zusätzlich zu dem Geschehen vor 2000 Jahren sprechen? Christus wirkt schließlich heute ganz genauso!

Der Große: So ist es, Christus lebt heute in der ätherischen Welt. Man kann z.B. Blumenbetrachtungen als Grundlage nehmen und sich z.B. fragen, warum die Menschen die Passionsblume Passionsblume genannt haben. Man kann Blumen suchen, die das Karwochengeschehen ins Bild bringen. An dieser Stelle könnte man sich den Feigenbaum näher anschauen. Genauso kann man Tiere nehmen, besondere Tiere, die einen Impuls dieser Woche in sich aufnehmen.

Aber vorwiegend sollte man schon in die Gesellschaft schauen und Menschen suchen, die ständig mit Auferstehungskräften leben oder sich in ihrem Menschsein entsprechend verhalten. Warum kann man nicht in einer Karfreitagspredigt die Hospizarbeit einbringen? Man kann sich das gesamte Leiden der Menschen weltweit anschauen. Man kann sich Biographien aussuchen, bestimmte Menschen nehmen, die dann z.B. zum Karmontag passen. Warum ist eine andere Biographie eine Karmittwochsbiographie? Und so kann man sicherlich viele Menschen finden, die in ihrer Persönlichkeit, in ihrer Biographie zu diesen einzelnen Tagen der Karwoche passen. Gerade in bezug auf den Kardienstag, in bezug auf die Wechsler im Tempel, findet man sehr viele Menschen, die in ihrem Leben zuerst als Wechsler gelebt haben, die dann aber besondere Erlebnisse hatten und ihre inneren Tische umgeworfen haben. Und dann sind diese Menschen etwas ganz anderes geworden.

Man sollte also das Geschehen vor 2000 Jahren in einer gewissen Weise darstellen und dann den Schritt in die Natur machen, in die Welt der Pflanzen und der Tiere, denn Christus lebt heute in der ätherischen Welt und ist damit bei den Tieren und Pflanzen. Und in einem weiteren Schritt sollte man in die Gegenwart des menschlichen Zusammenlebens schauen, und darüber hinaus auch in die Welt der Hierarchien. Man kann sich auch fragen, welche Gruppe von Naturwesen zu den einzelnen Tagen paßt. Es gibt also viele gute Möglichkeiten, aus der reinen historischen Betrachtung herauszukommen. Diese Erweiterung möchte ich an dieser Stelle gerne und intensiv anregen.

W.W.: Gibt es noch weitere Anregungen von Dir in bezug auf die Gestaltung der Karwoche innerhalb der Christengemeinschaft?

Der Große: Wendet euch um, schaut in die Zukunft! Fragt euch, wie man aus dem Karwochengeschehen die Zukunft verändern kann!

VIII – Der Mensch in der Weihehandlung

Die erste Begegnung mit der Weihehandlung

W.W.: Wer die Christengemeinschaft neu kennenlernt, wird sehr bald mit der Menschenweihehandlung konfrontiert. Oft ist es so, daß man den Menschen rät, sich den Kultus doch einmal anzuschauen. Dies muß keineswegs falsch sein, birgt aber in sich das Problem, daß man diese Menschen ganz allein läßt mit sich und dem Kultus. Hier gibt es ein großes mögliches Verschreckungspotential. Gibt es für die erste Begegnung mit dem Kultus etwas, was man dem Menschen sagen sollte, damit er den Kultus richtig aufnimmt?

Der Große: Ich schlage vor, daß man einen Menschen, der neu an die Christengemeinschaft herantritt, nicht unbedingt gleich in die Menschenweihehandlung bittet, sondern vielleicht in die Sonntagshandlung für die Kinder, auch weil sie von der Sprache und den Begriffen her leichter verständlich ist; und zwar mit dem Hinweis, daß dies eine ganz kleine Form der Menschenweihehandlung ist.

W.W.: Ich kann Deinen Vorschlag nachvollziehen, halte ihn aber nicht für sehr praktikabel. Ein Erwachsener, der die Christengemeinschaft und die Weihehandlung kennenlernen möchte, wird auch in die Menschenweihehandlung gehen wollen. Er wird statt dessen kaum in die Sonntagshandlung für die Kinder gehen wollen.

Der Große: Das mag sein. Aber man kann es versuchen. Für viele Deutsche ist das Kindsein manchmal mit einer Negativkomponente verbunden, es ist sogar manchmal ein Schimpfwort, wenn man ausspricht: *„Sei nicht so kindisch!"* Das ist dann keine freundliche Bemerkung. So gesehen ist der Besuch der Sonntagshandlung für „Neulinge" nicht unproblematisch; da gebe ich Dir recht. Trotzdem wäre es sinnvoll.

Wenn man aber, wie wohl meist, die Menschenweihehandlung als erstes besucht, so ist auch dies nicht unproblematisch. Die Worte der Menschenweihehandlung sind etwa 90 Jahre alt. Und es wird immer Menschen geben, die sich sofort angesprochen fühlen; aber genauso wird es Menschen geben, die aufstehen bzw. nach dem Besuch des Kultus denken oder aussprechen, daß sie kein Wort verstanden haben. Und diese Menschen gehen dann meist wieder. Und da alle Menschen individuell verschieden sind, kann man hier keine allgemeine Regelung, keinen allgemeinen Rat und schon gar nicht ein allgemeines Rezept geben. Es wird das ganze Spektrum von Menschen geben – die einen, die sich sofort innig angesprochen fühlen, bis hin zu denen, die sich erschlagen fühlen und innerlich schreiend rausrennen.

Deswegen wäre es gut, wenn es die schon angesprochene kleine Broschüre geben würde, also das Weihehandlung-Handbuch, durch die sich ein Neuhinzukommender informieren könnte. Das wird für viele Menschen eine Zugangsmöglichkeit sein. Trotzdem muß man wissen, daß andere sofort in den Kultus gehen wollen, um ihn zu erleben. Diese Menschen könnten dann die Broschüre hinterher lesen. Die meisten von euch Menschen sind heute visuell prädestiniert, und insofern bekommt ihr über das Lesen einen Zugang zu den meisten Zusammenhängen. Statt dieser Broschüre kann man den Menschen aber auch einen Link geben, über den sich der betreffende Mensch dann gleichermaßen informieren könnte.

Leid ist echte geistige Kunst

W.W.: Es gibt zwei Haltungen gegenüber dem Kultus. Nehmen wir an, es handelt sich um Menschen, die schon länger mit dem Kultus verbunden sind. Man kann den Kultus so auffassen bzw. benutzen, daß man aus ihm Kraft und Trost empfangen möchte. Dies kann für den einzelnen Menschen richtig und notwendig sein; trotzdem besteht die Gefahr, daß man aus rein egoistischen Motiven etwas aus dem Kultus für sich selbst heraussaugen möchte, damit es einem bessergeht.

Die andere Haltung besteht darin, daß die Menschen die Bedeutung der Menschenweihehandlung soweit wie möglich zu erfassen suchen und durch ihr eigenes Bewußtsein so zu stärken versuchen, daß die Christuskraft und die aller anderen geistigen Wesen im Kultus durch das Mitwirken der Gemeindemitglieder verstärkt wird und der Kultus so eine stärkere Ausstrahlungskraft in die Umgebung und in die geistige Welt bekommt.

Kannst Du zuerst etwas dazu sagen, inwieweit der Kultus berechtigterweise als Kraftquelle, als Trostspender dient und wo die egoistische Komponente beginnt?

Der Große: Hier muß man sehr sorgfältig hinschauen, denn einen Kultus als Kraftquelle zu benutzen ist eigentlich ein guter Ansatz. Der Kultus ist eine Kraftquelle. Allerdings ist er eine Kraftquelle, die über das einzelne menschliche Individuum hinausreicht. Grundlegend gibt es also an der Haltung, den Kultus als Kraftquelle aufzusuchen, nichts zu kritisieren. Es geht aber immer um das Wie. Geistig gesehen soll alles ein Geben und Nehmen sein. Aber man kann es auch so sehen, daß ein Mensch seine Verletzungen an den Kultus abgibt und dafür Stärkung bekommt. Das ist nicht anrüchig. Aber diese Haltung kann zu einer völlig egoistischen Haltung umkippen – d.h. wenn kein Leid mehr mitgebracht wird, sondern nur noch Kraft entnommen wird. Man muß wenigstens Leid geben, denn dann ist noch alles in Ordnung.

W.W.: Wie gibt man während des Kultus Leid?

Der Große: Indem man die trauernden Gefühle aufsteigen läßt, indem man das Leid, welches einen umhüllt, welches in einem lebt, einfach dasein läßt. Das Leid sollte nicht verdrängt werden. Im Kultus muß das Leid dasein dürfen und sollte nicht in der Verdrängungstasche verschwinden. Das Leid, das ihr Menschen durchlebt, ist sehr groß; es gibt sehr viel Leid, und gerade im Leiden arbeitet ihr und entwickelt ihr euch. Und indem ihr das Leid den Hierarchien zur Verfügung stellt, tut ihr sehr viel, wenn der Prozeß dadurch über das Subjektive hinausgeht, wenn ihr Menschen euer Leid offenlegt. In der Beichte geschieht etwas Ähnliches. Dann bringt ihr aus eurer Persönlichkeit ein echtes Opfer, dann schenkt ihr etwas der geistigen Welt.

W.W.: Also sollte man sich vor oder während des Kultus der eigenen Leidpotentiale bewußt werden bzw. sie ins Bewußtsein rufen?

Der Große: Genau, sich des eigenen Leids bewußt werden, soweit es geht. Natürlich gibt es immer verschiedene Schichten des Leids. Nicht alle sind den Menschen bewußt. Man sollte das Leid aber nicht außen vor lassen, weil man aus hehren Gründen die Gemeinde bzw. den Kultus nicht mit dem eigenen Leid belasten möchte. Das wäre ein Fehlweg. Denn dann läßt man das Leid zu Hause bzw. in der Verdrängungstasche. Im Leid steckt viel Arbeit und Entwicklungsmöglichkeit, im Leid steckt sehr viel Schönheit, Leid ist echte geistige Kunst. Im Leid werden Kunstwerke geschaffen. Und wenn man diese Kunstwerke mitbringt, bereichert man auch den Kultus. Das ist nicht egoistisch.

W.W.: Man läßt ja dann auch die geistigen Wesen fast objektiv das eigene Leid schauen, teilt ihnen zumindest so das eigene Leid mit, wie man es selbst verstanden hat.

Der Große: Ja. Zumindest der Engel der Gemeinde trägt dann dieses Leid auch mit. Das ist eine seiner Aufgaben und keine Überforderung für ihn. Wenn alle Menschen ihr Leid zu Hause lassen, hat der Gemeinde-Engel nichts zu tragen.

Kultus als Vitaminspritze

W.W.: Und wo beginnt die egoistische Komponente?

Der Große: Indem man das persönliche Leid verschließt, indem man den Kultus als Vitaminspritze oder Medizin nimmt. Die Grenzen sind allerdings fließend. Noch schlimmer ist es, wenn man in der Haltung in den Kultus geht, daß man ein Anrecht auf den Kultus habe. In dem Moment, in dem ein Kultusteilnehmer den Gedanken denkt oder fühlt, daß die geistige Welt oder die Gemeinde eine Bringschuld zu geben habe, kippt der ganze Vorgang. Kein erwachsener, nicht geistig behinderter Mensch hat ein Anrecht auf den Kultus.

W.W.: Inwieweit schwächt man mit einer solchen Haltung den Kultus, den Gemeinde-Engel, die geistige Welt?

Der Große: Wenn man mit einer solchen Haltung im Kultus sitzt, schwächt man den Kultus deutlich, aber auf keinen Fall nachhaltig. Der Kultus ist stark, der Gemeinde-Engel ist im Regelfall ebenfalls stark. Wenn Menschen mit einer solchen Haltung im Kultus sitzen, saugen sie Kraft, und die anderen bekommen weniger kultische Heilung, weil sich das Gleichgewicht tendenziell verschiebt.

Ich sage es noch mit anderen Worten: Es kommt ein Mensch in den Kultus und saugt ausschließlich und gibt nichts ab. Das wirkt so, als wenn in einem Gefäß ein kleines Loch ist, durch das unten etwas herausläuft, oben aber nichts dafür hineinläuft. Der Wasserspiegel in dem Gefäß sinkt also etwas ab, und das gilt für alle Anwesenden. Wer aufmerksam spürt, bemerkt, daß dies für alle Teilnehmer etwas absinkt. Der Gemeinde-Engel füllt im wesentlichen aus Gerechtigkeitsgründen dieses Absinken aus seinen eigenen geistigen Kräften auf, damit die übrigen Menschen, die in einer anderen Haltung im Kultus sitzen, gerecht bedient werden und nicht zu sehr von demjenigen, der sich ungerecht bedient, beeinträchtigt werden. Solche Absaugmomente betreffen den Gemeinde-Engel ziemlich deutlich, aber er kann damit umgehen, auch wenn er aus der eigenen Substanz etwas opfern muß.

W.W.: Aber wird das nicht auch von den Menschen ausgeglichen, da die einen saugen, die anderen schenken?

Der Große: Tendenziell schon, aber oft sind diejenigen, die sehr stark saugen, solche, die in Unkenntnis des Kultus ziemlich stark egoistisch saugen. Aber natürlich kann man auch mit der Haltung in die Weihehandlung gehen, daß es einem gutgeht und man deswegen nur etwas mitbringt. Dann gleicht man auch etwas von den egoistisch Saugenden aus.

W.W.: Was geschieht, wenn man während des Kultus einschläft?

Der Große: Viel. Die generelle Aussage, daß es schädlich sei, im Kultus zu schlafen, kann ich nicht unterstreichen. Steiner hat es ähnlich dargestellt, aber ich sehe das anders, denn die den Lebensleib aufarbeitende Fähigkeit steht dann sehr viel direkter zur Verfügung. Und wenn der Geist durch den Schlaf weitgehend abwesend ist, kann die Seele das Kultusgeschehen, die Worte des Kultus, sehr viel direkter, ohne intellektuelle Kommentare, ohne eigene Zynismen, entgegennehmen. Das geschieht dann in einer sehr viel unschuldigeren Art. Dies ist allerdings nur dann der Fall, wenn man mit einem positiven Gefühl in den Kultus hineingegangen ist. Ein gewisser Schlafmoment während des Kultus ist für Neuhinzukommende, für Anfänger sogar ganz gesund.

Substanz durch die menschliche Opferkraft

W.W.: Was geschieht geistig und substantiell, wenn sich ein Kultusteilnehmer bzw. eine Kultusteilnehmerin in der anderen Weise – selbstlos, etwas geben wollend, die Vorgänge zu verstehen suchend – in den Kultus begibt und an ihm teilnimmt?

Der Große: Dadurch entsteht die schon angesprochene Kultusschüssel. Der geistige Kraftraum bzw. diese Kultusschüssel wird durch diese Haltung voller. Durch die egoistische Saugkomponente wird diese Kultusschüssel leerer. Diese Kultusschüssel wird durch die anwesende Christuswesenheit, durch den Gemeinde-Engel, durch den Priester und die Gemeindemitglieder aufgefüllt. Und wenn aus der menschlichen Gemeinde sehr viel Substanz kommt, kann die geistige Welt während der Wandlung sehr viel menschliche Substanz läutern.

Wenn diese selbstlose und bewußte Haltung nicht bei den Menschen vorhanden ist, kommt aus der geistigen Welt „nur" geläuterte Substanz, die zwar für die Menschen wie ein geistiger Regen ist, aber es ist keine eigene Opferleistung durch die Menschen dabei. Ohne diese menschliche Opferkraft entsteht nicht soviel neue christliche Substanz. Je mehr die Menschen in der selbstlosen Haltung, in der opferbedingten Haltung im Kultus sitzen, desto mehr christliche Elementarwesen, desto mehr christliche Substanz entsteht in der Welt. Die Strahlkraft der Gralsschüssel-Menschenweihehandlung leuchtet dann dadurch deutlich mehr nach außen. Bei der anderen Tendenz, wenn also nur sehr wenige Menschen im Kultus mit dieser bewußten und selbstlosen Haltung anwesend sind, leuchtet mehr in diese Gralsschüssel hinein. Man kann diese beiden Tendenzen mit einer aufgehenden und einer sich verdunkelnden Sonne vergleichen.

Die Weihehandlung ist ja ein Sonnenkultus. Es ist wunderbar für die gesamte Welt, zumindest für den gesamten Umkreis einer Gemeinde, wenn die anwesenden geistigen Wesen, besonders der Christus, sehr viel Substanz zum Wandeln haben. Christus wandelt ja nicht nur die Hostie, sondern das gesamte Opfer. Das gesamte Opfer umfaßt die Seelengesten aller Menschen und alles, was in den Kultus hineingeschenkt wird.

W.W.: Wie kann man sich ganz praktisch auf diese Haltung vorbereiten, damit diese selbstlose Schenkungsgeste entsteht?

Der Große: Indem man auf keinen Fall in die Übertreibung verfällt, ganz selbstlos sein zu wollen, jegliches Leid zu Hause lassen zu wollen, um nur die guten opferbedingten Haltungen mit in die Menschenweihehandlung zu nehmen. Das funktioniert nicht! Man kann das eigene Leid nicht zu Hause lassen! Diese Haltung ist keine Selbstlosigkeit, sondern eine verbrämte Form des Egoismus. Allerdings ist dies kein Egoismus vor den Menschen, sondern vor der geistigen Welt. Wenn also Leid vorhanden ist, sollte man es mitnehmen. Wenn man zu Hause 15 Koffer Leid hat, kann man sich vielleicht drei aussuchen, um diese ganz besonders mitzunehmen. Wenn man vielleicht gerade kein Leid hat, kann man schauen, was man mitnehmen möchte: Freude, Glück, Zufriedenheit, Ausgeglichenheit, Interesse.

W.W.: Das klingt alles noch ziemlich subjektiv. Ist es nicht sehr viel eher ratsam, sich z.B. auf gewisse Segmente des Kultus vorzubereiten: daß man an die Verstorbenen denkt, daß man an das Christuswesen denkt, daß man an die verschiedenen mit dem Kultus zusammenhängenden Elementarwesen denkt, daß man an den Gemeinde-Engel denkt und sich diese Wesen vor oder zu Beginn des Kultus ins Bewußtsein ruft?

Der Große: Ja, natürlich, aber das ist schon eine nächste und höhere Stufe. Ein Standard-Gläubiger denkt gar nicht so weit. Denn ihm fehlen hier vielfach die Informationen. Aber natürlich ist diese Haltung sehr positiv. Die meisten Kultusteilnehmer wissen ja gar nicht, welche Wesen alle mit einem Kultus verbunden sind und was auf den höheren Ebenen der geistigen Welt im Zusammenhang mit einer Menschenweihehandlung alles geschieht. Die meisten Menschen sind nur seelisch, nicht rein geistig oder gar hellsehend, beim Kultus dabei.

Wenn man in einer Bewußtseinsseelenhaltung in den Kultus geht, ist es natürlich angebracht, sich verschiedene Teile der Menschenweihehandlung im Vorwege bewußtseinsmäßig vorzunehmen bzw. sich in einzelne Elemente zu vertiefen. Man kann sich einzelne Sätze vornehmen, sich klarmachen, mit wem der Priester gerade spricht, wie das eigene Echo auf diese Sätze ist, wo der eigene Beitrag liegt, wer gerade angesprochen wird, was die Evangelienlesung zu sagen hat, was die Epistel in der jeweiligen Jahreszeit ausdrücken möchte, was eigentlich Opfer bedeutet, was gerade gewandelt wird, was während der Kommunion geschieht usw. Solche Gedanken zu denken, so gut man kann, ist immer von Vorteil und ein gelungener Beitrag für den Kultus. Das sollte allerdings kein Zwang sein, sondern ausschließlich ein freiwilliger Beitrag. Aber es reicht auch, ganz schlicht und einfach nur im Kultus zu sitzen, dazusein und das eigene Gemüt mitzubringen.

W.W.: Gibt es für denjenigen, der in einer schweren Lebenskrise ist, der tatsächlich Trost benötigt, eine spezielle Vorbereitung auf den Kultus?

Der Große: Er sollte seine Lebensphase, sein Leid möglichst im Vorwege der Weihehandlung sortieren. Er sollte sich z.B. klarmachen, wo und wofür er den Trost benötigt, an welche Stelle der Trost gelangen soll, was er von der Weihehandlung erwartet. Ist für ihn der Segen wichtig, ist für ihn die Wandlung wichtig, ist für ihn die Kommunion wichtig, ist für ihn das Hören des Evangeliums wichtig, ist für ihn die Gemeinschaft mit den Menschen und den geistigen Wesen wichtig? Hierüber sollte der Mensch sich klarwerden. Er sollte sich klarmachen, ob er hören will, daß es die geistige Welt noch gibt; er sollte sich darüber klarwerden, ob er sehen will, daß die geistige Welt etwas tun kann, oder ob er nur dasjenige mitnehmen will, was die geistige Welt ihm seelisch und geistig beim Kultus mitgibt. Solche und ähnliche Fragen sollte man versuchsweise im Vorwege für sich beantworten oder zumindest stellen.

IX – Elementare Wesen in der Menschenweihehandlung

W.W.: Ich möchte einige elementare und geistige Wesen ansprechen, die mit dem gesamten Kultusgeschehen, bis hinein in das Äußerliche, verbunden sind. Sicherlich wird man nicht alle besprechen können, aber ich habe mir einige vorgenommen.

V. Staël von Holstein: Diese habe ich auch schon im FLENSBURGER HEFT 108 angesprochen, denn es gibt nicht den geringsten Grund, daß wir die elementaren Wesenheiten entweder als Dämonen oder gar als Abfall behandeln! Warum müssen sie als unwichtig ignoriert werden? Denn schließlich helfen sie im Haus, auf dem Gelände, bei den Substanzen sehr viel!

Der Hausgeist der Kirche

W.W.: Beginnen wir mit dem Hausgeist einer Kirche bzw. einer Kapelle oder einer Wohnung, wenn in dieser Wohnung der Kultus zelebriert wird. Was für ein Wesen ist dieser Hausgeist?

Der Große: Es kommt sehr darauf an, ob es sich hierbei um eine Kirche handelt oder um einen Wohnraum, der gelegentlich für den Kultus verwendet wird.

W.W.: Stellen wir uns einfach einen Raum vor, der nur für den Kultus verwendet wird – ob nun eine Kirche oder eine Wohnung. Und dieser Raum ist geweiht. Was für ein Haus- bzw. Wohnungsgeist wirkt dort?

Der Große: In solchen Kirchen bzw. Wohnungen ist systembedingt ein Engel der Hausgeist.

W.W.: Ist das ein anderer Engel als der Gemeinde-Engel?

Der Große: Ja. In geweihten Räumen ist der Hausgeist ein Engel, denn sonst würde die Wandlung nicht richtig vollzogen werden können.

W.W.: Das mußt Du näher erklären. Nehmen wir zwei Fälle: Zum einen eine bestehende Wohnung, die irgendwann geweiht und nur noch für den Kultus verwendet wird und in der schon ein gewöhnlicher Hausgeist lebt, und zweitens eine Kirche, die neu gebaut und geweiht wird. Auf welche Weise ziehen diese Engel-Hausgeister in diese Wohnungen bzw. Kirchen ein?

Der Große: Im zweiten Fall ist es ganz einfach, denn es wird eine Kirche durch die Gemeinde gebaut, es wird von der Gemeinde vermutlich ein Name für diese Kirche gesucht, und wenn dieser Name z.B. Michaels-Kirche lautet, dann bedeutet das natürlich nicht, daß Michael selbst der Hausgeist ist, aber ein Wesen aus seinen Heerscharen. Aus seinem Engelsgefolge wird dann durch Michael ein Engel geschickt, der sich dann in dieser Kirche als Hausgeist zuständig fühlt. Er übernimmt bei dieser Kirche die Hausgeistfunktion. Gleichzeitig ist er ein Bindeglied zum Gemeinde-Engel.

W.W.: Und wenn die Gemeinde umzieht?

Der Große: Nehmen wir an, Helgoland hätte vor dem 2. Weltkrieg eine Gemeinde der Christengemeinschaft gehabt, und sie hätte wegen der Bombardierungen durch die Engländer umziehen müssen, dann würde der Gemeinde-Engel mitkommen, aber nicht der Gemeinde-Hausgeist. Er ist ortsgebunden. Aber er wird aus der Substanz des Ortes, des Hauses, der Kirche erlöst, wenn dieser Ort entweiht wird, auf welche Art auch immer.

W.W.: Ist es wichtig, einen Kirchenbau zu entweihen, wenn man ihn nicht mehr benutzen will?

Der Große: Das ist ganz wichtig! Darauf hat Rudolf Steiner auch hingewiesen; daß dann, wenn Kirchen verlassen werden, diese Entweihung durch die Beschädigung der Altarwand vollzogen werden solle.

W.W.: Und was geschieht mit einer Wohnung, die bereits einen gewöhnlichen Wohnungsgeist hatte und die jetzt für die Christengemeinschaft geweiht wird? Dieser Haus- oder Wohnungsgeist ist ja vermutlich kein Engel. Erfolgt hier ein Austausch?

Der Große: Der Hausgeist wird nicht entlassen, aber der neue Engel wird in seiner Hausgeistfunktion über diesen alten Hausgeist gesetzt.

Müller: Dieser alte Hausgeist ist dann der oberste Sub unter dem Engel-Hausgeist.

W.W.: Wenn man hier in der Mühle eine Gemeinde der Christengemeinschaft gründen würde, dann würdest Du, Müller, also einen solchen Engel-Hausgeist darübergesetzt bekommen?

Müller: Ja. Tendenzen davon erlebe ich hier ja eigentlich ständig.

Der Große: Sogar wenn sogenannte wilde Menschenweihehandlungen irgendwo, z.B. in der Natur, gehalten werden, kommt für diesen Zeitraum einer aus den Engelscharen vorbei, breitet seine geistigen Flügel aus, so daß sich für diesen Moment quasi ein geweihter Raum ergibt. Immer, wenn dieser Kultus gehalten wird, sitzt da jemand mit einem hellen Gewand darüber.

W.W.: Wie entwickelt sich ein solcher Engel-Hausgeist über die Jahre und Jahrzehnte, wenn in einem solchen Raum oder einer solchen Kirche fortwährend der Kultus zelebriert wird?

Der Große: Stell Dir einen See mit einer ganz glatten Oberfläche vor, also nicht ein Meer mit Wellen. Nun nimmst Du ein Gefäß, mit dem Du tropfen kannst, und beginnst in regelmäßigen Abständen Tropfen auf diese Oberfläche des Wassers zu tropfen. Was geschieht dann?

W.W.: Kleine, kreisförmige Wellen entstehen, die sich immer weiter ausbreiten.

Der Große: Und wenn Du immer weiter tropfst, breiten sie sich immer weiter aus. Genauso ist es mit einem regelmäßig zelebrierten Kultus an einem Ort. Jeder Kultus ist wie ein Tropfen, und er zieht in der physischen wie in der geistigen Welt zuerst kleine Kreise, aber diese Kreise werden mit jedem weiteren Tropfen immer größer. Die Wellen werden immer höher, und sie reichen immer weiter hinaus. Und der Engel-Hausgeist wird für dieses Gebiet des Kirchengebäudes und seiner Umgebung immer mehr zuständig, er wird zuständig für alle elementaren und anderen Wesenheiten in diesem Raum und seiner Umgebung.

W.W.: Was stört und was fördert ihn?

Der Große: Das gleiche wie bei allen Hausgeistern, z.B. alle unnötigen Störungen im physischen Zusammenhang mit einer solchen Kirche. Geistig gesehen stören natürlich schwarzmagische Einflüsse, unchristliches Denken, Lügen, Hybris, Machtbesessenheit. Gerade die Machtbesessenheit ist ein ganz wichtiger Punkt, denn sie stört das wellenschlagende Verbreiten des Kultus außerordentlich. Hüte Dich vor jeder Form der Macht! Und wenn Du sie innehaben mußt, dann hüte Dich vor ihrer Ausübung!

Beten, Liebe, Kinderlachen, positive Gedanken im Zusammenhang mit dem Kultus fördern den Hausgeist. Man kann dem Hausgeist hin und wieder auch einmal ein Dankeschön zukommen lassen und ihn z.B. bei dem Betreten der Räume begrüßen. Man kann dem Hausgeist auch bis hinein in das Physische helfen, wenn man z.B. bemerkt, daß irgendwo im Haus ein Schaden ist, z.B. eine Regenrinne leckt. Und für die finanzielle Lage der Gemeinde und für den Hausgeist ist es etwas Schönes, wenn ein Mensch bei der Entdeckung eines solchen Schadens spontan mit Geld hilft, um das Haus wieder zu reparieren. So etwas ist eine schöne Geste. Man sollte auch in der Kirche keinen Müll hinterlassen, in der Toilette einmal wischen und ähnliche Banalitäten, die alle mit dem Haus und somit auch mit dem Hausgeist zusammenhängen und auf ihn wirken. Auch diese scheinbar äußerlichen Gesten helfen dem Hausgeist.

Die Altarwesen

W.W.: Ich halte es für wichtig, daß man als Gemeindemitglied ein Gefühl dafür bekommt, welche Wesen alle mit einem Kultusraum verbunden sind. In allem, was physisch in einer Kirche manifest ist, sitzen Elementarwesen oder ähnliche Wesen. Gibt es z.B. spezielle Wesen, die sich um den Altar kümmern?

Der Große: Selbstverständlich gibt es Wesen, die sich um die physische Substanz des Altars kümmern. Lassen wir die Decken, die über dem Altar liegen, einmal beiseite. Dann entsteht zuerst die Frage, aus welcher Substanz dieser Altar besteht, ob es z.B. ein hölzerner oder wahrscheinlich ein steinerner Altar ist, ob es ein Klappaltar oder ein ortsfester Altar ist. Es gibt aber auch ortsfeste Klappaltäre.

Gehen wir einmal von einem Steinklotz aus. Auch hier muß man wieder differenzieren, ob dieser Steinklotz hohl oder nicht hohl ist. Häufig ist er aus statischen oder äußeren Gründen hohl. Mit den Steinplatten sind also Gnomen verbunden, außerdem Erdwesen, die diesen Altar in Form halten. Schließlich sind – je nach Boden, Kalk, Kies, Granit, Sand – auch Bodenwesen vorhanden. Zu den Gnomen, steinernen Wesen und meist auch Sandwesen kommen noch Sylphen, denn der Altar hat meistens in der Mitte einen Luftraum. Dann hat jeder Altar ein übergeordnetes Altarwesen, welches alle eben beschriebenen Wesen leitet. Selbst der nackte steinerne Altar hat also ein Altarwesen.

W.W.: Was für ein Wesen ist das?

Der Große: Eine Art großer, christlich gewordener Gnom. Das ist nichts Ungewöhnliches, denn z.B. hat auch jeder Tisch in sich ein Tischwesen. Und ich spreche nicht zufällig vom Tischwesen, denn Altar bedeutet ursprünglich Tisch, im Lateinischen Mensa. Die Bedeutung des Altars stammt aus den Opfertischen, die früher meist Tische mit Beinen oder lediglich Holzblöcke waren, mitunter auch glatte Steinplatten, die man irgendwo fand. Wichtig ist noch, daß das Ortswesen dem Altarwesen Raum gibt.

W.W.: Inwiefern?

Der Große: Das Ortswesen akzeptiert, daß dieser Altar und das Altarwesen da sind. Das klingt banal, ist aber nicht ohne Bedeutung.

W.W.: Wen meinst Du mit Ortswesen – das Wesen der Stadt oder das Wesen des Grundstücks?

Der Große: Beide, aber ich dachte vor allem an dasjenige Wesen, welches zu dem Grundstück gehört, auf dem die Kirche gebaut ist.

W.W.: Nehmen wir an, daß der Altar gebaut und der Raum geweiht worden ist – welche Aufgabe hat dann dieses oberste Altarwesen?

Der Große: Es tauscht sich mit den anderen Wesen aus, z.B. mit den Gnomen und den steinernen Wesen. Gnome und steinerne Wesen sind keineswegs die gleichen. Es gibt gerade in der festen, dem Tode zuneigenden Welt unter den verschiedensten Wesen ein unendliches Bedürfnis zum Christentum hin. Das Altarwesen hat also – ich drücke es in moderner Sprache aus – eine Art Warteliste für alle diese Wesen, für die Gnomen und die Steinwesen und die anderen Bodenwesen, die alle wartend anstehen, um während des Kultus durch das Altarwesen in den Wandlungsraum hineingelassen zu werden. Bei der Wandlung entsteht ein ganz besonderer Raum, der den Altar umschließt. Und gerade für die physisch kompaktesten Wesen, wie z.B. die Gnomen, macht es dies so ungeheuer interessant, einmal oder mehrere Male in diesen Raum hineingelassen zu werden.

W.W.: Das meinst Du mit Austausch – daß mal der eine, mal der andere am Kultus teilnimmt?

Der Große: Ja. Wenn ein Gnom z.B. sieben Altarzyklen mitgemacht hat, wird er wieder entlassen, und der nächste Gnom übernimmt seinen Platz. Solche Gnomen bilden dann mit an der Substanz des Altars. Je nach Größe des Altars, nach Anzahl der Weihehandlungen, die gehalten werden, sind dies mitunter auch mehrere Gnomen. Bei Kapellen, die nur einmal im Monat von den Menschen zum Kultus aufgesucht werden, ist dieser Austausch sehr viel langsamer als in Kirchen, in denen z.B. jeden Tag eine Menschenweihehandlung gehalten wird. Die Gnomen sind zwar nicht materiell sichtbar, aber sie bilden den physischen Raum, und deswegen ist es mit ihnen so komplex, deswegen gibt es auch diese Warteschlange.

Die Anzahl der Gnomen, die in den Stein hineingehen können, ist begrenzt. Mit Undinen oder Sylphen wäre dies etwas anderes. Die Anzahl der Engel, die in einen Stein hineingehen können, wäre dagegen auch unbegrenzt. Deswegen muß dieser Austausch der verschiedenen Gnomen, die am Altargeschehen im Altar teilnehmen, sehr genau vorgenommen werden. Diese Ordnung wird durch ein Wesen hineingebracht, das die Zusammenhänge versteht, und das ist das Altarwesen.

Die Stoffwesen

W.W.: Welche Wesen kommen hinzu, wenn auf den Altar Decken gelegt werden?

Der Große: Stoffwesen. Je nachdem, aus welchem Material dieser Stoff ist, sind diese Wesen gestaltet bzw. haben die dafür zuständige Aufgabe. Auf dem Altar gibt es keine Plastikplane, sondern natürliche

Stoffe. Und hier muß man nun schauen, aus welchem Material die Decken bestehen – aus Seide, aus Leinen, aus Baumwolle; aus Wolle vermutlich nicht. Hier spielt die Substanz eine Rolle. Die größere Rolle spielt aber die Farbe der Stoffe. Hinzu kommt, daß diese Stoffwesen teilweise den Stein des Altars verhüllen.

W.W.: Was bedeutet es für den Stein des Altars, wenn ihn die Stoffe ganz oder teilweise bedecken oder verhüllen?

Der Große: Daß der menschliche Blick ihn nicht oder nur teilweise berührt. Ich bin der Auffassung, daß der Stein des Altars nicht so häufig und nicht so stark verhüllt werden sollte, wie er an verschiedenen Orten tendenziell verhüllt wird. Der menschliche Blick ist für die Wesen der Materie sehr wichtig. Denn aus den Augen der Menschen schaut immer ein wenig das Ich. Und wenn der menschliche Blick den Altar trifft, dann ist die Zusammenarbeit der Gnomen mit den eigentlichen Erdwesen, den Erd-Eigentlichen, besser bzw. wird durch diesen menschlichen Blick unterstützt. Dann fallen die Erd-Eigentlichen nicht so aus dem Gesamtgeschehen heraus.

Die Kerzen- und Kerzenhalterwesen

W.W.: Auf jedem Altar stehen Kerzen. Welche Wesen sind mit den Kerzen verbunden?

Der Große: Kerzen- und Kerzenhalterwesen. Die Kerzenhalterwesen sind nicht ohne Probleme zu besprechen.

W.W.: Wieso nicht?

Der Große: Weil die Kerzenhalter, wie auch die Altarbilder und die Musik in der Kirche, zu den seelischen Fokuspunkten einer Gemeinde gehören und dadurch etwas Unwandelbares bekommen. Weil die Seelen der einzelnen Menschen sich aus Sympathie oder Antipathie an diesen Gegenständen festklammern, z.B. während des Kultus, und es nicht ertragen, daß sich hier etwas verändern könnte oder müßte. Denn dann müßten sich die Menschen in ihren Seelen neu konfigurieren und sich an den neuen Gegenständen festhalten. Das war jetzt eine leicht spitze Bemerkung von mir!

Kerzenhalter sind nicht unwichtig. Es gibt Kerzenhalter, die die Kerze tendenziell vom Boden wegdrücken, die z.B. auch noch filigrane Füße haben, so daß noch sehr viel Luft unter der Kerze ist. Bei solchen Kerzenhaltern berührt der Kerzenhalter fast nicht den Boden. Das ist nicht gut. Denn solche Kerzenhalter unterstützen die Tendenz der Salamander, die in der brennenden Flamme sind, daß diese sich etwas zu euphorisiert fühlen und daß sie tendenziell den gesamten Kirchenraum ergreifen, weil sie nicht auf dem Boden landen dürfen. Sie leben dann in einer Art Sektstimmung. Am einfachsten, am schlichtesten und besten wäre es, wenn man die Kerze tatsächlich direkt auf den Stein des Altars stellen würde, sogar ohne Halter. Fast genausogut sind einfache Stein- oder Holzklötzer als Halter.

W.W.: Warum ist diese Bodenberührung so wichtig?

Der Große: Damit der Geist von allen Beteiligten nicht wegfliegt, sondern auf der Erde bleibt. Der Geist ist nicht etwas, was sich von der Erde abheben sollte, sondern er muß die physische Materie ergreifen, durchlichten, durchchristen, umformen. Der Geist muß zur Erde hingelangen und nicht von der Erde weg. Es gibt sogar Gemeinden, die einen siebenarmigen Leuchter verwenden, der im Jüdischen Menora genannt wurde. Dieser siebenarmige Leuchter drückt die Salamander, die physischen Widerparts des geistigen Menschen, noch weiter von der Erde weg. Ihr braucht keine Dornenbüsche und filigranen Verzierungen in euren Kirchen! Laßt die Kerzenflammen so dicht wie möglich am Boden! Eigentlich müßtet ihr die Flammen bitten, andersherum, in den Boden hineinzuleuchten. Aber das ist nicht möglich. Das Beste wäre es, wie gesagt, wenn die Kerzen direkt auf dem Altar ständen. Aber da die Menschen auch die Kerzen sehen sollen, ist es richtig, daß sie etwas durch Leuchter erhoben werden.

W.W.: Wenn wir die Form einmal beiseite lassen – ist Holz besser als Metall oder umgekehrt?

Der Große: Holz ist am besten.

W.W.: Warum?

Der Große: Weil die Metalle in einer anderen Verwendung im Kultus gebraucht werden, z.B. im Kelch, im Räucherfaß, in der Patene. Sonst sollte Metall nirgendwo erscheinen. Eigentlich sollten die Teilnehmer des Kultus auch möglichst ihre metallenen Gegenstände, wie z.B. die Uhren, während des Kultus draußen lassen. Aber das ist nicht praktikabel.

W.W.: Warum sollten sie das tun?

Der Große: Ohne Metall ist der Mensch dem Kultusgeschehen mehr angeschlossen, und dann wirken keine Fremdplaneten auf ihn ein.

Die Kohlewesen

W.W.: Welche Wesen sind mit der Räucherkohle verbunden?

Der Große: Mit der Kohle ist das wirklich Geistige verbunden. In die schwarze Räucherkohle ist die höchste Form der Geistigkeit hineingebunden worden. Kohle ist der Stein der Weisen.

W.W.: Nun gibt es in der Christengemeinschaft speziell geformte bzw. gepreßte Räucherkohlenstücke, mit drei Ecken zum Anzünden. Nehmen wir jetzt die Räucherkohle, die für die nächste Weihehandlung verwendet werden soll. Was für ein Wesen ist damit verbunden?

Der Große: Ein Kohlewesen. Kohlewesen sind sehr hochstehende Wesen. Sofern es relativ reiner Kohlenstoff ist – und das sollte so sein –, sind dies Wesen, die dem rein Geistigen am nächsten stehen, denn die Kohle ist das physische Abbild des rein Geistigen.

W.W.: Welchen Unterschied kann man zwischen diesen Kohlewesen und den Gnomen und den Steinwesen sehen?

Der Große: Gnomen, und vor allem Steinwesen, sind meist sehr zusammengesetzte Wesen, da das Gestein nicht nur aus einem einzigen Mineral besteht, sondern aus ganz vielen unterschiedlichen Substanzen. Gnomen sind ohnehin Wesen, die im Erdigen, im Formgebenden, im Substanzverändernden arbeiten.

Die Steinwesen geben die tote Form vor. Die Gnomen arbeiten im Zusammenhang mit den Wurzeln der Pflanzen im Erdreich, indem sie aus der einen Substanz etwas in die andere Substanz überführen. Sie wirken so, daß alles zusammenwirkt, daß auch eine gewisse Lebendigkeit möglich ist, daß die Pflanzenwurzeln die Substanzen aus dem Erdreich herausziehen können. Gnomen sind immer lebendiger als die Steinwesen. Die Gnomen sind die Arbeiter, die Steinwesen sind die Existenzen bzw. die Formgeber.

Beim Kohlenstoff hat man dagegen eine fast reine Substanz, auch in den Kohletabletten, die man im Kultus verwendet. Sie sind dem Diamanten sehr ähnlich, nur nicht so stark verdichtet und durchlichtet. Kohlenstoff ist der Ankerpunkt des Geistes in der Welt. Deswegen sind die Kohlewesen ganz besondere Wesen, da sie im Sinne des Chemisch-Elementaren ganz reine Wesen sind.

W.W.: Was geschieht mit den Kohlewesen, wenn man eine solche Kohletablette an den drei dafür vorgesehenen Enden anzündet und diese Kohletablette mit dem Weihrauchgefäß in den Altarraum hängt?

Der Große: Das Kohlewesen begegnet den „Menschen". Mit „Menschen" meine ich jetzt den Salamander, der im Feuer lebt, der in der elementarischen Welt durch seine Viergliedrigkeit dem Menschen entspricht. Beide tun sich zusammen, und bei diesem Prozeß wird das vorgebildet, was der Mensch mit der Erde während der gesamten Erdenzeit tun soll. Die Salamander durchglühen die Kohle; genauso soll der Mensch die Erde durchglühen. Der Salamander ist dasjenige Elementarwesen, welches dem Menschen gegenübersteht, welches konkret auf den Menschen angewiesen ist. Die Sylphen sind auf die Engel angewiesen usw.

Wenn nun eine solche Kohletablette langsam durchglüht wird, begegnet das Elementare des Menschen, der Salamander, dem rein Geistigen im Kohlenstoff – in der elementaren Welt. Beides zusammen bildet die Glut. Auf dieser Glut kann dann später der Weihrauch zum Himmel aufsteigen. Das ist ein ungeheuer wichtiger elementarer Vorgang, der für die meisten Teilnehmer des Kultus einfach nur nebenbei geschieht. Aber hier begegnet Mensch dem Geist in seiner physischen Form und löst die physische Form in Rauch auf.

Mensch und Salamander

W.W.: Vielleicht ist es nicht ganz unwichtig, wenn Du noch einmal die Beziehung des Salamanders zum Menschen ein wenig verdeutlichst.

Der Große: Die Salamander sind die Entsprechung des Menschen in der elementaren Welt. Sie haben in der elementaren Welt den gleichen leiblichen Aufbau wie der Mensch in der physischen Welt. Sie haben einen physischen Leib, einen Ätherleib, einen Astralleib und ein Ich. Aber dieses Ich ist nicht so wie das des Menschen, es ist nicht in der Materie inkarniert. Sie spiegeln in ihrem Aufbau den Aufbau des Menschen. Sie sind in dem Moment entstanden, als die Erde ihre physische bzw. materielle Form angenommen hat. Ab diesem Moment mußte das Feurige eine Möglichkeit haben, auch im Materiellen erscheinen zu können, es mußte einen physischen Anker bekommen. Das Feurige entspricht dem menschlichen Ich. Das Ich des Menschen ist auf der Stufe des Feuers.

Zuerst wurden die Salamander durch die höheren geistigen Wesen geführt. Mit der zunehmenden Erden- und Ich-Reife des Menschen sind die Menschen aber immer mehr für diese Salamander verantwortlich. Die Salamander sind seine Kinder, seine Gegenüber im Ätherischen. Je individueller der Mensch wird, desto mehr entsteht die Notwendigkeit, daß er diese Feuerwesen führt, daß er lernt, eine Art Führer in der elementaren Welt zu werden. Deswegen sind die ganzen Opferfeuer auf der Erde notwendig; heute in der reduzierten Form des Weihrauchs auf der glühenden Räucherkohle. Früher waren es Lebewesen, die auf großen Holzbergen verbrannt wurden. Dadurch wird nämlich der Kohlenstoff wieder aufgelöst, in seine geistige Freiheit entlassen. Das ist das Wirken der Salamander. Und das geschieht alles in dem kleinen Räuchergefäß.

W.W.: Fragen wir einmal ganz praktisch: Wie kann sich der Mensch mit diesen Kohlewesen verbinden, z.B. als Ministrant oder als Teilnehmer am Kultus?

Der Große: Er kann sich mit dem Wissen um das, was bei diesem Glüh-Geschehen passiert, bewußtseinsmäßig mit den Kohlewesen, mit den Feuerwesen, mit den Aschewesen verbinden oder gedanklich beschäftigen. Er kann sich darüber klarwerden, daß hier im Kleinen ein sehr wichtiger Weltenumgestaltungsprozeß geschieht. Ein ähnlicher Prozeß entsteht beim Anzünden bzw. Brennen der Kerzen. Diese Zusammenhänge sollte sich der Kultusteilnehmer hin und wieder bewußtmachen.

Er darf sich diese Prozesse auch vor die Seele stellen, wenn ihm dies sympathischer ist, und er kann sich dabei Opferbilder vorstellen. Es ist ein Unterschied, ob Du Dir etwas vor die Seele stellst oder Dir etwas geistig bewußtmachst. Vor die Seele stellt man sich gemeinhin Bilder, vor den Geist stellt man sich im Regelfall Begriffe, Gesetze, Zusammenhänge.

Die Räucherweihrauchwesen

W.W.: Welche Wesen sind mit dem Weihrauch verbunden?

Der Große: Damit sind die Wesen des Weihrauchstrauchs bzw. der Weihrauchkristalle verbunden, in der Christengemeinschaft auch noch zusätzlich mit den Wesen, die mit dem Wacholder zusammenhängen, weil der Weihrauchsubstanz der Firma Weleda auch Wacholder beigemischt wird. Ihr habt ja schon mit den Wesen des Weihrauch- und des Wacholderbaums (FLENSBURGER HEFTE 97, *„Gespräche mit Bäumen 1“*, und Sonderheft 23, *„Gespräche mit Bäumen 2“*) gesprochen, und beide Bäume haben eine starke Beziehung zum Himmlischen, zum Geist, zur Trinität. Weihrauch ist ein Harz, Wacholder erlebt bei der Verarbeitung mit dem Weihrauch eine Substanzveränderung. Das Weihrauchsurrogat ist mehr als die Summe beider Pflanzenwesen. Dadurch entsteht ein Räucherweihrauchwesen.

W.W.: In dem Moment, in dem die Weihrauchkristalle auf die glühende Kohle gelegt werden?

Der Große: Nein, schon vorher. In dem Moment, in dem die Substanzen gemischt, verbunden werden. Der Räucherweihrauch ist eine Art Mischsubstanz. Hier verbinden sich Wesen aus dem Wacholdersein mit Wesen aus dem Weihrauchsein; beide haben sich aus dem jeweiligen Baumwesen herausgelöst. Wenn Du Dir Harz anschaust, so ist Harz gegenüber dem Holz, aus dem das Harz hervorquillt, ein flüssigerer Stoff. So gesehen haben die Wesen undinige Anteile. Es sind gnomig-undinige Wesen. Harz ist sehr zähfließend, hat eigentlich weitgehend Festes, gleichzeitig aber auch einen fließenden und tropfenden Charakter.

Der Tropfen ist die Urform der Undine, das Feste ist die Urform der Gnomen und der Steinwesen. Beide verbinden sich in zwei unterschiedlichen Baumwesen, wobei der Wacholderbaum die Entsprechung der trinitarischen Gottheit auf der Erde ist, während der Weihrauchbaum diejenigen seelischen Zustände ermöglicht, die das Gefühlsleben und das Seelenleben des Menschen zur Wahrnehmung der geistigen Welt, zur Wahrnehmung der trinitarischen Gottheit, aufschließt.

In dem Moment, in dem diese mit der festen Weihrauchsubstanz verbundenen Wesen auf die glühende Kohle gelegt werden und mit den Salamandern in Berührung kommen, treten die sylphigen Wesen im Rauch und die salamandrigen Wesen in der Glut mit hinzu, genauso die Wesen des Kohlenstoffs. Alle diese Wesen sind zeitgleich im Substanzwandel vorhanden bei der Räucherung. Die Sylphen machen die Bewegung des Aufsteigens. Sylphen sind immer diejenigen Wesen, die etwas in Bewegung bringen. Fühlen ist Bewegung. Fühlen ist Gegenwart. Gegenwart ist Bewegung.

Die stille Räucherung

W.W.: Wenn die Priesterin oder der Priester während des Kultus die Weihrauchsubstanz auf die glühende Kohle gibt und der Rauch aufsteigt, kommen in diesem Moment Rauchwesen von woanders herein, oder werden neue Rauchwesen geschaffen?

Der Große: Es treten Rauchwesen hinzu, es werden aber keine neuen geschaffen. Sie treten aus dem für den Menschen nicht sichtbaren Bereich in den für den Menschen sichtbaren Bereich herein, also in den Rauch, und sie machen dadurch eine Umstülpung mit. Rauchwesen sind auch vorher vorhanden. Wenn sich physische Substanz durch den Wärmevorgang in mehr oder weniger geistige Substanz umwandelt, wenn sie durch die Flamme hindurchgeht in den reinen Geist hinein, ruft dieser Vorgang diese Rauchwesen heran. Gleichzeitig brauchen sie die Bewegung in der Luft, die wiederum von Sylphen bewirkt wird. Die Rauchwesen fliegen also sozusagen auf dem Rücken der Sylphen. Ihr habt ja schon mit einem Rauchwesen geredet (siehe FLENSBURGER HEFT, Sonderheft 21, Naturgeister 3).

W.W.: Inwiefern werden diese Rauchwesen durch den Kultus, die anwesenden Menschen und die anderen Wesen geprägt?

Der Große: Zum einen werden sie durch die Substanzen, die sich in Rauch verwandeln, geprägt. Diese Wesen haben eine Rauchform, inhaltlich aber haben sie eine Form, die sich aus der verglühenden und sich zum Rauch entwickelnden Substanz ergibt. Wenn Du Erdöl verbrennst, entstehen andere Rauchwesen. Wenn Du trockenes oder nasses Holz verbrennst, siehst Du bereits, welch andere Rauchentwicklung dabei entsteht. Jede Holzart, jedes bestimmte Räucherwerk hat seine Mischung und ihre daraus sich ergebenden unterschiedlichen Rauchwesen, die bei der Verbrennung in diesen Rauch hineinströmen. Außerdem spielt der Ort, der die entsprechenden Sylphen hinzubringt, auch eine Rolle.

Darüber hinaus gibt der Anlaß der Verwandlung die Grundlage für diese oder jene Rauchwesen. Es entstehen andere Rauchwesen, wenn man im Rauch Würste räuchert oder im Kultus Rauch aufsteigen läßt. Auf jeden Fall hat jede Räucherung ganz viel mit elementarer Verwandlungskraft zu tun. Besonders die stille Räucherung während der Menschenweihehandlung ist für die elementare Welt extrem wichtig.

W.W.: Inwiefern?

Der Große: Weil damit den Elementarwesen ein Bild geliefert wird, was in Zukunft mit der gesamten Erde geschehen soll. Die Erde soll durchlichtet werden, die physische Festigkeit soll eines Tages überwunden werden.

W.W.: Die anderen Elementarwesen schauen also diesem Räuchervorgang im Kultus zu?

Der Große: Ja. Daß diese stille Räucherung während der Menschenweihehandlung von den menschlichen Teilnehmern meist wie eine Art soziale Pause im Kultus genutzt wird, halte ich als geistiges Wesen für einen bedenklichen und zu hinterfragenden Vorgang. Die stille Räucherung ist nicht der unwichtigste Moment der Menschenweihehandlung!

W.W.: Da wird dann z.B. gesungen! Aber wieso ist diese stille Räucherung ein bedenklicher Moment? Wenn man in diesem Moment an die Elementarwesen denken würde, wäre man doch aktiv mit im Geschehen. Und wenn die Menschen sich dieses Zukunftsbild der Erde, welches in diesem Moment der stillen Räucherung im Bild und in einem kleinen realen Vorgang vorab erfolgt, vorstellen, so ist das doch ein schöner gemeinsamer Prozeß.

Der Große: Richtig. Aber so ist es eben meist nicht. Es wird ja nicht nur gesungen, sondern der eine schnäuzt sich die Nase, der zweite richtet sich den Kragen, der dritte wickelt ein Hustenbonbon aus, die anderen blättern in den Notenheften und sind völlig auf den Vorgang des Singens konzentriert. Man guckt dabei in die Noten, da man die Lieder meist nicht auswendig kann. Die Wahrnehmung des Räuchervorgangs ist also fast nicht vorhanden, sie geht verloren.

W.W.: Sollte man bei dieser stillen Räucherung möglichst nicht singen?

Der Große: Auf jeden Fall sollte nicht immer gesungen werden! Alles ist besprechbar. Es ist schön, wenn ein großer Teil der Gemeinde das Lied und den Text kennt und singt, aber nur dann, wenn dieser Gesang dem Rauch mitgegeben wird. Wenn aber der überwiegende Teil der Anwesenden verzweifelt in das Notenbuch schaut, viele vielleicht nicht mal Noten lesen können oder das Lied nicht kennen oder nicht singen können, wenn sie folglich das Lied nicht in den Raum, sondern gezwungenermaßen in das Notenbuch hineinsingen, dann wird dieser musikalische Vorgang ziemlich fragwürdig.

W.W.: Zumal es auch stille Räucherung heißt; und wenn man während dessen ein Lied schmettert, ist es ja keineswegs still.

Der Große: Genau.

Den Raum der Welt ergreifen

W.W.: Kommen wir zum Rauch zurück. Der Rauch steigt auf, die Rauchwesen kommen hinzu, sie verwandeln sich, und nun zieht nach der Räucherung der Rauch allmählich in den gesamten Raum hinein. Er breitet sich vom Altar langsam in den gesamten Raum aus. Was geschieht, wenn der Rauch allmählich den gesamten Raum erobert?

Der Große: Es ist ein langsamer Prozeß; und für einen Teilnehmer, der hinten im Raum sitzt, ist er gut nachvollziehbar und erlebbar. Es dauert eine gewisse Zeit, bis jemand hinten im Raum den Weihrauch riecht. Zuerst sind die Rauchwesen sehr dicht beieinander. In diesem Moment ist der Rauch für eure physischen Augen gut sichtbar. Dann beginnen die Rauchwesen, sich zusammen mit den im Raum vorhandenen Sylphen und mit den durch den Menschen erzeugten Bewegungen zu verbreiten. Die Menschen, die im Raum sitzen, atmen, vielleicht singen sie auch. Durch jeden Atmungsvorgang gerät die Luft in Bewegung. Diese Bewegung der Luft durch menschliches Tun verändert den Rauch.

Die Rauchwesen kommen mit Sylphen in Verbindung, die bereits mit den Menschen ein intensives Geschehen eingegangen sind – sie sind gesungen, gesprochen oder geatmet worden. Auch die Einatmung und Ausatmung der Sylphen ist ein intensives Geschehen; auch wenn es für den Menschen unbewußt geschieht. Sie waren im Menschen drin. Sie sind hinein- und wieder hinausgegangen. Diese Sylphen haben vom Menschen u.a. wahrgenommen, daß er ein vereinzeltes Wesen ist. Diese Geste der Vereinzelung prägt sich auch in den Rauch hinein, denn der Mensch atmet auch den Rauch ein und prägt mit seiner Individualität die Vereinzelung dieses Rauchs, indem er mittelbar die Sylphen und Rauchwesen, die er einatmet, mit dieser Vereinzelung tingiert. Und wenn der Rauch bis in die letzte Ecke des Raums vorgedrungen ist, haben wir bei diesem Vorgang ein zartes Bild dessen, wie die Menschen aus ihrer Vereinzelung heraus den Raum der Welt ergreifen. Dadurch werden diese Elementarwesen zuständig für die gesamte Erde.

Die Erde hat ja die unterschiedlichsten Wesen, und nicht alle diese Wesen sind in Korrespondenz mit dem Menschen. Wir haben hier schon mit den erd-eigentlichen Wesen gesprochen, die bei den Steinen beginnen, aber noch sehr viel tiefer in die Erde hineinreichen bzw. dort existieren. Diese Wesen sind z.B. nur sehr bedingt in Korrespondenz mit den Menschen. Aus ihrer Sicht herrscht in bezug auf den Menschen Duldung. Es ist nicht unbedingt Zusammenarbeit vorhanden. Allerdings erfaßt der Mensch immer mehr den äußeren Raum, in dem diese Wesen leben. Der Mensch erfaßt immer mehr die äußere Form der Erde. Etwas Ähnliches, wenn auch geistig, geschieht bei der stillen Räucherung. Zuerst wird der Rauch sehr konzentriert durch die Priesterin oder den Priester geformt, indem in den Rauch hineingesprochen wird, der direkt am Altar aufsteigt. Wenn der Priester gut in den Rauch hineinspricht, kann man im Rauch das Wort schauen.

Himmelfahrt in die Stille

Dann erfolgt der Moment der stillen Räucherung, während dem der Priester mit dem Weihrauchgefäß große Bewegungen macht und über und um den Altar herum räuchert. Dabei verbreitet sich der Rauch langsam über den ganzen Kirchenraum. Das ist wie Himmelfahrt. Aber es ist eine Himmelfahrt in die Stille hinein. Jeder einzelne Kultusteilnehmer sollte in diesem Moment hören, ob er vielleicht schon ein anfängliches Pfingsterlebnis hat, ob er die geistige Welt in seiner Sprache sprechen hört; zumindest ansatzweise als Ahnung. Das alles ermöglichen die vereinzelten Rauchwesen, die nach der Einatmung durch den Menschen entstehen.

W.W.: Inwiefern ist dieses Rauchwesen jetzt ein gesamtes Wesen, bzw. inwiefern sind es viele Wesen?

Der Große: Zuerst ist es ein Rauchwesen, ein Rauch, der sich dann verdünnt, und daraus entstehen dann sehr viele einzelne Rauchwesen, und zwar in dem Moment, in dem der Mensch, das Individuum, den Rauch einatmet und dadurch individuelle Rauchwesen aus diesem gesamten Rauch schafft. Der Mensch trägt durch die Einatmung den Rauch. Zuerst ist der Rauch kompakt beim Priester, beim Altar, dann beim Ministranten, der das Rauchgefäß hält, und erst durch die stille Räucherung verbreitet sich der Rauch im Raum. Dann entsteht die Vereinzelung der Rauchwesen.

W.W.: Eigentlich ist das ein sehr sozialer Akt der Menschen untereinander, wenn sie den Rauch einatmen und wieder ausatmen.

Der Große: Ja, das ist ein sehr sozialer Akt. Und wenn unter den Gemeindemitgliedern eine Andacht bzw. aufmerksame Wahrnehmung für diese Vorgänge entsteht und sie nicht in den Noten blättern, wird dieser Prozeß sehr viel intensiver erlebt und auch gestaltet. Wenn man nicht in den Noten blättert, vermeidet man einen gewissen egoistischen Vorgang, und dadurch kann dann etwas sehr viel Elementareres entstehen. Eigentlich stört der Gesang die elementare Welt an dieser Stelle, denn es ist *ihr* Moment in der Menschenweihehandlung.

W.W.: Was geschieht mit den Rauchwesen, wenn sie sich im gesamten Raum ausgebreitet haben?

Der Große: Sie gehen ins Unsichtbare.

W.W.: Nehmen die Menschen einen Abdruck der Rauchwesen mit, wenn sie den Kirchenraum verlassen?

Der Große: Selbstverständlich, denn in dem Moment, in dem man etwas riecht, hat man diesen Abdruck bereits in sich.

Asche ist wie auferstandene Materie

W.W.: Was geschieht mit der Räucherkohle, wenn sie langsam zur Asche wird? Welche Wesen verbinden sich mit der Asche, welche Wesen kommen beim langsamen Ascheprozeß hinein?

Der Große: Ein Wesen verwandelt sich dabei. Das ist bei jedem Ascheprozeß anders, wenn auch ähnlich. Bei dem Durchglühen der Weihrauchkohle bzw. bei der Veraschung dieser Kohle entsteht etwas farblich Auffälliges. Diese Kohle wird fast weiß, grauweiß. Vorher war sie schwarz, mit einem Mal ist sie fast weiß. Das ist eine Art verschattetes Abbild des Diamanten, der seinerseits hell und durchsichtig ist. Die Asche im Physischen ist auch sehr viel weniger Substanz als die Kohle selbst. Was vorher Licht geschluckt hat und schwarz war, ist nun durchlichtet, fast ganz weiß geworden, und zwar bis ins Physische hinein. Vorher wurde das Licht absorbiert, als Asche wird das Licht eher reflektiert.

W.W.: Ist Asche eine Substanz, die Licht abgegeben hat?

Der Große: Zuerst einmal ist Asche eine Substanz, die Substanz abgegeben hat, die auf einer sehr viel weniger physischen, trotzdem noch auf einer materiellen Stufe besteht. Das ist ein kleines Abbild der Auferstehung. Asche ist wie auferstandene Materie. Es ist eine durch den Geist hindurchgegangene Materie.

W.W.: Aber die Asche ist doch eine Art Rest.

Der Große: Selbstverständlich. Das Unsichtbare, das Worttragende hat sich vorher mit den Rauchwesen verbunden und ist bei dem Veraschungsprozeß bzw. Durchglühungsprozeß hinausgegangen. Insofern ist die Asche gleichzeitig auch ein Rest, aber es ist ein durchlichteter Rest.

W.W.: Was sollte man mit dieser Asche aus der verglühten Kohle machen, wenn sie erkaltet ist?

Der Große: Sehr gut wäre es z.B., die Blumen im Garten der Kirche damit zu düngen. Die Asche ist zu wertvoll, um sie einfach in den Müll zu kippen. Man könnte mit dieser Asche auch Biogasgülle verbessern, um nur einmal ein Beispiel zu nennen. Es gäbe weitere Möglichkeiten. Man kann die Asche auch den Biobauern mitgeben. Sie könnten sie auf ihre Komposthalden streuen. Aber auch die Blumentöpfe freuen sich über etwas Asche, allerdings nicht zentimeterdick. Alles nur in Maßen!

Kelchwesen

W.W.: Über die Wesen, die mit Brot, Wein und Wasser verbunden sind, wurde schon im Flensburger Heft 108 gesprochen, insofern brauchen wir das hier nicht unbedingt zu vertiefen. Welche Wesen sind mit dem Kelch verbunden?

Der Große: Wenn der Kelch weitgehend aus Gold ist, ist es am besten. Gold ist aber ein rarer Stoff, gleichzeitig ein sehr teurer Stoff. Es gibt sehr viele Kelche, die innen aus Silber oder aus verschiedenen Metallegierungen bestehen und nur äußerlich leicht vergoldet sind. Die meisten Kelche haben aber zumindest innen und am Trinkrand diese Vergoldung.

Kelche sind besondere Wesen, weil der Kelch eine ganz besondere und uralte Mysterienform ist. Nicht erst Goethe spricht mit dem *„König von Thule“* über den Kelch, sondern der Kelch kommt im Gralsmythos vor, im Alten Testament und genauso in vielen anderen alten Mythen.

Das Kelchsein ist immer mit einem geistigen oder physischen Vorgang verbunden, bei dem etwas mit besonderer Qualität in diesen Kelch gegeben wird. Der Kelch ist eine der Urformen. Ebenso ist der Altar eine Urform. Der Altar hat zum Kelch eigentlich eine gegenteilige Formung. Wenn Du eine Flüssigkeit auf dem Altar ausgießt, fließt sie weg, und sie trocknet schnell, weil sie dünn wegfließt. Wenn Du eine Flüssigkeit in einen Kelch gibst, entsteht die gegenteilige Geste. Der Kelch umhüllt die Flüssigkeit und gibt der Flüssigkeit Raum. Entsprechend ist es mit geistiger Substanz. Kelche haben nur dann einen Sinn, wenn eine flüssige Substanz hineingegeben wird.

Kelchwesen sind uralte Wesen, welche ein Stück Mondensein im Erdensein reflektieren, denn auf dem alten Mond wurde die Grundlage der Flüssigkeit geschaffen. Schau Dir eine Mondsichel an, besonders wenn sie weitgehend flach liegt – dann erlebst Du auch die sichtbare Form einer Schale oder eines Kelches. Die Patene, der Hostienteller, ist allerdings eher ein Teller. Er ist flach. Die Patene selbst ist meist aus Silber, besteht also aus dem Mondenmetall, hat aber das flache Element des Tellers. Der Kelch mit der Mondengeste ist aber aus dem Sonnengold geschaffen. In beiden vereinigen sich also zwei Prinzipien.

Das Kelchwesen ist also mit dem Gold der Sonne verbunden, hat aber gleichzeitig ein deutlich weibliches Prinzip, während die Patene eher das männliche Prinzip in ihrer Gestalt hat, aber im Metall das weibliche. Das gegenteilige Prinzip findet man immer im Metall. Die Flüssigkeit ist im Metall des Männlichen, die feste Substanz der Hostien hat man auf dem Metall des Weiblichen. Genauso hat man bei dem gebärenden Menschen auch eher etwas Kelchartiges, denn die Gestalt der gebärenden Frau, bis hinein in die Beckenknochen, hat auch etwas Kelchartiges. In die Frau hat sich etwas hineinergossen.

Insofern hängt mit dem Kelch das Urgeheimnis des Gebärens zusammen. Diese Eigenschaft ist den Kelchwesen zu eigen. Sie tragen das uralte Wissen der Teilung der Welt in zwei Prinzipien, das Weibliche und das Männliche, in sich. Alle Kelche wissen von dieser Teilung.

W.W.: Welcher Art sind nun genau die Kelchwesen? Gibt es seit Urzeiten ein Großes Kelchwesen, gleichzeitig pro Kelch kleinere Kelchwesen?

Der Große: Seit Urzeiten gibt es dieses Große Kelchwesen. Und immer dann, wenn ein neuer Kelch geschaffen, geschmiedet oder gegossen wird, entsteht ein kleineres Kelchwesen, eine Art Ableger dieses Großen Kelchwesens. Jedes dieser Kelchwesen gehört zur großen Gruppe der Kelchwesen. Sie haben ihre Urform aus dem alten Mondensein mitgebracht. Bei den Kelchwesen ist die Form Mond. Das ist etwas sehr Heiliges.

W.W.: Inwieweit ist es wichtig, aus welchem Metall der Kelch besteht?

Der Große: Für den jeweiligen Kultus ist es wichtig, während für das Kelchwesen an sich eigentlich nur die Form wichtig ist, nicht so sehr das Metall. Für den Kultus ist es aber wichtig, daß zumindest die Oberfläche, mit der die Substanz des Hineingegossenen in Berührung kommt, aus Gold besteht; wegen der eben erwähnten zusammengehörigen Prinzipien.

Wenn es kein Goldkelch ist, ist es besser, einen Glaskelch zu nehmen, der eigentlich geronnene Flüssigkeit ist, als z.B. einen Kelch aus Kupfer oder einem anderen Metall.

W.W.: Warum ist Kupfer nicht gut?

Der Große: Wenn der Kelch oben vergoldet ist, ist alles in Ordnung. Wenn der Kupferkelch innen nackt ist, ist es nicht gut. Mit dem Kupfer tritt ein ganz anderes Prinzip hinzu.

W.W.: Was geschieht, wenn ein Kelch geweiht wird? Was geschieht mit diesem kleinen Kelchwesen bei der Weihe?

Der Große: Dieses Kelchwesen verbindet sich mit der ätherischen Christusqualität. Es steht dann aber nicht mehr für das rein männliche Prinzip, sondern dadurch, daß dieses Wesen in einem geweihten Kelch aus Gold auftritt, verkörpert dieses Wesen die Überwindung der Teilung in Geschlechter. Das gleiche gestaltet die Hostie auf der Patene, allerdings über ganz andere Gesten.

W.W.: Was geschieht mit dem Kelchwesen, wenn ein solcher Kelch lange in Gebrauch ist und immer wieder Menschen aus diesem Kelch trinken?

Der Große: Dieses Kelchwesen wird immer heiliger, es wird immer mehr zum Gral. Auch der physische Kelch selbst wird eigentlich immer weniger irdische Substanz. Wenn man ganz feine Waagen hätte, müßte man dies eigentlich nach vielen Jahren sogar messen können.

Schwarze Wesen bekommen Zugriff auf heilige Substanz

W.W.: Was geschieht, wenn der physische Kelch gestohlen und eingeschmolzen wird?

Der Große: Das ist wie eine Vergewaltigung. Das Kelchwesen wird bei dem Einschmelzprozeß ruckartig frei und sucht sich hoffentlich – wenn möglich – einen neu entstehenden christlichen Kelch. Ein solches christliches Kelchwesen wird sich nicht unter Verlust von großer christlicher Substanz mit einem Weinkelch verbinden. Wenn dieses christliche Kelchwesen beim Einschmelzen des physischen Kelches keine neue Heimat findet, die ihm entspricht, bekommen schwarze Wesen Zugriff auf ganz heilige Substanz.

W.W.: Was geschieht dadurch?

Der Große: Diese Kräfte können in sehr starke schwarze Magie umschlagen. Deswegen sind Schwarzmagier durchaus auch interessiert, alte Kelche zu rauben. Dann können sie aus diesen Kelchen eine extrem wirksame Kraft herausziehen; aber man muß schon genau wissen, wie dies geht. Diese Zusammenhänge sollten wir nicht zu tief erörtern.

Kupfer in den Weihrauchgefäßen

Mit den Weihrauchgefäßen – Räuchergefäß und Schale – kommt das Kupfer hinzu. Auch hierzu steht einiges im FLENSBURGER HEFT 108. Kupfer steht für die Venus. Jetzt muß ich anmerken: für die wahre Venus. Das Kupfer hat mit einem zukünftigen Zustand der Erde zu tun, und zwar mit dem tatsächlichen zukünftigen Venuszustand. Trinitarisch ist mit dem Kupfer der Zukunftsaspekt, also der Heilige Geist, verbunden. Die Entmaterialisierung, nicht das Entleiblichen, kann nur in der Hülle des Kupfers geschehen, also bei der Räucherung. Deswegen muß das Räuchergefäß vorwiegend aus Kupfer sein. Wenn man dafür Gold oder Silber nehmen würde, würde die Zukunft verlorengehen. Dann würde dieses Räuchergeschehen vom falschen Zeitablauf begleitet.

Die Planeten sind wie ein Zeitkalender, der euch umgibt. Im Gold habt ihr die Gegenwart, den Christus; im Silber habt ihr die Vergangenheit, den Vatergott. Und die Zukunft liegt im Kupfer. Diese Metalle basieren auf uralten geheimen Wissenssträngen, auf geheimen Kultussträngen. Diese Elemente Silber, Gold und Kupfer tauchen jetzt hier in der Menschenweihehandlung wieder auf und können mit Bewußtsein durchdrungen werden.

Wenig Bewußtsein für die Wesen

W.W.: Was geschieht eigentlich mit all den Wesen, die wir bisher schon angesprochen haben und noch ansprechen werden, wenn die meisten Menschen nichts von ihnen wissen bzw. nur einen Begriff von ihnen haben und nicht real wesenhaft über sie nachdenken? Was geschieht mit diesen Wesen, wenn auch die Priesterinnen und Priester nur begrifflich-schattenhaft etwas über sie wissen?

Der Große: Alle diese Wesen werden von den meisten Menschen nicht bewußt wahrgenommen, und dadurch wird alles, was mit der Menschenweihehandlung und mit diesen Wesen zusammenhängt, ein wenig in die Vergangenheit versetzt, ins Traumhafte. Andererseits wirkt alles im Zusammenhang mit der Menschenweihehandlung auch heilend, und es sind genügend größere Wesen dabei, die wissen, was geschieht. Es ist der Christus dabei, Engel sind dabei, große Elementarwesen und Erdwesen und Planetenwesen sind dabei, und sie alle wissen, was bei einem Kultus geschieht. Aber es ist sehr schade, daß das Ich der Menschen alle diese kleineren Wesen, eigentlich auch die größeren Wesen, nur in einer traumhaften Beziehung denkt, nicht mit der wachen Ichqualität.

Eigentlich werden sie nur von eurer Menschenseele wahrgenommen, aber diese Seele ist groß. Und eigentlich ist sie auch viel besser, als ihr glaubt. Diese Seelenbeziehung zum Kultus ist natürlich nicht falsch, denn Christus ist auch der Herr der Seele, er spricht aus dem Seelischen des Menschen. Natürlich öffnet er auch die Dimensionen zum Geistigen, aber der Geist kann eigentlich nicht ohne die Seele bestehen. Wenn man nur im Geist lebt und alles Seelische beiseite legt, dann geht die Entwicklung schief. Dann wird es ganz entsetzlich! Geist allein ist hart, schneidend, kalt. Geist braucht Gefühlswärme, damit er gut und warm wird.

W.W.: Diese Gefühle entstehen also auch dann, wenn sich die Menschen dieser verschiedenen astralen und geistigen Wesen bewußt werden?

Der Große: Genau. Vor allem dann, wenn die Menschen ihnen ihre Seele öffnen. Zuerst geht das nur durch Kenntnis und Wissen. Aber je mehr ihr euch diesen Wesen nähert, desto mehr öffnet ihr ihnen eure Seele. Ein kleiner Trost: Ihr habt noch genügend Zeit! Aber es spricht überhaupt nichts dagegen, irgend etwas nicht auf die lange Bank zu schieben und sich schon jetzt umfangreich mit diesen Wesen zu beschäftigen. Allerdings solltet ihr nicht in die Hybris verfallen, alle diejenigen Menschen zu verdammen, die nichts von den geistigen Wesen wissen.

W.W.: Was geschieht, wenn z.B. Pfarrer der Christengemeinschaft nicht wollen, daß ihre Gemeindemitglieder genügend und umfangreich von allen diesen bisher angesprochenen Wesen wissen?

Der Große: Dann entsteht eine Verzerrung, vieles wird dann zu einer Art Geheimkult. Und dann werden sich die zukunftsfördernden Qualitäten aus dieser Religionsgemeinschaft oder anderen geistigen Gemeinschaften herausziehen. Steiner hat oft darauf hingewiesen, daß in der heutigen Zeit kein Geheimwissen mehr sein darf. Wenn die Sakramente durch Geheimnistuerei beschmutzt werden, zieht der Geist aus ihnen heraus und geht woandershin. Insofern gibt es keine Gründe, irgend etwas nicht zu sagen, es sei denn, es ist eine Überforderung für die Menschen. Diese Gründe muß man allerdings berücksichtigen. Manches kann zu einer Zerschmetterung werden. Aber wer etwas wissen will, sollte alles wissen dürfen. Denn wer einen

Willensimpuls hat, muß auch mit den Folgen dieses Willensimpulses umgehen können.

Das Altarbildwesen

W.W.: Welche Wesen sind mit einem Altarbild verbunden, und zwar mit einem aus früheren Jahrhunderten und mit einem in jüngerer Zeit selbstgemalten?

Der Große: Hier wird es wieder sehr schwierig. Zuallererst kann man sich fragen, wozu überhaupt ein Bild notwendig ist. Ein Bild spricht die Imaginationsfähigkeiten des Menschen an. Alle Vertreter der Musik im Kultus werden nun natürlich behaupten, daß durch die Musik die Inspirationsfähigkeiten des Menschen angesprochen werden. Das ist auch nicht falsch.

Durch das Betrachten eines Altarbilds entsteht bei der Betrachterin oder beim Betrachter, ob man will oder nicht, ein Gegenbild. Solange kein eigens gemaltes Altarbild vorhanden ist, nimmt man das vom Isenheimer Altar von Matthias Grünewald, und zwar *„Die Kreuzigung"*, und das Bild *„Der Auferstandene"* von Vincenzo Foppa. Diese alten Bilder sind so ausgesucht, daß die dabei entstehenden Imaginationen zu einem tatsächlichen imaginativen Eindruck der Christuswesenheit führen.

Wenn der Mensch diese Altarbilder betrachtet und wenn diese imaginativen Christus-Gegenbilder in ihm entstehen, kann die Christuswesenheit viel besser in diesen Menschen eintreten und ihn intensiver in das Wandlungsgeschehen einbetten. Steiner hat diese Bilder gewählt, weil die Maler Grünewald und Foppa durch Engel geführt die Kreuzigung und die Auferstehung dargestellt haben.

Bei dem konkreten Altarbild handelt es sich immer um Kopien, nicht um die Originale. Insofern ist es ein Druck, und deswegen ist zuallererst ein Papierwesen anwesend. Es kann auch ein Leinwand- bzw. Stoffwesen sein. Dann kommt ein Bildwesen hinzu, welches die Form Bild gibt. Der Islam verbietet ja die Abbildung Allahs; keineswegs nur aus einem schlechten Gedanken heraus. Das liegt daran, daß die Abbildung Gottes immer individuell ausfallen muß. Kein Mensch ist in der Lage, sich ein Gotteswesen so vorzustellen und zu malen, wie es in Wirklichkeit ist. Durch jeden Maler kommt immer eine individuelle und subjektive Note mit hinein. Deshalb hat Rudolf Steiner auf diese beiden alten Künstler hingewiesen, die noch sehr engelgeführt ihre Bilder gemalt haben. Alternativ kann aber auch selbst ein Bild gemalt werden.

W.W.: Und wieso ist ein selbstgemaltes Bild dann heutzutage zulässig?

Der Große: Es könnte genauso Kitsch entstehen. Bei einem solchen Bildgestaltungsprozeß beteiligt sich im Regelfall auch die Gemeinde. Sie sucht sich z.B. die zu ihrer derzeitigen Gemeinde gehörige Imaginationsqualität einer bildlich dargestellten Christuswesenheit. Dafür sucht man sich dann eine konkrete Malerin bzw. einen Maler.

W.W.: Was geschieht, wenn ein Maler aus der Gemeinde heraus, im Erleben mit der Gemeinde, ein Altarbild malt?

Der Große: Wenn der Maler eine gewisse Fähigkeit im Sich-Öffnen gegenüber dem Gemeinde-Engel hat, dann wird ihm ein wenig die Hand geführt, und es wird hoffentlich ein für diese Gemeinde gutes Altarbild geschaffen, ein Imaginationsbild der Christuswesenheit. Gegenüber den alten Malern haben die heutigen Maler alle die Tendenz, eher den ätherischen Christus zu malen.

W.W.: Wenn jetzt ein solches Altarbild neu geschaffen worden ist – was für ein Wesen verbindet sich damit? Ich vermute einmal, daß dies ein neu geschaffenes Wesen ist.

Der Große: Ja. Es ist ein Funktionswesen, welches mit einem Ding zusammenkommt, das von Menschen geschaffen worden ist. In diesem Fall ist es ein Bild im Kirchenraum, das durch die langjährigen Kultushandlungen auch eine Verfeinerung in seiner Substanz erfährt.

Kommunikation fällt euch schwer

W.W.: Was geschieht, wenn die eine Hälfte der Gemeinde das Bild schön findet, die andere fürchterlich?

Der Große: Das ist häufig der Fall und ist für das Altarbildwesen schwierig. Es wird im Seelischen ge- oder zerrissen. „Schön" und „häßlich" sind seelische Erlebnisse, keine geistigen. Eine Möglichkeit wäre es in einem solchen Streitfall, die objektiven Kriterien eines solchen Bildes gemeinsam zu beschreiben, so daß die unterschiedlichen Parteien auf einer höheren Ebene, z.B. im Symbolgehalt bzw. auf einer abstrakten Ebene, in einer gewissen Einigung zusammenfinden könnten. Dann kann man zumindest zu der Anschauung kommen, daß ein Bild nicht objektiv häßlich oder schön ist. Objektiv schöne oder häßliche Bilder gibt es ohnehin nicht, denn dann gäbe es auch keine Spaltung unter den Menschen in bezug auf Sympathie und Antipathie. Wenn sich die Menschen bei solchen Kunstobjekten einander annähern wollen, müssen sie miteinander kommunizieren. Aber Kommunikation fällt euch schwer. Eigentlich könnt ihr gut kommunizieren, denn ihr habt Telefone und Handys, ihr habt das Internet, Faxgeräte,

Smartphones und vieles mehr. Trotzdem mangelt es euch Menschen meist an einer guten Kommunikation.

Die Stoffwesen

W.W.: In der Christengemeinschaft gibt es sehr viele Gewänder, z.B. den schwarzen Talar, die weiße Alba, die Stola, verschiedene Caseln, Kragen und Gewänder. Welche Wesen sind mit diesen Gewändern verbunden?

Der Große: Das sind alles Stoffwesen, die sich zu Gewandwesen verwandelt haben, sofern aus Stoffen ein reines Gewand geschneidert worden ist. Darüber hinaus gibt es auch noch Mäntel, die hin und wieder zu gewissen Jahresfesten bei Teilen der Menschenweihehandlung umgehängt werden. Der Mantel hat eine umhüllende Funktion. Genauso hat die Stola eine besondere Funktion. Und ganz besonders hat die Casula eine ganz wichtige Funktion. Diese drei Gewänder sind stark belastet durch eine metaphysische Formgebung.

W.W.: Wieso belastet?

Der Große: Es sind keine einfachen schlichten Gewänder. Die Untergewänder, Alba und Talar, vereinheitlichen den Menschen. Sie entgeschlechtlichen ihn.

Dann gibt es die Farben auf den Gewändern, die sich auf die Jahreszeiten und Jahresfeste beziehen, und diese Farben wirken auf die Seele des Menschen. Der Mantel ist eine Urform; man denke nur an den Mantel des Martin oder an alte Königsmäntel. Die Mantelgeste durchzieht eigentlich alle irdischen Kulturen. Jeder Häuptling hatte früher einen Mantel und drückte damit seine Würde aus. Auch in vielen Märchen spielt der Mantel eine große Rolle, z.B. bei Allerleirauh. Dieser Mantel wird vom Priester bei der Sonntagshandlung für die Kinder und manchmal auch während des Credos getragen. Der Mantel hat eigentlich etwas mit den Kindern zu tun, mit einer Umhüllung, mit nichtmündigen Menschen vor der Konfirmation. Man nimmt jemanden in seinen Mantel hinein. Der Mantel hat eine große Schutzgeste. Die eher wehrlosen Kinder müssen sich so nicht gegen die Welt selber wehren, sondern werden beschützt bzw. eingehüllt.

Wenn der Priester hin und wieder zu einer bestimmten Festeszeit beim Credo den Mantel trägt, umhüllt er diejenigen Gemeindemitglieder, die aus Krankheits- oder Todesgründen nicht unmittelbar anwesend sein können. Er stellt sie durch diesen Mantel mit in sein persönliches Credo hinein. Er spricht stellvertretend an ihrer Stelle das Credo. Er spricht es eigentlich für alle diejenigen Gemeindemitglieder, die zu einer hohen Festzeit in diesem Moment nicht im Kultusraum sitzen.

Das Gefühl dafür, wann das notwendig ist, sollte in die individuelle Entscheidung des Priesters gestellt werden. Das ist aber eine persönliche Opfergeste, denn er nimmt sie unter seinen Mantel, und er hat nicht die Stola um in diesem Moment. Er zieht den Mantel über seine Individualität, nicht über sein Priesteramt, was u.a. durch die Stola ausgedrückt wird. Bei Kindern ist es etwas anderes, denn sie werden mit dem Mantel mit zum Altar genommen.

Stola und Casula

W.W.: Was genau drückt die Stola aus?

Der Große: Die Stola ist das Zeichen des Priesteramts, unter das sich der Priester bei der Weihe beugt. In dem Moment, in dem ihm die Stola umgelegt wird, gibt er bestimmte persönliche Rechte ab, entindividualisiert er sich in diesem Moment. Er ist in diesem Moment Priester bzw. sie ist in diesem Moment Priesterin. Dadurch erhält der Mensch auch einen Schutz. Bestimmte negative Elemente, auch aus der Gemeinde heraus, prallen am Priester ab, wenn er die Stola umgelegt hat. Sie treffen ihn nicht als Individuum.

W.W.: Welche Bedeutung hat die Casula?

Der Große: Sie hat mit der besonderen Form der Menschenweihehandlung zu tun. Die Zusammenhänge mit der Casula sind sehr schwer zu verstehen, denn hier kommen wir in die Symbolik hinein. Das Problem bei den Caseln in der Christengemeinschaft ist, daß die Symbolik nicht ausgereift ist. Es gibt z.B. die Johanni-Casula, die hinten Rhomben hat. Eigentlich müßte jede Festzeit ihre eigene Casula haben. Aber die meisten fehlen, weil Rudolf Steiner zu früh gestorben ist. Er hatte auch genügend anderes zu tun und konnte dies nicht mehr darstellen. Es werden also bei fast allen Festzeiten falsche Symbole gezeigt. Das muß man wissen. Für die Trinitatis-Zeit sind die beiden Formen, die auf allen Caseln, mit Ausnahme der Johanni-Casula, sind, richtig. Für andere Festzeiten hätten sie noch gegeben werden müssen.

V. Staël von Holstein: Für die Passions- und Karzeit habe ich sie geschaut. Auf jeden Fall gehört das Quadrat und vor allem das Kreuz auf die Casula, aber ich bin mir nicht ganz sicher, in welcher Weise; vermutlich vorne das Quadrat und hinten das Kreuz.

W.W.: Was bedeuten die Rhomben auf der Johanni-Casula?

Der Große: Das sind die Flammen des Johannifeuers.

W.W.: Warum wird bei der Predigt die Casula abgelegt, nicht aber die Stola?

Der Große: Weil die Predigt außerhalb der Menschenweihehandlung gehalten wird, aber der Priester als Priester auftritt.

W.W.: Aber er tritt doch als Individualität bei der Predigt auf.

Der Große: Nein. Nur im Credo.

W.W.: Aber er hält doch eine individuelle Predigt.

Der Große: Er hält eine individuelle Predigt als Priester für seine Gemeinde, nicht aber als Individuum wie zu einem Vortragspublikum.

W.W.: Er ist also beim Credo individueller als bei der Predigt?

Der Große: Wesentlich! Bei der Predigt spricht er als Priester zur Gemeinde, beim Credo spricht er als einzelnes Individuum zum Christus; das ist sein Urbekenntnis.

W.W.: Noch einmal zurück zu den Stoff- und Gewandwesen; welche Wesen sind mit diesen einzelnen Caseln und Stolen verbunden?

Der Große: Jede Casula und jede Stola hat ihre eigenen kleineren Wesen; es gibt aber auch die sogenannte Große Casula, genauso die Große Stola. Sie wiederum haben ihre jeweiligen untergeordneten Wesen, die sich mit den einzelnen Gewändern verbinden.

Falsche Taufgewänder?

W.W.: Bei der Taufe hat der Priester seit Steiners Zeiten ein dunkellilafarbenes Gewand an. Ein Priester der Christengemeinschaft hat kürzlich in alten Aufzeichnungen entdeckt, daß diese Farbe aufgrund einer Fehlinformation tradiert worden ist. Eigentlich war ein hellilafarbenes Gewand, wie bei Trinitatis, gemeint. Nun sind aber alle Kinder seit 90 Jahren in der Christengemeinschaft mit dem dunkellilafarbenen Gewand getauft worden. Wenn ich recht informiert bin, muß jetzt jede Gemeinde relativ kurzfristig dieses hellilafarbene Gewand neu anschaffen, was mit erheblichen Kosten verbunden ist. Ist die Farbe des Gewandes wirklich so entscheidend und sind alle seit 90 Jahren getauften Kinder in irgendeiner Weise falsch tingiert getauft worden?

Der Große: Selbstverständlich nicht. Allerdings wirkt die Farbe der Gewänder auf die Seele des Menschen, genauso auf die Seelen des Täuflings und der Anwesenden. Der sogenannte Standardtäufling im ersten Lebensjahr nimmt das allerdings nur sehr unbewußt wahr. Die Farbe hilft der Seele, in eine bestimmte Seelenhaltung zu geraten. Lila ist die Farbe, die die Glaubenskräfte der Seele aktiviert.

W.W.: Wo liegt der Unterschied der Glaubenskräfte in bezug auf Hellila und Dunkellila?

Der Große: Es gibt die Glaubenskräfte, die aus dem Bereich des Gemüts kommen; nennen wir sie ruhig die träumerischen Glaubenskräfte. Und dann soll es auch noch die Glaubenskräfte geben, die im Hinblick auf die Zukunft aus dem Bereich des Bewußtseins entspringen. Erstere hängen mit den Dunkellila-Kräften zusammen, die letzteren mit den Hellila-Kräften. Die Dunkellila-Glaubenskräfte sind also diejenigen, die eher aus dem Gemüt entspringen.

W.W.: Ist das bei Kindern so entscheidend?

Der Große: Es geht einerseits um die Kinder, andererseits um die Eltern und die Paten, die eigentlich das Kind im Glauben führen sollen. Paten sollen die Kinder nicht im Finanziellen oder Sportlichen unterstützen, sondern im Glauben unterstützen.

W.W.: Ist es nun sinnvoll, diese Taufgewänder über Nacht auszutauschen, oder könnte man sie über Jahre auslaufen lassen, vor allem dann, wenn die beteiligten Menschen von diesen ganzen ebengenannten Zusammenhängen ohnehin nichts wissen?

Der Große: Da die neuen Glaubenskräfte die zukünftigen sind, ist eine Änderung sinnvoll. Eine Änderung über Nacht erhebt dagegen den Anschein, als wenn alle bisher durchgeführten Taufen hinterher ad absurdum geführt werden. Diese eher zwanghafte Geste des schnellen Austauschs der Gewänder finde ich als geistiges Wesen ungut. Denn dadurch werden alle bisherigen Taufen im nachhinein gewissermaßen geschwächt. Insofern wäre ein fließender Übergang wesentlich natürlicher. Geistig gibt es ohnehin keine ganz zwingende Notwendigkeit. Es gibt bei der Taufe von Kindern keinen zwingenden Schritt, den Wechsel von vergangenen Glaubenskräften zu zukünftigen Glaubenskräften so kraß zu setzen.

Geköpfte Elektrizitätswesen

W.W.: In jeder Kirche gibt es auch elektrischen Strom. Wie verhalten sich diese Stromwesen zu dem Geschehen in dieser Kirche, und wie verwandeln sie sich im Laufe der Zeit durch den Kultus?

Der Große: Einerseits hat Elektrizität nichts im Kultus verloren, da Elektrizität eigentlich etwas ziemlich Kaputtes ist. Elektrizität lädt Wesen ein, die die anwesenden Menschen tendenziell behindern. Der sogenannte Smog, der vom Strom ausgeht, auch wenn er noch so fein ist, behindert die Menschen ein wenig. Stromwesen sind geköpfte Wesen, die ihres höchsten Leibes beraubt worden sind.

Der Kultus selbst ist für diese Wesen andererseits ein Segen. Der Kultus heilt sehr viel. So gesehen wäre eine Menschenweihehandlung als eine heilende Geste in einem Elektrizitätswerk, sogar in einem Atomkraftwerk, eine Großtat. Der Kultus würde diesen geköpften

Stromwesen wiederum ihren Kopf geben. Vor allem entsteht durch den Kultus für die Stromwesen Hoffnung, Hoffnung auf eine andere Zukunft. Wenn die nicht positiven Wesen der Elektrizität durch den Kultus Hoffnung bekommen, können sie sich in die Richtung des Lichts entwickeln. Wenn man aber z.B. Strom für Medien benutzt, gibt man diesen Wesen Verzweiflung mit, z.B. wegen der Lügen, die mit den Medien zusammenhängen. Dabei denke ich an die Medienbilder, die auf den Menschen wie eine Lüge wirken. Durch die neueren Techniken ändert sich hier allerdings einiges. Die LCD-Technik verändert hier eine ganze Menge. Aber das frühere Fernsehbild an sich ist eine Lüge und wird als Lüge im eigenen Bewußtsein abgelegt. Auch digitale Klänge sind an sich Lügen, auch wenn sie perfekter als die analogen Techniken sind. Durch die digitale Technik wird das Ohr betrogen. Allerdings heilt der Mensch vieles davon, weil er aus diesen Stücken wieder eine richtige Musik macht.

Menschenweihehandlung auf der Müllhalde

W.W.: Wäre es also gut, die Menschenweihehandlung nicht nur in der Kirche zu zelebrieren, sondern hin und wieder auch an solchen Orten wie Elektrizitätswerken?

Der Große: Es ist in die völlige Freiheit des zelebrierenden Priesters gestellt, in welchen Rahmen er „seine" Weihehandlung stellt. Es gibt viele Priester der Christengemeinschaft, die wissen, daß die Menschenweihehandlung auch für die Natur ein sehr wichtiger Akt ist, und die deshalb regelmäßig eine Menschenweihehandlung in freier Natur zelebrieren. Und hier kann man Orte suchen, die nicht wunderschön sind, z.B. eine Müllhalde. Dann bringt man die Menschenweihehandlung in zerstörte Gebiete. Priester, die das machen, haben ganz stark die Unterstützung der geistigen Welt. Es gibt die Weihehandlung, die in der Gemeinde zusammen mit den Menschen und dem Gemeinde-Engel zelebriert wird, und es gibt darüber hinaus eine Welten-Weihehandlung. Die große und globale Weihehandlung, die die ganze Welt umzieht, betrifft nicht nur den Menschen, sondern sie betrifft eigentlich alle Wesen. Das ist die universale Weihehandlung. Wenn man sich nur mit den einzelnen Gemeinden befaßt, verliert man diese anderen Wesen aus dem Blick.

W.W.: Was ist diese universale Menschenweihehandlung?

Der Große: Die sogenannte kleine Weihehandlung ist in einen Raum, in einen Kirchenraum gefaßt. Dort wird sie mit Menschen zelebriert. Sie ist ein Gemeindeakt. Die andere Weihehandlung ist vom Text her die gleiche. Die Sonne läuft um die Erde, geozentrisch betrachtet. Wenn es in Berlin 10 Uhr morgens ist, ist es in London 9 Uhr. Wenn sie in Berlin mit der Weihehandlung fertig sind, beginnt die Weihehandlung in London. Geht man weiter nach Westen, kommt erstmal eine große Strecke Wasser – auf den Schiffen wird die Menschenweihehandlung eher nicht gehalten –, und dann beginnt die Weihehandlung in Brasilien, etwas später in den USA und immer so weiter. An dem jeweiligen Ort beginnt die Weihehandlung meist sonntags um 10 Uhr. Und irgendwann ist die Weihehandlung in Japan. Dieses globale Geflecht der immer um 10 Uhr gehaltenen Weihehandlung zieht kontinuierlich um die Erde. Daraus ergibt sich eine kontinuierliche weltumspannende Menschenweihehandlung. Das ist die große Menschenweihehandlung.

Wenn man nun in die Natur geht und dort auf einem Berg eine Menschenweihehandlung zelebriert, hat man keinen Kirchenraum. Dann hat man als geweihten Raum die Erde, die durch die Weihetat des Christus auf Golgatha auch ein geweihter Raum ist. Und die in der Natur gehaltene Menschenweihehandlung ohne geweihten Raum stellt man immer notwendigerweise direkt in diese globale bzw. große Menschenweihehandlung hinein.

W.W.: Die in der Kirche gehaltenen Menschenweihehandlungen etwa nicht?

Der Große: Nicht ganz so stark, denn hier gibt es die Kirche und die Stadt – und diese Menschenweihehandlung hat in diesem geweihten Raum und in dieser Stadt eine andere Hülle. Auch an dieser Menschenweihehandlung gibt es Anteile, die die große Menschenweihehandlung nähren, aber sie hat genauso Anteile, die sehr viel deutlicher in diesem geschlossenen Raum, in der Umarmungsgeste des Gemeinde-Engels, bleiben. Etwas bleibt substantiell in diesem Raum zurück. Die Weihehandlung, die in der Natur gehalten wird, wird ganz der großen Weihehandlung geschenkt.

W.W.: Und wenn man eine Menschenweihehandlung in einem AKW hält – was geschieht mit dieser?

Der Große: Auch diese Menschenweihehandlung hat dann keinen geweihten Raum. Sie hat dann aber die Hülle des ätherischen Christus in einer ganz anderen Form, weil in diesem Moment kein Gemeinde-Engel vorhanden ist. Auch diese Menschenweihehandlung in einem AKW wirkt dann annähernd so wie eine in der Natur gehaltene. Ähnlich ist es auch, wenn man eine Menschenweihehandlung in einem KZ hält. Nicht so ist es aber, wenn man eine Menschenweihehandlung in einer geweihten Kirche einer anderen Religionsgemeinschaft hält.

Denn dort gibt es wiederum einen Engel, einen Hausgeist-Engel. Auch evangelische und katholische Kirchen haben diesen Hausgeist-Engel.

Menschenweihehandlung in einem fliegenden Flugzeug

W.W.: Was wäre eigentlich, wenn man eine Menschenweihehandlung in einem fliegenden Flugzeug zelebrierte?

Der Große: Die Menschenweihehandlung muß auf der Erde sein. Schon in einem fahrenden Schiff gibt es Schwierigkeiten von den Wesen her. Die Gnomen fehlen dann nämlich. Ich sinne gerade, ob man sich aus Sicht der geistigen Welt mit einem im Flugzeug zelebrierten Kultus verbinden kann. – Nein, das geht nicht! Das liegt daran, daß sich der Ort verschiebt. Auf einem Schiff würde es notgedrungen gehen, denn Schiffe sind nicht so schnell. Auf Schiffen wäre es besser, wenn dieses Schiff sich nicht bewegen würde. Auch in fahrenden Autos oder Zügen ist es eigentlich nicht möglich, die Wandlung durchzuführen.

Gnomen und Steinwesen schirmen den Raum ab

W.W.: Im FLENSBURGER HEFT 108 beschreibt Verena Staël von Holstein, wie sich die verschiedenen Elementarwesen auf eine Weihehandlung vorbereiten. Zuerst beschreibt sie, wie die Steinwesen den Ort der Weihehandlung nach unten abschirmen. Sie sind die ersten am Ort. Kannst Du diesen Vorgang ein wenig beschreiben? Gegen wen schirmen sie ab?

Der Große: Das ist eine gute Frage. Primär schirmen sie gegen die achte Sphäre ab; das sind die Teile der Erd-Eigentlichen, die gegen den Menschen gerichtet sind. Die achte Sphäre ist ja nicht irgendwo oben im Himmel, sondern in einem Teil der Erde; sie gehört zum Schattenreich Ahrimans. Dort leben die Kräfte, die die Erde sowohl zerreißen als auch in sich zusammenfallen lassen wollen. Dort wirken Kräfte, die zum einen versuchen, die Materie in ihren kleinsten Teilen zu zerstören, sie gleichzeitig aber immer dichter zu packen. Dagegen schirmen die Gnomen und die Steinwesen den Raum der Menschenweihehandlung ab. Sie bleiben an den Orten, an denen die Menschenweihehandlung gehalten wird, während die anderen Elementarwesen eher kommen und gehen. Die Gnomen und Steinwesen bleiben. Dazu gehören eigentlich alle Erdbewohner, die einen elementaren Charakter haben – also auch die Zwerge neben den Gnomen und Steinwesen.

W.W.: Könntest Du hier kurz diese drei Gruppen ein wenig charakterisieren?

Der Große: Die Zwerge sind diejenigen, die sich mit den Metallen im Boden beschäftigen, die die kosmischen Einflüsse aus dem Kosmos in die Kristalle hineinleiten und auch wieder aus den Kristallen herausholen. – Die Gnomen sind diejenigen, die mit den Wurzeln, also mit dem Lebendigen im Boden, arbeiten. Sie sind diejenigen, die den Übergang vom Materiellen zum Lebendigen gestalten. Die Gnomen sind in den jeweiligen Bodenarten auch immer sehr verschiedene Wesen. Sie verwalten den sogenannten Lebensäther. – Dann gibt es noch die Wesen, die die physische Form geben, und das sind die unterschiedlichen Steinwesen. Sie gehören im Prinzip alle zu den Erd-Eigentlichen. Diese Wesen sind die Substanz selbst. Sie alle haben eine Qualität des Totseins. Sie sind seiend im Tod.

Sie tunken das Böse ins völlige Vergessen

W.W.: Wer schirmt nun wesentlich ab?

Der Große: Die Zwerge eher weniger, sehr viel deutlicher die steinernen Wesen und die Gnomen.

W.W.: Was genau ist unter diesem Abschirmvorgang zu verstehen? Wie funktioniert das?

Der Große: Man kann es als ein Tun bezeichnen: Sie wenden sich völlig vom Bösen ab. Dadurch wird das Böse in die Nichtexistenz gedrückt. Das Böse wird dadurch nicht mehr wahrgenommen. Sie tunken das Böse ins völlige Vergessen.

W.W.: Die Erd-Eigentlichen sind also im Normalfall von den Widersacherkräften tingiert?

Der Große: Natürlich, und zwar wegen Ahrimans Macht, weil seine Macht auf der Erde ist, und Ahriman ist kein gutes Wesen. Da er im Irdischen angekommen ist, lodert er auch im irdischen Zorn und greift auf die steinernen Wesen über.

W.W.: Dadurch, daß diese steinernen Wesen und die Gnomen dem Bösen den Rücken zukehren …

Der Große: … bleibt das Böse außerhalb der Menschenweihehandlung. Diese Abwendung vom Bösen ist die beschriebene Abschirmung. Das ist ein Tun. Wenn man das physisch betrachten würde, müßte man das so beschreiben, daß die molekularen Strukturen des Bodens so gerichtet werden, daß eine reflektierende Schicht entsteht, und zwar im gesamten physisch-materiellen Bereich der Kirche. Das betrifft natürlich nicht nur den Boden der Kirche, sondern genauso das Dach. Denn überall dort, wo Stein ist, sind Gnomen und steinerne Wesen.

Und wenn die Menschenweihehandlung regelmäßig zelebriert wird, sind die Gnomen und steinernen Wesen mit diesem Vorgang vertraut und richten sich darauf ein. Sie zeigen diese Geste mal stärker, mal schwächer, um den Raum, in dem eine Wandlung vollzogen wird, zu schützen. Durch diesen Effekt werden einigermaßen sensible Menschen ruhiger. Denn dort *ist* etwas. Das spüren sie. Ein sensibler Mensch spürt, daß ein solcher Raum anders ist. Wenn einmal in einem solchen Raum die Weihe ausgesprochen worden und eine Wandlung vollzogen worden ist, dann ist dieser Schutz vorhanden. Die schützende Geste der Gnomen und steinernen Wesen wird intensiver, wenn eine Wandlung bevorsteht, sie wird schwächer, wenn die Kultushandlung beendet ist.

Du hast in Deinem Verlag ein Buch von einer Frau herausgebracht (Carola Cutomo, *„Medialität, Besessenheit, Wahnsinn"*, Flensburg 1989), die durch Gläserrücken mehr oder weniger wahnsinnig geworden ist, zumindest von verschiedenen Wesenheiten besetzt wurde, und sie hat erlebt, daß in dem Moment, in dem sie einen Kirchenraum betrat, die sie bedrängenden dämonischen Wesen nicht mit hineinkonnten. Das liegt an der Wachsamkeit der Gnomen und steinernen Wesen. Das ist mit dem Satz aus dem FLENSBURGER HEFT 108 von Verena Staël von Holstein gemeint: *„Die Gnomen bleiben."*

W.W.: Wie kann ich mir das zeitlich vorstellen? Wann beginnen die Gnomen mit dieser Schutzschirmarbeit? Wenn die Sonne aufgeht oder eine ganz bestimmte Zeit vor dem Kultus?

Der Große: Sie haben eine sehr enge Beziehung zu der Priesterin oder zu dem Priester, der diesen Altar als seinen Hauptaltar ansieht, als seinen Herzensaltar erlebt. Priester binden sich häufig an ihren Altar, sie erleben, daß sie zu einem bestimmten Altar gehören. Wenn die Priester sich z.B. am Abend vorher auf die Menschenweihehandlung vorbereiten oder sich vornehmen, am nächsten Tag die Weihehandlung zu zelebrieren, werden die Gnomen und steinernen Wesen bereits angesprochen und beginnen mit ihrer Abschirmarbeit vorbereitend. Wenn dann die ersten Menschen vor Beginn des Kultus in die Kirche kommen, intensiviert sich die Arbeit dieser Wesen noch mehr. Jeder Mensch bringt mit seinen Füßen etwas mit, in bezug auf das die Gnomen und steinernen Wesen aktiv werden müssen. Menschliche Füße tragen viel – von Frieden bis zum Krieg.

W.W.: Wie kann man als Mensch diesen Abschirmvorgang der Gnomen und steinernen Wesen unterstützen?

Der Große: Sehr wichtig ist, sie einfach bewußtseinsmäßig zuzulassen. Man sollte sie nicht als negative Wesen, schon gar nicht als irgendwelche kitschigen Bilderbuchwesen anschauen, ebenfalls nicht als unchristliche Wesen wegschieben. Das ist aber nur eine erste Haltung. Darüber hinaus sollte man ihnen einfach danken. Einen solchen Dank sollte man beim Betreten der Kirche im Bewußtsein haben. Der Moment des Hineingehens in die Kirche ist dafür ein guter Moment. Es reicht der ganz kurze Gedanke: *„Schön, daß ihr das tut!“* Das kann man auch beim Ausziehen des Mantels denken. Und beim Hinausgehen aus der Kirche kann man denken: *„Schön, daß ihr das getan habt!“* Das reicht. Man muß keine unendlichen Reden halten. Es wäre eine große Hilfe, wenn dies ab und an einige Menschen einer solchen Gemeinde täten. Denn unter den Besuchern einer Menschenweihehandlung gibt es auch sehr viele Menschen, die solche Elementarwesen nicht mal in ihrem Bewußtsein zulassen, die sie als unchristliche Naturwesen ablehnen. Das ist für diese Wesen ein großes Problem! Wenn man das dramatisch ausdrücken will, dann könnte man sagen, daß sie eine solche menschliche Haltung förmlich zu Ahriman treibt.

Die Lichtwesen bilden einen Lichtdom über dem Altar

W.W.: Nach den Gnomen, so schildert es Verena Staël von Holstein im FLENSBURGER HEFT 108, treten die Lichtwesen heran und heben über den Kultusraum eine Art Lichtkuppel, deren Scheitelpunkt über dem Altar liegt. Welche Wesen gehören zu diesen Lichtwesen, und wie viele sind es?

Der Große: Das Licht fällt in meine Zuständigkeit. Es gibt zwei Formen von Licht. Es gibt kaltes Licht, und es gibt warmes Licht. Es gibt Kerzenlicht, und es gibt elektrisches Licht. Beim elektrischen Licht gibt es keine tatsächliche Flamme. Da glüht zwar etwas, aber es ist dort keine Flamme. Die Materie, die vorher da war, ist auch hinterher noch da. Es entsteht keine Asche wie bei einer richtigen Flamme.

Diese Lichtwesen mußt Du Dir so vorstellen, als wäre der Altar ein großer Docht und als würden sie über diesen Altar eine große Flamme gestalten. Durch diese Flamme kann Geist direkt durchwirken. Das ist lebendiges Licht. Dieses Licht wird durch die michaelischen Kräfte unterstützt und geformt, denn zur Zeit lebt ihr in einer Lichtzeit. Und die Informationstechnologie ist eigentlich auch eine Art Abfall dieses Lichtzeitalters. Deswegen wird diese Lichtkuppel durch michaelische Kräfte geformt.

Diese Lichtkuppel hat eher eine eiige Form um den ganzen Altar herum; eigentlich aber hüllt sie den gesamten Kultusraum ein. In einem gewissen Sinne geht dieses Licht sogar ein wenig in den Boden hinein. Aber hier gibt es sehr viele Möglichkeiten, dies zu betrachten. Manchmal ist es ein Lichtkelch, manchmal ein Lichtei. Und im Moment der Wandlung intensiviert sich dieses Licht, denn während der Wandlung stellt sich in den schon vorhandenen Lichtdom der besondere Wandlungs-Lichtbereich. Wenn der Priester die dafür notwendigen Sätze spricht, steht er nicht mehr in einem irdischen, sondern in einem zeitlosen Raum, in einem Lichtraum. Aber nur, wenn er es kann! Es gehört ein Können dazu. Nicht jeder kann wandeln. – Interessant ist, auch wenn das jetzt sehr ketzerisch klingt, daß es auch einige ungeweihte Menschen gibt, die wandeln können, und genauso gibt es geweihte Menschen, die nicht wandeln können.

Substanzverwandlung

W.W.: Das mußt Du mir näher erklären. Gilt das jetzt als eine dauernde Eigenschaft oder für das jeweilige eine Mal?

Der Große: Es gibt Erlebnisse im Leben eines Menschen, die die Wandlungsfähigkeit eines Menschen beeinflussen. Wenn jemand sehr krank ist oder viel Streß hat – und zwar aus tendenziell höheren Gründen –, kann dies seine Wandlungsfähigkeit beeinträchtigen. Das betrifft aber eigentlich nur den körperlichen und seelischen Zustand, denn der geistige Zustand eines Priesters sollte eigentlich immer so sein, daß er wandlungsfähig ist. Aber der Körper und die Seele beeinflussen oft diese Fähigkeit. Daraus ergibt sich, daß es Momente im Leben eines Menschen gibt, in dem er eine Wandlung nicht schafft. Das muß aber kein Dauerzustand sein. Genauso könnte es aber auch sein, daß ein nichtgeweihter Mensch dies einmal spontan kann, aber nicht als dauernde Fähigkeit durchtragen kann. Bei einem ungeweihten Menschen kann es sein, daß ihm einmal eine Wandlung gelingt, dann aber nie mehr.

W.W.: Wandelt nicht eigentlich der Christus und nicht der Mensch?

Der Große: Natürlich, aber der Mensch ist ein Durchlaßgefäß, und dies kann mehr oder weniger gut oder schlecht sein. Der Christus braucht immer den Willen der anwesenden Person. Er könnte mit einem starken Antiwillen die Wandlung verhindern, er könnte auch durch gewisse Umstände entsprechend manipuliert sein, von außen und auch von innen. Außerdem braucht der Christus die Bewegung, die Gestik des Priesters. Und hier macht es jeder Priester anders: der eine wie ein Windhauch, ganz zart, der andere wie mit einem Axtschlag. Das liegt an der Willenskonfiguration des jeweiligen Priesters.

Die Geste macht der Mensch, die Wandlung führt Christus durch. Für die Bewegung, für den Willen muß aber der Mensch dasein. Wenn der Priester aber in einem Zustand ist, in dem Christus nicht zu ihm treten kann, kann er so viele Kreuzgesten über den Substanzen machen, wie er möchte, und es wandelt sich nichts.

W.W.: Steiner hat ja einmal über die Wandlung in der katholischen Kirche gesagt, daß er sie in einem konkreten Fall erlebte, meistens aber nicht. Wie ist es in der Christengemeinschaft: Kann es sein, daß auch hier mal keine Wandlung stattfindet, oder findet sie immer statt?

Der Große: Noch hat die Menschenweihehandlung aus sich heraus eine sehr große Kraft und ruft, so gesehen, aus sich heraus den Christus. Aber ich möchte es einmal so formulieren: Ganz vereinzelt gab es schon Menschenweihehandlungen, in denen keine Wandlung stattgefunden hat. Aber das ist ganz selten.

W.W.: Kann die Gemeinde hier unterstützend mitwirken?

Der Große: Selbstverständlich.

W.W.: Es könnte also sein, daß, falls der Priester die Wandlung nicht vollziehen kann, die Gemeinde so aktiv ist, daß die Wandlung doch stattfindet?

Der Große: Ja.

W.W.: Welche Wesen sind die Lichtwesen?

Der Große: Normalerweise nennt man sie Sylphen. Die Differenzierung ist bei diesen Wesen aber ziemlich schwierig. Es gibt den luftigen Anteil des Lichts, und den erlebt man im Wind. Windwesen sind also auch Lichtwesen. Auch die Atemwesen gehören dazu.

W.W.: Wie kann man diese Lichtwesen aus der Gemeinde heraus unterstützen?

Der Große: Diese Luft- und Lichtwesen haben sehr viel mit eurer menschlichen Gedankenkraft zu tun. Insofern wirkt das menschliche Denken auf diese Wesen noch sehr viel prägender. Deswegen kann man sich während des Kultus bemühen, sorgfältig mit den eigenen Gedanken umzugehen. Dann hilft man den Luft- und Lichtwesen. Man sollte nicht heimlich im Kopf an die nächsten Computerspiel-Strategien denken.

Das Wirken der Wasserwesen während des Kultus

W.W.: In bezug auf die Wasserwesen beschreibst Du, Verena Staël von Holstein, im Flensburger Heft 108, daß die Wasserwesen beim Kultus um den Altar eine magnetische Röhre gestalten, und zwar aus entmaterialisiertem Wasser. Was ist mit dem entmaterialisierten Wasser und der magnetischen Röhre eigentlich gemeint?

Der Große: Damit etwas flüssig ist, muß die Substanz in einer besonderen molekularen Weise, sehr flexibel, aufgebaut sein. Diese besonderen molekularen Verbindungen führen auf der physisch-materiellen Ebene dazu, daß man Wasser hat. Hier geht es aber um nichtphysisches Wasser. Um sich das am besten vorstellen zu können, sind die Kräfte des Magnetismus eine gute Möglichkeit.

Die magnetischen Kräfte sind innerlich ähnlich verknüpft wie Wasser. Magnetismus ist eine nicht teilchengetragene Kraft, wirkt aber trotzdem. Magnetismus wirkt mit und in sich selber wie etwas Flüssiges. Wasser im Kultus ist in den beiden Flüssigkeiten im Kelch vorhanden, ferner durch Pflanzen und die anwesenden Menschen. Physisch-materielles Wasser ist also im Kultusraum im Gegensatz zu Erde, Luft und Licht in relativ kleinen Mengen vorhanden. Damit der Kultus vollständig sein kann, muß im Kultusraum auch die nichtphysische Form des Wassers vorhanden sein. Dieses nichtphysische Wasser kann man sich als eine Art magnetische Röhre vorstellen, genauso kann man es aber auch so in die Vorstellung bekommen, daß man sich puren Äther vorstellt, pure Lebenskraft. Auch im Magnetismus kann man Äther im Physischen erleben. Der Wasseräther, den Rudolf Steiner den chemischen Äther nennt, ist beim Kultusgeschehen in einer besonderen, röhrenartigen Form um das Altargeschehen herum anwesend.

W.W.: Wie groß kann ich mir diese Röhre vorstellen?

Der Große: Das ist ein wenig davon abhängig, wie oft die Menschenweihehandlung an diesem Altar schon zelebriert worden ist. Je seltener die Menschenweihehandlung durchgeführt worden ist, desto dünner ist die Röhre, und zwar in bezug auf ihren Innenraum und ihre Dicke. Die kleinste Variante ist, daß sie den Teller mit den Hostien umringt. Wenn an diesem Altar aber schon oft zelebriert worden ist, geht diese geistige Röhre weiter hinaus, vergrößert sich, umschließt den Altar und normalerweise sogar den gesamten Kirchenraum, und zwar von innen.

Wenn es ein Ort ist, der sich in Wassernähe befindet, also z.B. Hamburg oder Flensburg, wird sogar fast die ganze Stadt davon umschlossen. Das kann so sein; muß nicht. In Städten, die nicht an einem größeren Wasser liegen, beschränkt sich diese Röhre auf den Kirchenraum. Das hängt damit zusammen, daß in Hafenstädten oder anderen am Wasser gelegenen Städten der Wasseräther viel stärker anwesend ist. Auch dann hat die Gestalt noch einen röhrenartigen Charakter, denn sie ist oben und unten offen. In Flensburg ist diese Röhre von nichtphysischem Wasser also deutlich kräftiger, weil Flensburg an der Förde liegt und weil die Einwohner einen starken Bezug zum Wasser haben. In Berlin erlebt man sich aber nicht als Wassermensch, auch wenn dort sehr viel Wasser ist; in Stuttgart erst recht nicht, und deswegen ist dort an den Altären nicht soviel nichtphysisches Wasser.

W.W.: Was bewirkt diese Röhre, wenn sie sich in die Stadt ausdehnt?

Der Große: Sie verlebendigt ein wenig die Stadt, sie gibt der ganzen Stadt ein saubereres Leben. Das Äthersein der Stadt wird dadurch besser.

W.W.: Was kann man als Gemeindemitglied tun, um sich dieser nichtphysischen Wassersäule bewußter zu werden und sie zugleich zu stärken?

Der Große: Es ist schwierig, sich dafür ein Bewußtsein zu verschaffen. Insofern könnte man ganz äußerlich irgendwo eine Schale mit Wasser in den Kultraum hineinstellen. Ein solcher äußerer Ankerpunkt wäre für eine derartige Gesinnung eine große Hilfe. Ich meine damit jetzt nicht das Wasser, das man in den Kelch gibt, sondern eine Schale mit Alltagswasser, die irgendwo im Kultraum steht. Das Wasser, das in das spezielle Gefäß abgefüllt wird, um später mit dem Traubensaft in den Kelch gegeben zu werden, wird ja schon von vornherein mit diesem speziellen Gedanken und dieser speziellen Ausrichtung hineingegeben. Das ist von vornherein dasjenige Wasser, was später in den Kelch kommt. Damit ist dieses Wasser von vornherein aus dem übrigen Wasser herausgehoben. Um dieses herausgehobene Wasser geht es in diesem jetzt angesprochenen Zusammenhang nicht; sondern laßt es normales Wasser sein! Genauso kann man einen ganz gewöhnlichen Stein hinlegen. Man kann den Stein auch in diese Wasserschale legen, denn die Steinwesen dürften sich im Wasser durchaus wohlfühlen.

Die stille Weihehandlung für die elementaren Wesenheiten

W.W.: Wie verhält sich diese nichtphysische Wassersäule bei einer stillen Weihehandlung ohne Gemeindemitglieder, bei einer Menschenweihehandlung, bei der der überwiegende Teil der Teilnehmer einen saugenden Charakter hat, und wie wirkt sie bei einer Menschenweihehandlung, die durch mehrere Menschen mit weitreichendem Bewußtsein und selbstlosen und unterstützenden Gefühlen und Gedanken mitgestaltet wird?

Der Große: Bei dem mittleren Fall, wenn also saugende Menschen vorhanden sind, saugen die Menschen diese gesundmachenden nichtphysischen Wasserkräfte zu großen Teilen in sich ein. Diejenigen, die da geben, drehen diese Fließrichtung um, und dann sprühen aus dieser Röhre gesundmachende Kräfte in die Welt, sie gesunden die Stadt, den Ort und alles geistige Sein. Bei diesen beiden Gesten durch die Menschen zeigen sich die Röhre und ihre Fließrichtung am deutlichsten. Die einen saugen aus der Röhre heraus in sich hinein, die anderen versuchen zu helfen, daß diese Röhre nach außen sprudelt. Im zweiten Fall ist diese Röhre dann lebensspendend.

Bei der stillen Menschenweihehandlung wird diese vorwiegend für die elementaren Wesenheiten und auch alle nicht anwesenden Menschen gehalten. Es gibt bei dieser stillen Menschenweihehandlung also eine ganz deutliche Beteiligung von ätherischen Wesen, von Engelwesen, auch von Verstorbenen und genauso von Ungeborenen. Gerade diese stillen Weihehandlungen mit sehr wenigen Gemeindemitgliedern gestalten in dieser Richtung sehr viel. Und auch wenn bei den Priestern eine gewisse Ermüdungserscheinung vorhanden ist, sollten sie diese Weihehandlung möglichst wöchentlich durchführen. Ich wünsche mir sehr, daß sie begreifen, wie wichtig diese stillen Weihehandlungen sind. Sie sind genauso wichtig wie die Weihehandlungen mit vielen Menschen. Mit diesen stillen Weihehandlungen meine ich diejenigen, die eher am frühen Morgen mitten in der Woche stattfinden und zu denen nur wenige Menschen gehen. Man könnte darüber hinaus auch ganz bewußt hin und wieder eine ganz ohne Menschen, nur mit den beiden Ministranten, durchführen. Wenige Menschen stören in dieser Menschenweihehandlung nicht. Eine bestimmte Art des sozialen Umgangs miteinander bleibt dann bei der stillen Räucherung außen vor, also alle die eher unguten Dinge, die Gemeindemitglieder in den Weiheraum hineintragen und die wir schon angesprochen haben.

Die Menschenweihehandlung ist ein Liebesakt an viele unsichtbare Wesen

W.W.: Die stille Weihehandlung ist dann also ganz speziell eine Weihehandlung für die Elementarwesen, die Verstorbenen, die Ungeborenen, für die geistigen Wesen.

Der Große: Ja. Alle diese Wesen sind ungeheuer wichtig, und man ignoriert sie weitgehend. Die Verstorbenen unter ihnen ignoriert man noch am wenigsten. Aber alle diese Wesen sind nicht unwichtiger als die Menschen, die am Sonntag im Kultus sitzen. Denn alle diese Wesen tun etwas für den Ort, für die Menschen, für die Welt. Und die Menschenweihehandlung heißt zwar Menschenweihehandlung, aber man kann dieses Wort auch anders verstehen, z.B. so, daß ein Mensch das Handeln weiht; und er weiht da sicherlich nicht nur das menschliche, sondern auch das Handeln anderer elementarer und geistiger Wesen. Wir brauchen auf der Erde dringend christlich gewordene Ätherwesen. Und zwar deswegen, weil Ahriman derzeit sehr stark ist. Und man kann der Macht Ahrimans am besten die Liebe entgegensetzen, denn die Liebe ist rein. Macht ist unrein. Und der Vatergott hat Ahriman den Zugriff auf die Macht gestattet. In bezug auf die Weisheit hat er dies Luzifer erlaubt. Die Liebe aber hat er nicht mit irgendwem geteilt, zumindest nicht außerhalb der Trinität. Die Menschenweihehandlung, die christusdurchdrungen ist, ist ein Liebesakt. Es ist eine Liebestat an vielen unsichtbaren Wesen. Und auf diesen Kultus haben die negativen Kräfte keinen Zugriff.

W.W.: Wenn man als Mensch in dieser stillen Weihehandlung sitzt, kann man sich ja auch vornehmen, vorwiegend an diese unsichtbaren Wesen zu denken.

Der Große: Auf jeden Fall. Trotzdem, auch wenn Du Leid hast, opfere es ruhig auch in dieser Weihehandlung. Du kannst jede Menschenweihehandlung, ohne sie zu schädigen, auch als eine Beichte gegenüber Christus ansehen. Bei der direkten Beichte hast Du den geweihten Priester direkt vor Dir und sprichst mit ihm, und er übernimmt nicht persönlich Dein Leid, sondern ist Vertreter des Gemeinde-Engels. Insofern sind diese stillen Weihehandlungen mit wenigen Menschen etwas ganz Schönes, es wabert sehr wenig menschliche Astralität in ihnen herum, sie sind nicht so seelisch-stickig, und insofern kann sich während dieser Weihehandlungen das menschliche Bewußtsein so richten, daß es alle diese angesprochenen unsichtbaren Wesenheiten berücksichtigt und für sie da ist. Aber es schließt nicht das Zwiegespräch mit Christus aus.

Die Feuerwesen öffnen die Tür

W.W.: Dann fehlen uns noch die Feuerwesen. Was machen die Feuerwesen, wenn die Altarkerzen entzündet werden?

Der Große: Die Feuerwesen sind die Salamander, und sie treten beim Entzünden der Kerzen über, aus dem rein Geistigen in das Sichtbare der Kerzenflammen. Dieser Vorgang ist ein sehr spannender und funktioniert eigentlich nur bei Flammen. Du kannst eine Kerze an einer anderen anzünden, und dann hast Du zwei Kerzenflammen. Dann hast Du zweimal die Substanz Wärme. Das kannst Du weder mit Erde noch mit Wasser noch mit Luft tun – Du kannst sie nur auf mehrere Gefäße aufteilen, aber nicht unendlich multiplizieren. Wärmesubstanz kann man unendlich multiplizieren. Und das geht ganz banal dadurch, daß man eine zweite Kerze an einer ersten anzündet.

W.W.: Das hinkt aber ein bißchen, denn man braucht ja zwei Kerzen.

Der Große: Das stimmt, aber die Wärme selbst kannst Du vermehren, wenn auch nicht ohne brennbare Grundlage. Aber die Anzahl der Durchgänge in die geistige Welt multipliziert sich in der Wärme.

W.W.: Was genau machen die Salamander in dem Moment, in dem sie aus der geistigen Welt in die Kerzenflamme treten?

Der Große: Sie machen die Türen auf. Durch die offenen Türen kann dann das rein Geistige durchleuchten. Sie begegnen euch auf einer kultischen Ebene. Salamander haben die Möglichkeit einer Seelenqualität. Und in der Anwesenheit der sieben Flammen auf dem Altar können diese Salamander den Menschen begegnen. Sie begegnen sogar dem christusdurchdrungenen Menschen, in gewisser Weise einem Idealmenschen. Sie bekommen einen Eindruck davon, wie ihre „Herren" gestaltet sind. Ihr Menschen seid die Herren der Salamander. Ihr könnt sie loslassen, ihr könnt sie zu sehr schlimmen Dingen anregen, ihr könnt sie ignorieren – ihr könnt sie aber auch wahrnehmen und ihnen etwas beibringen. Ihr könnt sie dem Ideal des Menschen, der nichts zerstört, sondern nur aufbaut, gegenüberstellen – und das tut ihr im Kultus.

W.W.: Wie kann man sich im Kultus mit ihnen verbinden, wie kann man ihre Arbeit unterstützen?

Der Große: Indem man sich die eben gesagten Zusammenhänge bewußtmacht. Indem man sich bewußtmacht, daß überall dort, wo eine Flamme ist, in diesem fast nicht mehr Physischen direkt die geistige Welt anwesend ist. Siebenmal auf dem Altar.

W.W.: Wenn z.B. zu Weihnachten auch an der Seite des Kapellen- oder Kirchenraums Kerzen brennen – haben diese Flammen dann eine andere Qualität als die sieben auf dem Altar brennenden Kerzen?

Der Große: Ja, sie haben eine andere Qualität, eine erleuchtende Qualität, aber auch sie spiegeln das Altargeschehen, auch sie sind mit dem Altargeschehen verbunden. Sie nehmen die Altarqualität in sich hinein.

X – Verstorbene, Ungeborene und Dämonen im Kultus

Wenn die Verstorbenen drängen

W.W.: Neben den elementaren Wesenheiten gibt es natürlich auch andere menschliche und geistige Wesenheiten, die mit dem Kultus verbunden sind. Beginnen wir mit den verstorbenen Menschen.

Der Große: Hier möchte ich kurz anführen, daß die Verstorbenen aufgrund der Not, in der sich viele von ihnen befinden, manchmal zu sehr in den Kultus der Christengemeinschaft hineindrängen. Der Kultus ist auch für die Verstorbenen da, aber manche Verstorbene sind auch noch nach ihrem Tod so egoistisch, daß sie versuchen, den Kultus in einer gewissen Weise für sich zu beanspruchen. Es kann sein, daß diese egoistischen Toten die noch lebende Gemeinde ein wenig aus dem Kultus herauszudrängen versuchen. Dadurch übernehmen sie den Altar in einer egoistischen Weise.

W.W.: Nehmen wir an, man weiß dies als Lebender, als Gemeindemitglied, als Priester. Was macht man dann?

Der Große: Es ist schwierig, weil man eigentlich die Verstorbenen in den Kultus hereinrufen will, weil es auch im Kultus eine entsprechende Passage dafür gibt. Insofern muß dafür ein Bewußtsein bei den zelebrierenden Priestern entstehen. Sie müssen Grenzen setzen. Sie müssen den Verstorbenen verdeutlichen, daß sie zwar willkommen sind, daß sie ihre Räume haben, aber daß sie nur einige von vielen sind. Auch die Teilnehmer am Kultus haben ihre Räume, denn man gestattet ihnen z.B. nicht, mit Ausnahme der Ministranten, sich um den Altar herumzudrängen. Man erlaubt ihnen nicht, daß sie den Priester und die Ministranten durch ihre physische Anwesenheit behindern. Ähnliches sollte der Priester bzw. die Priesterin bzw. das Priesterteam auch den Verstorbenen mitteilen. Man kann sie in eine bestimmte Region verweisen, aus der sie aber am Kultus teilnehmen können. Man muß ihnen aber ganz klar mitteilen, daß sie niemanden bedrängen dürfen.

W.W.: Nun ist der Priester meist nicht hellsichtig. Was kann er tun, um Deinen Ratschlag zu befolgen?

Der Große: Weil die Christengemeinschaft eine ziemlich starke Beziehung zum Tod und zu den Verstorbenen hat, gibt es relativ viele Priesterinnen und Priester, die in bezug auf Verstorbene anfängliche Wahrnehmungen haben. Trotzdem sind sie relativ unsicher, wie viele Rechte sie gegenüber den Verstorbenen haben. Hier liegt m.E. ein Schulungsproblem. Natürlich sind die Verstorbenen für eine Gemeinde und den Kultus wichtig. Aber sie sind nicht wichtiger als die Lebenden. Und die Priester wissen oft nicht, wie weit sie auf die Verstorbenen zugehen dürfen, inwieweit man sie in richtige Schranken zurückweisen darf. Hier sind die Priesterinnen und Priester verunsichert und kommen deswegen nicht ins Handeln. Darauf sollte in der Ausbildung der Priester deutlicher hingewiesen werden. Verstorbene dürfen auf keinen Fall den Kultus stören. Wenn der Priester die Stola umlegt, dann hat er die Macht – hier ist sie richtig –, die Verstorbenen in ihre Schranken zu weisen. Das kann er in dem Moment machen, in dem er die Stola umlegt; und das ist in der Sakristei, vor Beginn des Kultus.

W.W.: Nun sind allerdings keineswegs alle Verstorbenen so, wie Du diese egoistischen Verstorbenen eben erwähnt hast. Handelt es sich hierbei um diejenigen Verstorbenen, die zu materialistisch waren, die aufgrund irgendwelcher Erdbindungen noch an der irdischen Welt hängen, die verschiedene Einseitigkeiten haben?

Der Große: Ja, alle diese gehören dazu. Es sind auch diejenigen, für die niemand betet.

W.W.: Handelt es sich hierbei nur um diejenigen Verstorbenen, die eine gewisse Beziehung zur Christengemeinschaft hatten, oder kommen auch andere?

Der Große: Es kommen selbstverständlich auch andere. Aber hier gibt es auch geistige Regelungen mit der sogenannten Zugangsberechtigung. Nichtchristliche Verstorbene haben Probleme, nachtodlich christliche Kirchen zu betreten. Hier gibt es für sie so etwas wie eine Art Bannkreis. Aber christliche Verstorbene anderer christlicher Couleur haben damit keine Probleme.

W.W.: Wie darf ich diesen Bannkreis verstehen? Heißt das, daß nichtchristliche Verstorbene nicht in einen christlichen Kultus gehen können, obwohl sie es vielleicht wollen, oder ist es so, daß sie nicht wollen?

Der Große: Es gibt beide Typen. Wenn ein nichtchristlicher Verstorbener überhaupt keinen Glauben zu Lebzeiten hatte, dann kann er nicht nachtodlich an einem Kultus teilnehmen. Er kann dann die Schwelle in den Kultus hinein nicht übertreten. Wenn er einen anderen Glauben hatte, gleich welchen, dann kann er selbstverständlich an einem christlichen Kultus teilnehmen; allerdings will er meist nicht.

Durch die Nordtür hineinkommen

W.W.: Denken wir jetzt an diejenigen Verstorbenen, die nicht zu den egoistischen und saugenden Verstorbenen gehören. Was macht man als lebendender Kultusteilnehmer, wenn man einen Verstorbenen mit in die Menschenweihehandlung hineinnehmen möchte?

Der Große: Verstorbene, die die Menschenweihehandlung kannten, brauchen eigentlich nicht gerufen zu werden, sie können allerhöchstens vielleicht kurz gerufen werden, und dann sind sie da. Dann begleiten sie den Kultus. Es reicht, kurz an sie zu denken und sie einzuladen. Das kann man eigentlich zu jedem Zeitpunkt machen. Wenn sie zur Gemeinde gehörten, sind sie häufig schon anwesend. Wenn sie nicht zur Gemeinde gehörten, wenn z.B. die verstorbene Oma eine gläubige evangelische Christin war, dann muß sie im Prinzip in den Kultus der Christengemeinschaft geführt werden, weil sie von sich aus nicht diesen Ort finden kann, da er ihr vermutlich unbekannt ist. Wenn sie aber irgendwann einmal z.B. bei der Konfirmation in der Christengemeinschaft dabei war, kennt sie natürlich die Menschenweihehandlung. In Fällen, daß man dies für richtig erachtet, kann man in Gedanken seine verstorbene Großmutter mit in den Kultus nehmen, wenn man möchte, daß sie diesen Kultus kennenlernt. Dies darf aber nicht zu einer Vergewaltigung führen. Wenn die verstorbene Großmutter einer nichtchristlichen Religion angehörte, dann muß man sie sehr langsam an den Kultus heranführen. Dafür gibt es die Möglichkeit, daß man durch die Nordtür hineinkommt.

W.W.: Was ist das für eine Tür?

Der Große: Im frühen Christentum gab es Türen für Ungetaufte. Das waren besondere Türen, die immer im Norden lagen. Durch die große Tür durften diese Ungetauften nicht hineinkommen. Vielleicht sollte man wieder darüber nachdenken, eine solche Nordtür einzurichten.

W.W.: Bei uns in Flensburg kommen zwangsweise alle aufgrund der Örtlichkeit durch die Nordtür.

Der Große: Dann ist es bei euch kein Problem. – Der eigentliche Hintergrund einer solchen Nordtür war aber, daß die Sonne nie im Norden steht. Auf der anderen Erdhälfte müßte das natürlich die Südtür sein.

W.W.: Was machen die Verstorbenen während des Kultus, vor allem dann, wenn sie sogar durch die entsprechenden Passagen im Kultus während der Opferung angesprochen werden?

Der Große: In dieser Passage wird in bezug auf die Verstorbenen nicht differenziert. Es werden alle, die verstorben sind, angesprochen. Ganz pauschal!

W.W.: Meint man damit auch wirklich alle?

Der Große: Ja.

W.W.: Manche sagen, daß man hiermit nur diejenigen Verstorbenen meine, die zur Gemeinde der Christengemeinschaft einen Bezug hatten.

Der Große: Das denken manche Menschen so. Aber im Kultus werden alle Verstorbenen angesprochen. Und wenn alle angesprochen werden, dann sind auch alle gemeint, folglich sind auch alle eingeladen. Und damit sind auch alle Nichtchristen gemeint.

W.W.: Wie hängt das mit dem von Dir ebengenannten Bann zusammen? Eingeladen zu werden, aber nicht kommen zu können paßt nicht ganz zusammen.

Der Große: Eingeladen sind sie, aber sie können mitunter nicht kommen. Deswegen brauchen sie jemanden, der sie einlädt und mit über die Schwelle in den Kultus hineinführt. Einmal reicht allerdings. Wenn sie einmal dabei waren, können und werden sie von selbst kommen.

Verstorbene können in Freiheit im Kultus Christus begegnen

W.W.: Was machen nun die Verstorbenen während des Kultus?

Der Große: Sie nehmen am Kultus teil, nicht sehr viel anders als die lebenden Menschen. Meist nehmen sie intensiver teil. Sie erleben Details, die man als Lebender nicht mitbekommt. Andererseits bekommen sie gewisse Details nicht mit, die man aber als Lebender wahrnimmt. Sie nehmen natürlich sehr viel deutlicher das Elementare und das Engelhafte und das Wandlungsgeschehen wahr, was zusätzlich zu dem Sichtbaren im Kultus vorhanden ist. Sie nehmen auch den Christus wahr. Es gibt viele Verstorbene, die aufgrund ihrer Lebensumstände, aufgrund ihrer örtlichen Situation, aufgrund ihrer Glaubensrichtung keine konkrete Beziehung zum Christuswesen während des Lebens aufgreifen konnten. Deswegen ist die Menschenweihehandlung in der Christengemeinschaft so global formuliert und gefaßt, daß eigentlich alle Menschen eine Möglichkeit erhalten, zum ersten Mal während des Kultus der Christengemeinschaft eine Christusbegegnung zu erleben bzw. zu haben. Das ist das Besondere der Menschenweihehandlung. Aber diese Menschen müssen eingeladen werden. Die Verstorbenen können in Freiheit in diesem Kultus dem Christus begegnen.

Unlauterer Missionierungsdrang

W.W.: Es gibt ja auch unter Lebenden einen gewissen Missionierungsdrang. Nun könnte ich mir vorstellen, daß es auch Mitglieder der

Christengemeinschaft gibt, die diesen Missionierungsdrang auch auf gewisse Verstorbene ausdehnen möchten, die z.B. möchten, daß ein Verstorbener am Kultus teilnimmt, obwohl der das zu Lebzeiten und vielleicht – oder vermutlich – auch nach dem Tode gar nicht will. Insofern könnte man ja auch einen Verstorbenen in den Kultus zwingen, was mit Sicherheit eine ziemlich ungute Tat wäre. Können sich die Verstorbenen gegen einen solchen unlauteren Missionierungsdrang der Lebenden wehren?

Der Große: Das wird ein schwieriges Verhältnis, denn die Verstorbenen haben keinen so starken Willen wie die Lebenden. Für den Willen ist die physische Verkörperung ganz entscheidend. Wenn Menschen als Lebende missionieren, werden sie das nach ihrem eigenen Tod in gewisser Weise auszubaden haben, denn es ist nicht in Ordnung, wenn man Verstorbene in die Menschenweihehandlung nötigt. Allerdings gibt es Schlimmeres. Denn trotz einer solchen Vergewaltigung ist das, was dieser Verstorbene dann erlebt, etwas Gutes. Trotzdem ist es nicht in Ordnung. Es reicht, einen Verstorbenen gedanklich einzuladen. Dann kann er am Kultus teilnehmen oder es lassen.

W.W.: Kann man z.B. auch bewußt mal KZ-Täter oder ähnliche Menschen in den Kultus einladen?

Der Große: Das wäre eine große Hilfe für sie.

Drei nachtodliche Stufen

W.W.: In welcher Weise verfolgt der Verstorbene den Kultus und die Gedanken der Lebenden im Kultus, und zwar in den ersten Tagen nach seinem Tod, in der Kamaloka-Zeit und in der Zeit nach dem Kamaloka?

Der Große: Auf jeden Fall möchte ich hier noch einmal betonen, daß Verstorbene generell sehr soziale Wesen sind. Speziell dann, wenn sie bestimmte Prozesse nachtodlich durchlaufen haben. Es sollte hier nicht der Eindruck entstehen, daß alle Verstorbenen sozial unverträgliche Wesen seien. Das wäre ein falscher Eindruck.

Es gibt die drei von Dir angesprochenen Stufen des nachtodlichen Seins – etwa die drei Tage nach dem Tod, bis zum Moment der Bestattung, dann das Kamaloka und schließlich die Zeit nach dem Kamaloka.

Die Zeit nach dem Kamaloka ist diejenige Zeit, in der die Erde ganz verlassen bzw. die Bindung an die Erde ganz abgelegt werden kann. Nicht alle Verstorbenen verlassen in dieser Weise die Erde, weil sie immer noch Bindungen an die Erde haben. Wenn man einem Verstorbenen direkt nach seinem Tod den Zugang zur Menschenweihehandlung ermöglicht, indem man ihn einlädt, erleichtert man ihm oder ihr den Umgang mit dem Lösen der Ätherreste aus dem physischen Leib, der Verabschiedung aus dem physischen Leib enorm.

In Zukunft zur Hostie werden

Die Verstorbenen erleben in der Wandlung, dem dritten großen Teil während der Menschenweihehandlung, die Wiedergeburt, die Anwesenheit gewandelter Materie. Dadurch bekommen sie fast so etwas wie eine Art Lehrplan für eine ferne Zukunft, für Auferstehungskräfte, die sich aus dem physischen Sein ermöglichen. Das ist für viele Verstorbene eine große Hilfe, damit sie nicht an sich und der geistigen Welt und der Zukunft zweifeln. Damit sie erkennen, daß sie zwar dieses Mal nicht, aber irgendwann in der Lage sein werden, ihren physischen Leib, also ihren Phantomleib, zum Auferstehungsleib zu wandeln, daß sie somit selbst zu einer Hostie werden. Insofern schadet es überhaupt nicht, gerade Verstorbene in die Menschenweihehandlung einzuladen.

Das Kamaloka aus den Augen des Christus bewerten

Meistens wird der Verstorbene in der Kamaloka-Zeit sein. Auch dann ist es eine sehr große Hilfe, diese Verstorbenen in den Kultus einzuladen, weil sie ihren Rückgang durch ihr eigenes Leben durch den Kultus in eine christliche Bewertung hineinstellen bzw. aus Sicht des Christus das eigene Leben betrachten können. Dadurch können sie ihr Kamaloka auch aus den Augen des Christus bewerten. Auf diese Weise können sie möglicherweise ihr zukünftiges Erdenleben in einer christlicheren Weise einrichten.

Schwierig ist es, wenn die Menschen sich von der Erde zu lösen beginnen, also wenn sie jenseits des Kamalokas sind. Dann haben sie weitere Wege – natürlich nicht in einer irdischen Entfernung – zurückzulegen, um am Kultus teilzunehmen. Sie befinden sich dann in anderen Planetensphären. Aber auch dann ist es für diese Verstorbenen eine große Hilfe, den Kultus aus dem jeweiligen Aspekt der Planetensphäre, in der sie sich befinden, wahrnehmen zu können, also aus dem Merkuraspekt, dem Venusaspekt, dem Marsaspekt usw. Diese Aspekte hat der Kultus auch. Je nachdem, in welcher Planetensphäre sich die Verstorbenen befinden, erleben sie den Merkuranteil oder den Saturnanteil des Kultus deutlicher.

Ein gegenwärtiger Zeitaspekt ist es, daß viele Verstorbene – teils gezwungen, teils aus einem sozialen Aspekt heraus – die Mondensphäre gar nicht mehr verlassen und sich während des Kamalokas bzw. kurz nach dem Kamaloka wieder darauf vorbereiten, sich erneut zu inkarnieren. Das ist einer der Gründe für die derzeitige Überbevölkerung, für die Bevölkerungsmassen auf Erden. Wenn man diese Menschen zur Menschenweihehandlung einlädt, haben sie wenigstens Anteile der Planetensphären nach der Mondensphäre durch die entsprechenden spezifischen Anteile der Menschenweihehandlung. Sie erhalten dann wenigstens eine Ahnung derjenigen Sphären, in die sie wegen ihrer Neuinkarnation nicht hineinkommen. Das ist etwas Gutes.

Ungeborene hospitieren bei den verschiedenen Kulten

W.W.: Wer von den sogenannten Ungeborenen nimmt am Kultus teil?

Der Große: Das wäre eigentlich eine Einzelfallbetrachtung. Es gibt eine große Menge von Ungeborenen, die inkarnationswillig sind und die ein starkes Bedürfnis nach dem Christentum haben. Es ist nicht ganz falsch, folgendermaßen zu formulieren: Sie pilgern von Kultus zu Kultus durch die verschiedenen Religionsgemeinschaften und schauen sich an, welcher christliche Kultus für sie in Frage kommen könnte, welcher für ihre zumindest geplante Inkarnation der geeignetste ist. Das Bild ist allerdings sehr pauschal und etwas kitschig. Aber es stimmt annähernd. Und so hospitieren sie bei den verschiedenen Kulten. Sie suchen dadurch ihre Heimat. Sie suchen einen Kultus, den sie während der folgenden Inkarnation zu einem Bestandteil ihres Lebens machen möchten. Wenn sie einen Kultus gefunden haben, versuchen sie, Eltern zu finden, die eine Beziehung zu diesem Kultus haben bzw. die nicht völlig verhindern, einen Weg zu diesem Kultus zu finden.

Wenn aber eine Schwangere in den Kultus geht, erlebt das Kind den Kultus mit. Dadurch bekommt das Kind ohnehin eine Beziehung zum Kultus. Vermutlich wird es dann auch in dieser Kirche getauft werden, wenn die schwangere Frau in dieser Kirche beim Kultus sitzt. So gesehen können die Ungeborenen schon einen Kontakt mit dem Gemeinde-Engel aufgreifen. Das ist nicht schlecht, und bei der vermutlich folgenden Taufe werden dann diese Kinder dem Gemeinde-Engel bis zur Konfirmation zugesprochen.

Dämonen im Kultus

W.W.: Gibt es Dämonen, die den Kultus stören?

Der Große: Ja. Das sind primär Dämonen aus dem luziferischen Bereich. Luzifer ist ein Lichtwesen, und deswegen ist das Aussperren luziferischer Kräfte aus dem Kultus sehr viel schwieriger als das Aussperren ahrimanischer Kräfte, wenn nicht gar unmöglich. Es gibt auch Berichte von Menschen, die den Kultus der Menschenweihehandlung mitunter als stark luziferisiert empfinden, wenn sie selbst diese Wesen mitbringen.

W.W.: Kannst Du das ein wenig konkreter darstellen?

Der Große: Das mache ich nicht so gerne konkreter, weil ich hier Sorgen vor Nachahmern habe. Luzifer ist der Lichtträger, und der Kultus der Christengemeinschaft ist ein Lichtkultus. Insofern besteht die Gefahr, daß der berauschende Anteil des Lichts, der hybrisfördernde Anteil des Lichts, sich bei bestimmten Menschen, z.B. bei manchen Künstlern, die notwendigerweise mit luziferischen Kräften umgehen müssen, in unguter Weise übersteigert verbindet. So etwas kennt man auch aus dem Mittelalter, wenn bestimmte Menschen ekstatische Zustände während des Kultus hatten. Aber auch in der heutigen Zeit ist dies durchaus nicht selten. Manche dieser Menschen haben auch Lichterscheinungen, die nicht unbedingt christlich sein müssen. Christus hat eine gewisse Geschwisterschaft zu den luziferischen Wesen, eigentlich auch eine Liebe zu ihnen, und deswegen schließt er sie nie ganz aus dem Kultus aus. Er läßt sie dabeisein, um ihnen zu helfen. Deswegen können Menschen, die in diese Richtung einseitig orientiert sind, luziferische Kräfte, Lichterscheinungen erleben.

W.W.: Bringen Menschen, die hier eine gewisse Einseitigkeit haben, diese luziferischen Wesen mit in den Kultus, oder kommen die luziferischen Wesen auch ganz von alleine?

Der Große: Sie kommen auch von alleine, aber vermehrt durch die angesprochenen Menschen selbst. Meist kommen sie, wenn diese Menschen ihnen die Tore öffnen. Gerade in der Menschenweihehandlung am Sonntag, wenn gewisse Menschen mit dem entsprechenden Sonntagspomp in der Kirche erscheinen, ist dies nicht selten. Diese Menschen öffnen Luzifer immer die Tür. Und dann sind diese Wesen in einer ganz anderen Deutlichkeit im Kultus dabei.

Der Kultus ist kein Ort für Musikpädagogik!

W.W.: Sicherlich werden luziferische Wesen auch dann angezogen, wenn die Menschen in der schon angesprochenen Haltung in den Kultus gehen, die darin besteht, daß sie ein Anrecht auf den Kultus hätten.

Der Große: Auf jeden Fall. Aber auch wenn man mit einem verzerrten Kunstverständnis im Kultus sitzt und z.B. eine ganz spezielle Art von Musik schön finden will; oder auch eine etwas einseitige Raumgestaltung. Alle diese Einseitigkeiten öffnen luziferischen Wesen die Türen.

W.W.: Dann ist sicherlich die Musik im Kultus eines der größten Einfallstore für luziferische Wesen?

Der Große: Ja, vor allem dann, wenn sie als Podium zur Selbstdarstellung verwendet wird. Das ist zwar menschlich, aber an dieser Stelle unpassend. Musik kann zu einem Problem werden. Sie fördert im positiven Sinne die Inspiration, sie öffnet auf der anderen Seite Luzifer die Tür. Dann lieber Stille!

W.W.: Warum singt man in der Christengemeinschaft eigentlich oft diese etwas fremdartigen Lieder, die viele gar nicht singen können? Warum singt man nicht die alten, eher eingängigeren Kirchenlieder?

Der Große: Selbstverständlich könnten die alten Kirchenlieder gesungen werden. Es gibt den musikpädagogischen Ansatz, daß alte Kirchenlieder eher den Empfindungsseelenbereich oder den gemüthaften Bereich des Menschen ansprechen und fördern und daß dadurch die Seele in einen Zustand geführt wird, der nicht dem für die Menschenweihehandlung eher notwendigen Bewußtseinsgrad entspricht. Menschen sagen, daß die bewußtseinsseelenfördernden Anteile der Menschenweihehandlung damit nicht so sehr angesprochen würden. Das ist nicht einmal falsch.

Allerdings kann man andererseits sehr wohl sagen, daß dann, wenn die Musik schräg wird, wenn die Menschen sich innerlich gegen diese Musik zu sperren beginnen, sie sehr viel mehr ausschließen als das, was sie sonst in ihrer Seele erleben könnten. Der Kultus ist kein Ort für Musikpädagogik! Das möchte ich hier ganz deutlich betonen.

W.W.: Nehmen wir einmal an, daß am Sonntag im Kultus jede Woche ein neues Lied gesungen wird, und allerhöchstens die Hälfte der Anwesenden singt mit, weil die anderen nicht singen können oder wollen, weil sie die Noten nicht lesen können, weil sie die Lieder nicht kennen, so daß sich daraus ein teils sehr schräger Gesang einiger ergibt. Wäre es besser, diesen Gesang zu unterlassen?

Der Große: Auf jeden Fall. Es gibt Menschen, die meinen, daß sie den Kultus mit musikpädagogischen Maßnahmen bereichern müßten. Das ist nicht richtig. Wenn so etwas in einer Gemeinde ständig vorkommt, hat diese Gemeinde an dieser Stelle eine große Schwierigkeit. Gesang ist schön, aber er ist nicht notwendig im Kultus. Man kann aber auch alte Kirchenlieder singen und dabei ein gutes Bewußtsein haben. Aus geistiger Sicht ist es nicht notwendig, alte Lieder nicht zu singen. Man darf sie natürlich singen. Man sollte einen Weg finden, wie sich alle mit der Musik wohlfühlen.

W.W.: Vielleicht stört der etwas altertümliche Text. Muß man denn singen, oder könnte man nicht genausogut nur Musik hören?

Der Große: Gesang ist ein Angebot zur Aktivität. Es gibt durchaus Anmerkungen von Menschen, daß der Kultus der Christengemeinschaft für die nichtsingenden und nichtministrierenden Menschen zu passiv sei.

W.W.: Dann könnte man ja das Vaterunser mitsprechen. Warum soll diese Aktivität denn nur beim Singen erfolgen?

Der Große: Beim Vaterunser mitzusprechen wäre hier eine sehr gute Möglichkeit. Denn dann kommen die Menschen in die Sprache. Aus meiner Sicht gibt es dafür keinen Hinderungsgrund. Die Gemeinde könnte das Vaterunser zusammen sprechen. Natürlich geht das nur aus Freiheit. Aber Singen ruft die Engel. Das ist der Hauptgrund.

W.W.: Die sind doch sowieso da. Das ist wenig einleuchtend.

Der Große: Es ist menschlich gedacht, wenn man die Engel durch den Gesang rufen will. Natürlich sind sie auch ohne Gesang anwesend. Es gibt Menschen, die denken, daß dann, wenn sie zusätzlich singen, die Engel eher kämen. Es gibt Menschen, die glauben, daß durch den Gesang die Engel näherkommen.

W.W.: Vielleicht kommen ja gerade dann die luziferischen Engel.

Der Große: Auch das ist möglich. Das ist ein sehr schwieriges Thema, welches wir hier besprechen. Es gibt keinen zwingenden Grund, in der Menschenweihehandlung zu singen, aber man kann es selbstverständlich tun. Wenn es ein Muß zum Gesang gäbe, dürfte es keine sogenannten stillen Weihehandlungen geben. Es bedarf hierfür einer Einigung in der Gemeinde. Es ist ein sozialer Aspekt. Ein sehr wichtiger sogar. Aus meiner Sicht ist es schade, daß bestimmte Menschen meinen, in der Weihehandlung musikpädagogisch wirken zu müssen. Denn dadurch werden andere zur Musik gezwungen.

Nicht mit Pokerface am Kultus teilnehmen

W.W.: In jeder Stadt gibt es viele luziferische und ahrimanische Dämonen. Gibt es Dämonen, die bewußt in die Menschenweihehandlung ziehen, um diese zu stören?

Der Große: Es gibt hier ein gewisses Interesse. Aber es gibt für sie keine Möglichkeit dazu. Dämonen, die in den Kultus hineinkommen, sind immer diejenigen, die von den Menschen mitgebracht werden. Sie kommen durch die Sicherheitsschleuse der Gnomen hindurch. Die Doppelgänger in den Menschen bleiben auch nicht vor der Tür.

W.W.: Jeder Mensch hat Dämonen und Doppelgänger in sich. Folglich kommen diese mit jedem Menschen in den Kultus hinein. Was macht man als bewußter Mensch, damit diese Dämonen und

Doppelgänger nicht über die Maßen störend im Kultus wirken? Wie hält man sie im Zaum?

Der Große: Indem man seinen Willen darauf richtet, die eigenen Dämonen während der Weihehandlung im Zaum zu halten. Wer das nicht kann, kann versuchen, sich durch meditative Übungen vorab in eine Stimmung zu bringen, in der es leichter fällt, gleichmäßigen Gemüts zu sein, und so in den Kultus zu gehen. Dämonen treten sehr viel eher aus dem Menschen heraus, wenn man in einer gestörten Gemütslage ist – sowohl in die euphorische Richtung wie auch in die depressiv-verzweifelte Richtung. Bei extremen Stimmungen und Krankheitszuständen gibt es immer Einfallstore für dämonische Wesen.

Ich habe gesagt, daß man auch das Leid mit in die Menschenweihehandlung bringen soll. Hier sollte man darauf achten, dieses Leid objektiv mitzubringen, nicht als übertriebene Klage. Entsprechend ist es aber auch mit der Freude. Auch Freude kann objektiv mitgebracht werden und sollte nicht in übersteigerter Weise mitgebracht werden. Man sollte also bestrebt sein, seine Seelenzustände möglichst zu objektivieren, ohne hieraus wiederum ein Dogma zu machen, ohne mit Pokerface in den Kultus zu kommen. Es hat überhaupt keinen Sinn, mit unbewegter Seele an der Menschenweihehandlung teilzunehmen. Die Seele soll sich bewegen. Aber sie soll sich mit der Weihehandlung bewegen und nicht mit den tatsächlichen oder vermeintlichen Problemen, die man hat. Die Seele sollte mit dem Kultus schwingen. Sie sollte sich nicht um die eigenen Probleme drehen, zumindest nicht für diese eine Stunde der Menschenweihehandlung. Wenn es ganz schlimm mit dem Seelenzustand wird, gibt es auch Schutzmeditationen von Rudolf Steiner. Das wäre für einen Menschen nützlich, der meint, daß er ganz besonders dämonengeplagt ist. Wer hier also große Probleme hat, sollte sich in eine Schutzmeditation hineinbegeben und dann in die Weihehandlung gehen.

XI – Geistige Wesen im Kultus

Der Gemeinde-Engel

W.W.: Wir haben über den Hausgeist einer Kirche gesprochen, der auch eine Engelwesenheit ist. Zu Beginn des Interviews haben wir kurz über den Gemeinde-Engel einer jeden Gemeinde der Christengemeinschaft und den Kirchen-Engel von größeren Kirchen gesprochen. Auch diese möchte ich hier noch einmal ansprechen. Nehmen wir zuerst den Gemeinde-Engel und stellen uns vor, daß sich eine Gemeinde der Christengemeinschaft neu gründet bzw. von einer Filiale zu einer richtigen Gemeinde umgestaltet wird. Kannst Du diese Prozesse und Zusammenhänge in bezug auf den Gemeinde-Engel ein wenig erklären?

Der Große: Am einfachsten ist es zu erklären, wenn wir von der Filialgemeinde ausgehen, denn hierbei gibt es richtig schöne logische Schritte. Wenn sich eine Filialgemeinde gründet, geht der Engel der Muttergemeinde zu seinen Engelscharen, ruft einen Engel heraus und stellt ihn zu dieser zu gründenden Filialgemeinde. Weil es eine Filialgemeinde ist, kommt ein Engel, der auch zum Strom der Muttergemeinde gehört. Der jeweilige Gemeinde-Engel ist immer der Schutzengel der jeweiligen Gemeinde. Genauso wie die Menschen einen Schutzengel haben, haben auch Gemeinden einen Schutzengel.

W.W.: Welche Aufgaben hat dieser Gemeinde-Engel?

Der Große: Er hat jedes lebende und verstorbene Mitglied der Gemeinde im Bewußtsein; das hält er für eine seiner höchsten Pflichten. Er hat auch sein Bewußtsein ausgedehnt auf jedes ungeborene potentielle Mitglied, welches sich in diese Gemeinde hineinstellen möchte. Diese Menschen hat der Gemeinde-Engel immer, sieben Tage und Nächte einer jeden Woche, im Bewußtsein. Oft gehören diese Gemeinde-Engel – es gibt aber Ausnahmen – zur Stufe der Erzengel. Es gibt unter den ganzen Engelhierarchien immer auch zahlreiche Wesen, die auf einen möglichen Aufstieg verzichtet haben, um gewisse Opfer zu bringen. Es gibt unter den Gemeinde-Engeln auch viele Engel, die auf ihren Aufstieg zum Erzengel verzichtet haben.

Der Gemeinde-Engel kümmert sich auch um die Gebäude, die zu der Gemeinde gehören, auch wenn sich darum im weitesten Sinne der Hausgeist kümmert. Aber der Gemeinde-Engel ist für alle höheren damit zusammenhängenden Belange Ansprechpartner, er ist ansprechbar für den Hausgeist-Engel, für höhere Elementarwesen, für das harmonische Elementarwesen der jeweiligen Gemeinde. Darüber hinaus gibt es noch kleinere harmonische Elementarwesen einer jeden Gemeinde – z.B. von einer Kinder-Betreuungsgruppe, von einer Ministrantengruppe, vom Gemeinderat und vielem mehr. Das trifft aber nur dann zu, wenn es solche Gruppen gibt und sie eine gewisse Zeit zusammenarbeiten.

Weiterhin kümmert sich der Gemeinde-Engel um das jahreszeitliche Geschehen in der Gemeinde, also um alles, was mit den Zeitumläufen zu tun hat. Ein starker Moment für den Gemeinde-Engel ist die November-Zeit, die Zeit vor Beginn eines Kirchenjahrs, in der es sehr intensiv um die Toten geht. In dieser Zeit sind die Gemeinde-Engel sehr aktiv. Sie sprechen die Verstorbenen mitunter sehr direkt an, daß sie zu dieser oder jener Gemeinde gehören, sie sprechen sie an und bitten sie, daß sie erscheinen mögen.

W.W.: Wir sprachen über saugende Verstorbene während des Kultus, die die Priester eigentlich in die Schranken weisen müßten. Wäre dies nicht eine Aufgabe des Gemeinde-Engels?

Der Große: Ja, aber die Priesterin oder der Priester muß ihn darum bitten. Er gehört zu denjenigen Engeln, die sehr freilassend sind. Wenn sich ein Priester von Verstorbenen im Kultus bedrängt fühlt, und das kommt vor, sollte er sich diesbezüglich an den Gemeinde-Engel wenden. Auch Gemeindemitglieder, die sich in einem Kultus von Verstorbenen bedrängt fühlen, können sich selbstverständlich an den Gemeinde-Engel wenden. Gemeindemitglieder können einfach die Hilfe des Gemeinde-Engels erbitten.

Auch Menschen, die Probleme mit ihrer Gemeinde haben, die sich an was auch immer stören, die sich gemobbt fühlen von anderen Gemeindemitgliedern, die sich übersehen fühlen vom Priester, die in ihren Bedürfnissen nicht wahrgenommen werden bzw. sich so fühlen – denn es ist ein Unterschied, ob es auch objektiv so ist oder ob man sich nur subjektiv so fühlt –, können sich in dieser Angelegenheit durch einen hilfesuchenden oder bittenden Gedanken ebenfalls an den Gemeinde-Engel wenden. Das gilt auch für die Menschen, die sich mehr einbringen möchten, aber abgelehnt oder nicht wahrgenommen werden.

W.W.: Welche Beziehung hat der Gemeinde-Engel zu den einzelnen Gemeindemitgliedern – spezifiziert nach regelmäßig teilnehmenden Gemeindemitgliedern, nach Gemeindemitgliedern, die früher einige Zeit dabei waren und nicht mehr kommen, und nach Menschen, die in der Christengemeinschaft getauft und konfirmiert wurden, dann aber nicht Mitglied wurden?

Der Große: Selbstverständlich hat der Gemeinde-Engel alle diese Menschen in seinem Bewußtsein und nimmt sie fortwährend wahr. Bei denjenigen, die wenig oder keinen Kontakt mehr zur Gemeinde haben, steht der Gemeinde-Engel immer in dem Spagat, daß er eigentlich das Bedürfnis hat, sie wieder in die Gemeinde zu integrieren; auf der anderen Seite möchte er ihnen aber absolut ihre Freiheit lassen. Das ist selbst für einen Engel ein Spagat.

Diejenigen Gemeindemitglieder, die regelmäßig am Gemeindeleben teilnehmen, kontaktiert der Gemeinde-Engel über den jeweiligen Schutzengel dieser Menschen, schickt ihnen z.B. zu verschiedenen Jahreszeiten einen Gruß, oder wenn sie eine gewisse Zeit nicht in der Kirche waren, schickt er ihnen so etwas wie eine Erinnerung. Es gibt Gemeindemitglieder, die wenig in der Kirche erscheinen, aber zu Hause ein relativ starkes religiöses oder auch anthroposophisches Leben führen. Solche Menschen erlebt der Gemeinde-Engel nicht außerhalb der Gemeinde. Wer z.B. ein Gebet spricht, das Evangelium liest und vieles mehr, aber nicht in der Kirche sitzt, ist auch für den Gemeinde-Engel präsent. Natürlich darf der Kontakt zur Gemeinde nie ganz abreißen. Der Kultus und der Besuch des Kultus gehören auch mit dazu.

Wer aber die Geste hat, sich ganz aus der Gemeinde herauszulösen, löst sich auch vom Gemeinde-Engel. Wenn eine endgültige Geste eines ehemaligen Gemeindemitglieds kommt, kein Mitglied mehr sein zu wollen, respektiert der Gemeinde-Engel diesen Schritt.

W.W.: Die endgültigen Gesten bzw. Austritte gibt es nach meiner Kenntnis eher selten. Sehr viel häufiger ist es aber, daß der Kontakt und die Mitgestaltung des Gemeindelebens, der Besuch des Kultus und einzelner Vorträge und vieles mehr langsam einschläft, so daß man über Jahre nicht mehr am Leben der Christengemeinschaft teilnimmt. Man findet z.B. das, was in der Gemeinde stattfindet, nicht mehr wichtig. Es spricht einen nicht mehr an. Man geht immer seltener hin, bald gar nicht mehr. Und dann wird dieser Zustand zur Normalität. Aber man tritt nicht ganz aus. Welche Beziehung hat der Gemeinde-Engel zu diesen Menschen?

Der Große: Der Kontakt wird immer lockerer. Wenn der Mensch sich gar nicht mehr mit geistigen Fragen beschäftigt, wird auch der Kontakt zum Schutzengel lockerer, obwohl dieser nicht vom Menschen weggehen kann. Bei solchen Menschen kommt der Gemeinde-Engel durchaus in die Verlegenheit, daß er sich immer wieder fragt, ob es an ihm liege, ob er in irgendeiner Weise schuld habe, daß dieser Mensch nichts mehr mit der Gemeinde zu tun haben will. Er überprüft sich dann selbst. Er überprüft sich selbst, ob er diese Menschen – mit menschlichen Begriffen ausgedrückt – vergrault hat oder ob es nur durch die Menschen in der Gemeinde oder durch andere Umstände geschehen ist. Meist wird es ja andere Gründe haben, z.B. die Arbeitsfluten, die Informationsfluten, ein uninteressantes Gemeindeleben, Mobbing oder auch Bequemlichkeit bei dem einzelnen Menschen.

W.W.: Wie kann denn ein Gemeinde-Engel einen Menschen verschrecken?

Der Große: Eigentlich nicht, aber er stellt sich diese Frage. Er stellt sich diese Frage, weil er in der Gemeinde Strukturen hat entstehen lassen, in die sich das einzelne Gemeindemitglied, um das es hier geht, nicht mehr stellen kann, mit dem sich das einzelne Gemeindemitglied nicht mehr verbinden kann oder will. Er fragt sich, ob gewisse Umstände der Seele dieses Menschen unpassend sind. Natürlich geht ein solches Mißverhältnis so gut wie immer von den Menschen aus, aber alle Menschen sind in einer Art Wechselspiel auch mit dem Gemeinde-Engel; insofern stellt er sich diese Frage.

Die Trauer des Gemeinde-Engels

W.W.: Und was geschieht mit einem Kind, das in der Gemeinde getauft wurde, vielleicht auch konfirmiert – und dann war es das, weil die Eltern nie wieder Kontakt zur Christengemeinschaft aufnehmen?

Der Große: Das ist der traurigste Fall überhaupt. Es kommen Eltern, aus welchen Gründen auch immer, und sie vollziehen mit der Taufe einen kultischen Akt, der den Gemeinde-Engel für das Kind zuständig macht. Und dann entziehen die Eltern dem Gemeinde-Engel dieses Kind wiederum. Bis zum Konfirmationsalter ist dieser Gemeinde-Engel im wahrsten Sinne des Wortes gezwungen, Kontakt zu diesem Kind oder Jugendlichen zu halten, weil es eine kultische Bindung gibt; bis zur stattfindenden oder eben nicht stattfindenden Konfirmation. Danach ist dieser bzw. diese Jugendliche frei, denn in der Christengemeinschaft wird man ja nicht nach der Konfirmation automatisch Mitglied wie bei anderen Kirchen. So lange muß der Gemeinde-Engel Kontakt zu dem Schutzengel dieses Kindes bzw. dieses oder dieser Jugendlichen halten, ihn bzw. sie von Ferne betreuen. Aber er hat keine konkreten Einflußmöglichkeiten, kann allerhöchstens über den Schutzengel auf dieses Kind Einfluß nehmen. Aus diesem Geschehen kann er nicht heraus, weil er durch den Kultus an diesen Menschen gebunden ist. Das verursacht im Gemeinde-Engel eine Trauer.

Natürlich durchdringt dieser Gemeinde-Engel mit seiner höheren geistigen Potenz in absoluter Klarheit alle vorhandenen Mängel und gegenseitigen Beziehungen zwischen den einzelnen Menschen, die in irgendeiner Weise mit der Gemeinde zu tun haben. Aber auch ein Engel hat Gefühle, wenn auch andere als der Mensch, und er fühlt z.B. in dem eben angesprochenen Fall so etwas wie Unfairneß darüber, daß er ausgenutzt wird. Gemeinde-Engel können nämlich fühlen und denken! Das kann nicht nur der Mensch. Der Gemeinde-Engel erlebt dann, daß ein Elternpaar kommt und das Kind lediglich taufen läßt, und er erlebt dann, daß diese Menschen vom Gemeinde-Engel nassauern wollen. Er muß etwas tun, weil er mit einem kultischen Band an dieses Kind gebunden wird, aber er erhält keinen Dank, keine Rückkopplung, gar nichts. Dem Kind selbst nimmt er dies allerdings nicht übel. Er empfindet es als ungerecht, daß seine geistigen Qualitäten ausgenutzt werden. Das sind heftige Fälle und Einschnitte für einen Gemeinde-Engel.

W.W.: In welcher Weise machen sich diese Eltern, die sich so verhalten, schuldig?

Der Große: Sie machen sich – vermutlich ohne Wissen in bezug auf die Zusammenhänge – in gewisser Weise an einem Engel schuldig. Und er wird ihnen gegenübertreten, wenn diese Menschen einst sterben. Und er kann ihnen gut gegenübertreten! Denn dadurch, daß diese Eltern ihr Kind in der Gemeinde dieses Engels haben taufen lassen, haben diese Eltern bis zu ihrem Tod eine Bindung bzw. Beziehung zu diesem Gemeinde-Engel.

Mobbing

W.W.: Was geschieht aus Sicht des Gemeinde-Engels mit einem Gemeindemitglied, wenn dieses aus der Gemeinde weggemobbt wird, und zwar weitgehend schuldlos? Und was geschieht im Extremfall, wenn der Pfarrer durch Lügen oder extremes Gehabe einzelne Gemeindemitglieder mehr oder weniger aus der Gemeinde vertreibt?

Der Große: Der Gemeinde-Engel wird diese Menschen so zu beeinflussen versuchen, daß sie sich einer anderen Gemeinde anschließen. Das dürfte allerdings nur in den wenigsten Fällen möglich sein. Auch hier ist der Gemeinde-Engel mit einer eigenen Schuldfrage intensiv beschäftigt. Deswegen hat er das Bedürfnis, diesen Menschen andere Räume aufzutun. Er kommt in einen sehr großen Konflikt. Denn er hat eine Gemeinde, die er geistig formt und schützt, deren Begleitung seine Lebensaufgabe ist, und er muß in dieser Gemeinde Menschen unterstützen, die ihrerseits völlig unchristlich handeln und mit anderen Menschen völlig unchristlich umgehen. Das stürzt ihn in einen außerordentlich tiefen Konflikt. Und er richtet immer die Frage auch an sich, ob er auch selbst daran schuld sei. Er stellt sich die Frage, ob er etwas zugelassen hat, was er anders hätte beeinflussen können. Er fragt sich, warum bei den Menschen diese unchristlichen Seelengesten entstehen.

Das sind häufig Fälle, bei denen sich der Gemeinde-Engel an die nächsthöhere Instanz der Engelhierarchien wendet, um sich Rat zu holen. Er holt sich natürlich auch Rat im Hinblick auf die Frage, ob hier bei den Menschen lediglich Karma wirkt. Auf jeden Fall sind solche Fälle für den Gemeinde-Engel ganz schwierig, weil sie nicht zu lösen sind. Dies sind die Momente, in denen der Gemeinde-Engel den Christus und den Zeitenregenten Michael anspricht, genauso den Engel der Christengemeinschaft. Und dieser Engel der Christengemeinschaft ist ja wiederum der Schutzengel aller Gemeinde-Engel.

Die Ortsqualität einer Gemeinde

Es gibt auch Engel im Bereich der Christengemeinschafts-Gemeinden, die hierarchisch zwischen den Gemeinde-Engeln und dem Engel der Christengemeinschaft stehen, und zwar sind das die Wesen, die eine Region vertreten, die menschlich von einem sogenannten Lenker vertreten werden. Und hier ist es auch wichtig, in welcher Stadt dieser Lenker der Gemeinden wohnt. Die Region ist oft prägend. Wenn der Lenker wechselt, wenn ein neuer Lenker in einer anderen Stadt wohnt, ändert sich auch bei diesem Regions-Engel etwas. Dieser Engel zieht dann in die andere Stadt um, wo ein anderer Boden ist, wo ein anderer Altar steht, wo es eine andere Ortsqualität gibt, die dann die gesamte Region der Christengemeinschafts-Gemeinden beeinflußt. Es spielt eine Rolle, ob der Lenker der Gemeinde Nord in Kiel, Hamburg oder Hannover wohnt. Dieser Regions-Engel verlegt dann seinen Fokus an diesen Ort.

W.W.: In welcher Weise?

Der Große: Schaut euch die jeweilige Qualität des Ortes an! Wenn es ein Ort am Wasser ist, wird die Qualität dieses Ortes und des Altars wäßriger. Wenn der Lenker mit seiner Kirche auf einem Berg wohnen würde, würde die gesamte Angelegenheit trockener werden, ätherisch trockener. Es ist ein Unterschied, ob dieser Ort an der Ostsee oder an der Nordsee liegt. Im Bereich der Nordsee kommt die verstärkte Salzqualität hinzu. Dann wird mehr Bewußtsein ins Seelische gebracht. Im Bereich von Hannover wird z.B. das Seelische ein wenig zu sehr durch das Gedankliche verdrängt, alles wird dort etwas zu begrifflich, gedanklich, trocken. Kiel hat dagegen die Weite der Ostsee, die für die heutigen Menschen sehr schwierig zu empfindende zukünftige Ostseequalität, das Finden von anderen Lebensformen. Lübeck und Flensburg hätten dies genauso, wenn auch aus einem anderen Blickwinkel.

Wenn der Pfarrer oder die Gemeinde mobbt

W.W.: Wie macht sich eine Menschengruppe in einer Gemeinde schuldig, wenn sie einzelne Personen herausmobbt, und wie ist es, wenn dies der Pfarrer macht?

Der Große: Der Gemeinde-Engel hat immer die Möglichkeit, sich mit höheren Wesen zu beraten, z.B. mit dem Christus, um Karmaprobleme abzuklären oder abzuschließen. Christus ist der Herr des Karmas, und es kann sein, daß karmisch etwas vorliegt, was man vordergründig nicht erwartet oder denken würde, so daß sich daraus gewisse Konflikte ergeben. Aber das muß keineswegs immer der Fall sein. So könnte es sein, daß das Herausdrängen aus einer Gemeinde aus einer höheren Sicht sogar etwas Richtiges an sich hat. Aber das muß keineswegs so sein, und das darf man auch nur im Einzelfall betrachten. Dies befreit nicht diejenigen von Schuld, die mobben.

W.W.: Was verstehst Du unter höherer Sicht? Was soll denn hier der Hintergrund sein?

Der Große: Daß dieser Mensch, wenn er in einer solchen Gemeinschaft geblieben wäre, mit Menschen in Berührung gekommen wäre, die seinen weiteren Karmaverlauf massiv gestört hätten. Und wenn ein solcher Mensch nicht mehr in dieser Gruppierung verkehrt, lernt er andere Menschen kennen, die seinen Karmaverlauf positiv beeinflussen. Die hätte er aber nicht kennengelernt, wenn er in dieser Gemeinschaft oder Gemeinde geblieben wäre. – Das soll keine Entschuldigung für irgendein menschliches Verhalten sein, aber manchmal ist auf diesem Hintergrund eine Tatsache.

Aber um auf Deine Frage zu antworten: Wenn ein solches Mobbing oder ein solches Herausdrängen aus einer Gemeinschaft geschieht, so machen sich selbstverständlich alle beteiligten Menschen schuldig, und zwar auf verschiedenen Ebenen. Einerseits machen sie sich auf der karmischen, der direkt-menschlichen Ebene schuldig. Und sie werden diese karmische Tat ausgleichen müssen. Jedes

Mobbing – ganz gleich, ob dies in einer Kirche, Schule oder auf der Arbeitsstelle geschieht – läßt eine karmische Beziehung entstehen oder ist Ausdruck einer alten Karmabeziehung. Mobbing ist aber immer eine Tat, die niemals Karma auflöst, sondern immer neues Karma aufhäuft. Deshalb passiert selbstverständlich auch im kirchlichen Bereich beim Mobbing eine karmisch sich auswirkende Schuldfrage bei der Mehrheit der Gemeinde, die mobbt, in bezug auf denjenigen, der gemobbt bzw. herausgedrängt wird. Diese Beziehung entsteht zwischen der Gemeinschaft als ganzer und dem Gemobbten und zwischen jedem Individuum aus der Gemeinschaft und dem Gemobbten. Diese karmische Schuld muß bei den fortschreitenden Erdenleben aufgearbeitet werden.

Hinzu kommt bei einer religiösen Gemeinschaft noch eine Seelenverletzung des Gemobbten. In religiösen Gemeinschaften, in denen man ein gewisses Bewußtsein erwarten darf und in denen eine religiöse Führung vorhanden ist, erst recht bei den Priestern, entsteht durch Mobbing eine Verletzung der Fürsorgepflicht, der Seelenführung, vor allem wenn die Priester jemanden mobben. Das hat eine ganz besondere karmische Bedeutung. Wenn ein Pfarrer mobbt, genauso wenn dies die Gemeinde macht, verpflichtet der Pfarrer das Wesen Christengemeinschaft für die folgenden Erdenleben, sich um die Seelenlage, um das Seelenleid des Gemobbten zu kümmern, und zwar in einer besonderen Form. Die mobbende Gruppe nimmt sozusagen die gesamte Gemeinde oder Kirche in Gruppenhaft. Das hängt damit zusammen, daß dieses Mobbing in einem besonderen Rahmen, in einem kirchlichen Rahmen, geschehen ist und geduldet wurde.

Dämonen hauen erste Kerben

W.W.: Wie belastet eine solche Mobbinggruppe, die einzelne Mitglieder herausdrängt, den Gemeinde-Engel, den Kultus und die Elementarwesen, die mit der Gemeinde zusammenhängen?

Der Große: Es wird immer Kraft aller angesprochenen Wesen verbraucht. Diese durch die Konflikte vergeudete Kraft steht dem Gebäude, der Gemeinde, dem Gemeinde-Engel und allem, was mit einer Gemeinde zusammenhängt, nicht mehr zur Verfügung. Denn diese Kraft ist durch den Konflikt, durch das Mobbing, aufgebraucht worden. Dadurch wird, bis hinein in die Bausubstanz, der Kirche ein Schaden zugefügt. Das wird man natürlich äußerlich nicht unbedingt feststellen können. Auf jeden Fall wird die Gemeinde schwächer, und auch der Gemeinde-Engel wird eine gewisse Zeit schwächer, obwohl er sich natürlich regenerieren kann. Die Bausubstanz und alles, was damit zusammenhängt, wird schlechter, weil die damit zusammenhängenden Elementarwesen ebenfalls geschwächt werden, weil ihnen die Kraft entzogen worden ist für das, womit sie normalerweise beschäftigt sind. Durch Konflikte können dämonische Wesen erste Kerben hauen. Das ist sogar relativ häufig der Fall.

Die Ungeborenen bleiben einfach weg

W.W.: Wie sieht es aus, wenn es ein eher schleichendes mobbingähnliches Verhalten ist, ohne große heiße Konflikte, also wenn z.B. eine gewisse Gruppe aus der Gemeinde durch eine übersteigerte Art, durch Komisch-Sein, auch auf seiten der Pfarrer, vor allem junge Menschen verschreckt? Das kann ja auf vielfältige Weise geschehen, z.B. durch übersteigerte musikpädagogische Maßnahmen, durch Arroganz, Besserwisserei oder durch moralisierende Gängelung, indem man andere mehr oder weniger spüren läßt, daß sie nicht willkommen sind usw. Was geschieht, wenn auf diese Weise eine Ausdünnung der ursprünglichen Anzahl der Gemeindemitglieder entsteht, wenn z.B. die Hälfte nach und nach wegen dieser Tendenzen wegbleibt?

Der Große: Dann wird auch die gesamte Gemeinde um etwa 50 % schwächer. Das ist eigentlich eine ganz simple Rechnung. Wenn von 100 Gemeindemitgliedern 50 gehen, ist die Gemeinde um mindestens 50 % schwächer. Und das betrifft alle Felder einer solchen Gemeinde, vor allem die Lebenskraft. Es betrifft die Strahlkraft, die nach außen wirkt, es betrifft die Strahlkraft, die in die geistige Welt wirkt. Das kann auch sehr wahrscheinlich dazu führen, daß nur noch die Hälfte der Ungeborenen zu dieser Gemeinde tendiert. Diese Ungeborenen, die dann als Kinder auf die Welt kommen, bleiben einfach weg. Man sieht sie niemals im Umfeld dieser Gemeinde. Sie wären aber gekommen, wenn diese Gemeinde nicht auf die angesprochene Weise geschwächt worden wäre.

Das klingt zwar wie eine Art Milchmädchenrechnung, ist aber real. Ich habe es nur etwas vereinfacht dargestellt, es beschreibt aber richtige geistige Zusammenhänge. Gleichzeitig wirkt diese Schwächung der Gemeinde auch in die Welt der Verstorbenen hinein. Die Kirche wird dann leerer von Verstorbenen, die Schwächung wirkt auch in die Welt der Elementarwesen hinein, so daß nicht mehr 200 Gnomen die Weihehandlung schützen, sondern vielleicht nur noch 100. Überall entsteht Schwächung.

Vaterunser für den Engel beten

W.W.: Wie kann man als Gemeindemitglied eine positive Beziehung zum Gemeinde-Engel aufgreifen?

Der Große: Denk an ihn, grüße ihn regelmäßig, betrachte ihn als intelligentes, mitleidsfähiges, der Gemeinde positiv gegenüberstehendes Wesen. Bringe ihm geistig gesehen hin und wieder mal ein Stück Kuchen mit, also bete einmal für den Gemeinde-Engel, lade ihn zu einem Gebet von Dir ein, sprich einfach mal ein Vaterunser für ihn. Das ist so, als würdest Du ihm ein Stück Kuchen bringen. Das sollte man auf jeden Fall tun.

W.W.: Kann man das Vaterunser auch für den Engel beten?

Der Große: Selbstverständlich. Gerade für Engel ist das Vaterunser absolut richtig. Man sollte also ein Vaterunser *für* den Engel beten, aber nicht die Formulierung Vater auf den Engel selbst anwenden. Genauso kann man das Vaterunser für einen Menschen beten.

Und deinen Geist erfülle er

W.W.: In der Menschenweihehandlung spricht der Priester des öfteren zur Gemeinde gewandt *„Christus in euch"*, und der Ministrant antwortet dann: *„Und deinen Geist erfülle er"*. Mir wurde hin und wieder berichtet, daß mit diesem Geist der Gemeinde-Engel gemeint sei, was aber aus der Formulierung heraus nicht möglich ist, weil der Gemeinde-Engel nicht dem Priester gehört und der Ministrant dann zumindest „unseren Geist" sagen müßte. Wessen Geist wird hier angesprochen?

Der Große: Gemeint ist der Geist des Priesters, der gerade zelebriert. Wenn Christus nicht seinen Geist erfüllen würde, würde dies Luzifer tun. Deswegen ruft die Gemeinde, in Vertretung des Ministranten, dem zelebrierenden Priester immer wieder zu, daß Christus seinen Geist erfülle und kein anderer.

W.W.: Was für ein Geist zieht eigentlich ein, wenn eine Gemeinde bzw. einzelne aus der Gemeinde, wie in meinem Fall, gar nicht wissen, wer dort angesprochen wird, obwohl sie diesen Satz über Jahre oder Jahrzehnte hören oder selbst aussprechen?

Der Große: Das zeigt u.a. die merkwürdige Scheu, den Namen des Christus in Beziehung zu einem Menschen in den Mund zu nehmen. Diese merkwürdige Scheu ist primär beim deutschen Volk vorhanden. Es wird von vielen als Zumutung erlebt, daß ein Mensch von Christus erleuchtet wird. Der Mensch wird tendenziell als unwürdig betrachtet, als unwürdiges Geschöpf.

Warum aber soll man nicht den Christus durch eine Bitte einer Person zuführen, warum soll man ihn nicht bitten, einen Menschen geistig zu erfüllen? Es wird ja auch im Konjunktiv gesprochen, ist also gar nicht anmaßend. Hier liegt eine volksspezifische Scheu vor. Viele glauben, daß man den Christus selbst nicht ansprechen dürfe. Warum eigentlich nicht!? Er wartet darauf. Ununterbrochen.

Wenn man nie das Richtige bei diesem angesprochenen Satz denkt, wenn man vielleicht sogar etwas Falsches dabei denkt, entsteht eine Art schwammige Geistigkeit in der Gemeinde. Ich als geistiges Wesen erlebe es so, als würde man die Dinge nicht beim Namen nennen. Es ist so, daß man zwar etwas ausspricht, aber dieses Ausgesprochene nicht mit dem richtigen Namen benennt. Dabei ist ein Hauch von Lüge. Und das ist ungut. Für die, die das nicht wissen, ist es sogar ziemlich tragisch. Ein Aspekt dieser Zusammenhänge ist auch, daß der Zulauf junger Menschen, der sehr wohl möglich wäre, nicht so stark ist, wie er sein könnte. Das liegt daran, daß an vielen Stellen sehr zögerlich geistige Wesen benannt werden, daß man immer drumherum redet, daß alles irgendwie verklausuliert dargestellt wird.

Zu Deiner Beruhigung kann ich aber sagen, daß die meisten Menschen an dieser angesprochenen Stelle fast gar nicht denken. Insofern ist das sogar besser, als würden sie das Falsche denken. Du lachst jetzt zwar, aber bei den meisten Menschen ist das so. Man nimmt viel mehr hin, als man gewöhnlich denkt. Natürlich gibt es einige Menschen, die konkret mit diesem Satz etwas Falsches gedacht haben. Ein Ministrant, der rechts ministriert, denkt normalerweise nicht tiefer über das nach, was er gerade sagt. Sie denken weitgehend ausschließlich darüber nach, wann sie was zu sagen und zu tun haben. Aber über den Inhalt dessen, was sie sagen, denken sie gewöhnlich während der Menschenweihehandlung nicht nach. Insofern denken sie auch nichts Falsches. Sie sagen einfach nur einen Satz, und das ist positiv.

Natürlich gibt es auch Menschen, die auch noch im Kultus denken, obwohl es nicht primär die Tätigkeit des Menschen ist, im Kultus zu denken. Aber vielleicht ja hinterher. Diese Menschen denken dann etwas Falsches. Manche Menschen denken aber an dieser Stelle auch das Richtige. Es gibt also beide Fälle; abgesehen von der großen Menge der Nichtdenker. Was geschieht nun bei den Falschdenkern? Das ist die Frage. Wenn man z.B. denkt, daß mit „deinen Geist" der Gemeinde-Engel angesprochen wird, so ist dies nicht schlimm.

W.W.: Warum nicht?

Der Große: Weil auch der Gemeinde-Engel während der Menschenweihehandlung vom Christus erfüllt wird. Grammatikalisch ist das allerdings falsch. Und daraus ergibt sich auch geistig eine große Schieflage. Grammatik wirkt innerhalb der Sprache. Wenn man etwas falsch denkt, hat das natürlich eine Auswirkung. Aber trotzdem entsteht durch einen solchen falschen Gedanken nichts Schlimmes, vor allem deswegen nicht, weil man nicht absichtlich falsch denkt. Wenn der Ministrant mit „deinen Geist" gedanklich den Gemeinde-Engel anspricht, so läßt der Gemeinde-Engel diese Ansprache ohne weiteres zum Priester durch. In gewisser Weise ist der Priester ja auch Vertreter des Gemeinde-Engels.

Man könnt auch denken, daß mit „deinen Geist" der Schutzengel des Priesters gemeint sei. Auch das ist eigentlich gar nicht falsch. Mit „Geist" meint man sehr oft den Schutzengel. Hierzu gibt es ja auch entsprechende Gebete von Rudolf Steiner. Es gab Zeiten, in denen man mit „Seele" immer die menschliche Wesenheit meinte und mit „Geist" immer seinen Schutzengel oder andere geistige Wesen. So sind Menschen über Jahrhunderte erzogen worden, auch wenn sie diese Zusammenhänge nicht mehr kennen und auch gar nicht wissen, daß der Geist des Menschen auf diese Weise bei einem kirchlichen Konzil mehr oder weniger per Edikt abgeschafft worden ist. Aber heute wissen wir natürlich, daß auch der Mensch einen Geist hat. Denn sein Ich ist ein geistiges Wesen.

Und wenn der Ministrant mit „deinen Geist" den Engel des Priesters meint, ist dies nicht einmal falsch. Beides ist also eigentlich möglich – der Geist des Priesters und sein Schutzengel. Nicht denken sollte man aber, daß hiermit der Priester als Vertreter der Gemeinde gemeint sei, denn er steht der Gemeinde gegenüber, er steht als Vertreter der geistigen Welt der Gemeinde gegenüber.

Der Ministrant redet also den Priester an, und zwar in seinen höheren Gliedern. Und nur die sind auch eigentlich in diesem Moment anwesend, denn seine unteren Wesensglieder hat er durch das Anlegen der Stola abgelegt.

Ich möchte euch alle bitten, den Sprachgebrauch der Zeit zu berücksichtigen, aus der die Worte der Menschenweihehandlung stammen. Es ist 90 Jahre her, und das war eine andere Zeit.

Michael zeigte Steiner die Kultusworte

W.W.: Welche Beziehung hat die Menschenweihehandlung zum Zeitgeist Michael?

Der Große: Die Menschenweihehandlung ist ein michaelischer Kultus.

Dieser Kultus ist gespendet worden. Er ist von Michael gespendet worden. Rudolf Steiner hat den Text der Menschenweihehandlung aus einem bestimmten Abschnitt der Akasha-Chronik herausgelesen, die der Zeitgeist Michael ihm gezeigt hat. An dieser besonderen Stelle der Akasha-Chronik waren die Worte der Menschenweihehandlung verborgen, verhüllt. Erst als sie von einem Menschen erforscht und gelesen wurden, und zwar mit Hilfe Michaels, konnten sie in für Menschen zu verstehende Worte gefaßt werden.

Der Text der Menschenweihehandlung war zwar da, aber er war auch für andere geistige Wesenheiten verhüllt, nicht lesbar. Der Text war so, als wäre er in einer unlesbaren Schrift abgelegt. Alle konnten diesen Text sehen, aber sie konnten ihn nicht entziffern. Das ist so, als würde ein Mensch auf Hieroglyphen schauen, sie aber gleichzeitig nicht entziffern können. Vielleicht würde man sogar wissen, daß dort etwas Heiliges steht, aber man kann es nicht lesen. Nur durch die Anwesenheit des Zeitgeistes Michael wurden diese Hieroglyphen für Rudolf Steiner lesbar, wurde der Text der Menschenweihehandlung enthüllt. Das hängt auch damit zusammen, daß Michael bis etwa zu diesem Zeitpunkt nicht nur der Zeitgeist, sondern auch der Regent der deutschen Sprache war. Nur Michael konnte diesen Text enthüllen.

Mit einer gewissen Berechtigung kann man also sagen, daß der Text der Menschenweihehandlung ein rein michaelischer Text ist. Das stimmt aber nicht ganz, weil es ein eher von Michael vermittelter Text ist, der wesentlich größere Zusammenhänge beschreibt als das, wofür Michael zuständig ist.

Die Worte haben auf ihren Enthüllungsmoment gewartet

W.W.: Wer hat diesen Text ursprünglich in die Akasha-Chronik hineingestellt? Und inwiefern befindet sich in der Akasha-Chronik auch etwas Neues, etwas, was noch nicht von Menschen oder anderen Wesen durchlebt worden ist? Ich habe das mit der Akasha-Chronik immer so verstanden, daß dort alles das eingezeichnet wird, was Menschen oder andere Wesen irgendwann erlebt haben.

Der Große: Das ist auch richtig. Die ursprünglichen Worte der Menschenweihehandlung haben geistige Wesen früher einmal gedacht, aber für die Zukunft gedacht. Diese Worte haben auf ihren Enthüllungsmoment gewartet. Aus menschlicher Sicht kann man das wie eine Art Testament höherer geistiger Wesen ansehen. Auch ein

Testament wird für die Zukunft geschrieben und tritt erst dann in eine Wirkung, wenn der Testamenthinterleger gestorben ist. Gestorben sind allerdings keine geistigen Wesen.

Dann müssen wir noch die Zeit mit hinzunehmen. Das ist jetzt nicht einfach zu verstehen. Ihr Menschen müßt eure Handlung immer chronologisch auf etwas beziehen. Zeit ist aber nicht so linear, wie ihr gewöhnlich denkt. Zeit ist nicht so, wie eine Uhr euch dies denken macht. Auch nicht so, wie die Biographie eines Menschen euch dies denken macht. Insofern gibt es gewisse Bereiche, die von euch Menschen aus gesehen erst in eurer Zukunft stattfinden, die aber trotzdem schon vorhanden sind, schon da sind. Sie sind da, aber ob sie geschehen werden, ob sie in die physische Gegenwart kommen, bleibt offen. Und die Zukunft wird es zeigen. Deswegen sind sie aber nicht nicht da. Sie sind in einer Vorstufe der Zeit.

W.W.: Wer hat den Text der Menschenweihehandlung erdacht?

Der Große: Kein definitiver Schöpfer bzw. Autor hat diesen Urtext der Menschenweihehandlung gegeben. Das Zusammenwirken hoher geistiger Wesen hat ihn in die derzeitige Form gebracht.

Noch einmal ganz anders geschildert: Durch das Mysterium von Golgatha mußte ein von Menschen verstehbarer Kultus gefunden werden, der dieses Ereignis für die Menschen in ihren Zeitläufen, in ihren Biographien erlebbar macht. Zu Beginn war dies die Urmesse. Später die katholische Messe, noch später alle weiteren Veränderungen dieser Messe. Vor 90 Jahren ist ein weiteres Stück dieser Urform für einen Menschen lesbar geworden, und zwar deswegen, weil der zuständige Zeitenherr danebenstand. Die Golgatha-Verwandlung der Welt ist der ursprüngliche Autor, und die Zeit ist der Wortgeber, die Geberin der Form, die sich entwickelt hat. Es haben also sehr viele geistige Wesen an den verschiedenen Kultusworten mitgeschaffen, bis hin zur Trinität. Michael hat den Text nicht geschaffen oder diktiert, sondern er hat ihn enthüllt. Er hat dafür die Sprache benutzt, in der Rudolf Steiner lebte, also die deutsche Sprache.

W.W.: Wenn dieser Kultus heute enthüllt worden wäre, würden die Begriffe vermutlich anders lauten, zumindest ein wenig?

Der Große: Selbstverständlich. Neben Michael als dem Zeitenherrn wirkt heute Zachariel als kleiner Zeitenherr, und insofern wären andere Worte herausgekommen. Es ist auch eine Frage, ob dieser Text in Deutsch geschaffen worden wäre. Aber momentan besteht keine zwingende Notwendigkeit, den christlichen Kultus anders fortzuführen, weil eine sehr gute und relativ neue Kultusfassung vorhanden ist. Sie ist zwar schon 90 Jahre alt, aber noch ist sie sehr kräftig.

Sprache verändert sich durch das Leben

W.W.: Unter diesem Aspekt können wir noch ein ganz anderes Licht darauf werfen, daß man gewisse Worte der Menschenweihehandlung verändern sollte. Denn wenn der Kultus erst heute auf die Erde gekommen wäre, so würden vermutlich gewisse Begriffe anders lauten. Und weil dem so ist, kann man ja auch verschiedene Begriffe verändern. Insofern kann es ja eigentlich nicht schlimm sein, den vorhandenen Kultus in wenigen Begriffen zeitgemäß anzupassen.

Der Große: Genau. Es kann darüber hinaus ohnehin nicht schlimm sein, weil die Worte der Menschenweihehandlung in andere Sprachen übersetzt werden; für andere Völker, für andere Menschen. Insofern kann man sich eine gewisse Veränderung im Deutschen auch als eine Übersetzung vorstellen. Wenn Du einen Text von Walther von der Vogelweide liest, und zwar in dem Deutsch, in dem er sprach, verstehst Du vermutlich nichts, es sei denn, Du bist speziell geschult. Trotzdem sprach er Deutsch. Seine Werke hat man ins Hochdeutsche übersetzt, und das ist legitim. Seine Werke sind ja nicht vernichtet worden, sondern sie sind in eine verstehbare Form übersetzt worden. Er verwendete auch Begriffe, die man heute schlicht nicht mehr versteht. Wenn er z.B. von einer Metze spricht, so muß man wissen, daß dieser Begriff nicht einfach nur Hure meint, sondern eine Frau beschreibt, die es in dieser Weise heute gar nicht mehr gibt. Oder man denke an die Begriffe Minne oder Kapaun. Der Kapaun ist ein kastriertes Hähnchen. Aber wer kennt das heute noch?

W.W.: Problematisch ist es, daß sich bei den deutschen Priestern der Christengemeinschaft nach meiner Wahrnehmung – ich mag mich aber hier täuschen – nichts in die Richtung bewegt, gewisse Begriffe des Kultus zu verändern.

Der Große: Es gibt eigentlich sogar einen Veränderungsauftrag, daß gewisse Begriffe verändert werden müssen bzw. an die Zeit angepaßt werden müssen. Aus meiner Sicht geht es immer um den Zeitpunkt der Veränderung. Sicherlich haben die meisten oder alle Priester der Christengemeinschaft ein Bewußtsein davon, daß es eine Veränderung geben muß, aber sie stellen sich dies zu einem anderen Zeitpunkt vor. Sie können sich nicht über den Zeitpunkt einigen. Sie finden dies noch zu früh.

W.W.: Ein Zeitpunkt, den man festlegen würde, ist ohnehin ausschließlich abstrakt. Man kennt ja gar nicht die Veränderung der Sprache in den nächsten Jahrzehnten und Jahrhunderten. Niemand – auch Rudolf Steiner konnte dies nicht – kann abschätzen, wie die Entwicklung der nächsten Jahrzehnte sein wird und welche Veränderungen sich im Leben der Menschen und in der Sprache ergeben werden. Insofern müßte man eigentlich jetzt an mögliche Änderungen herangehen oder erst einmal provisorisch damit leben.

Der Große: So ist es. Die Sprache verändert sich durch das Leben. Und es kann sein, daß ein Mensch im besten Glauben gesagt hat, daß man etwas z.B. in 200 Jahren verändern solle, aber dann entwickelt sich das Leben ganz anders, dann verändert sich etwas auf der Erde, und dadurch wird die Zeit von 200 Jahren eine sehr viel kürzere.

Es ist Angst bei den Priestern der Christengemeinschaft. Deswegen wollen sie keine Veränderungen. Es ist eine aus geistiger Sicht verstehbare Angst. Die Menschen, die sich hierfür in einer Verantwortung sehen – beachtet diese Formulierung! – haben das Gefühl, daß diese Verantwortung zu groß für sie ist. Sie wollen nichts schlimmer oder schlechter machen. Deswegen behalten sie lieber die alte Form, auch wenn es bei einigen Worten quietscht, und diese Form haben sie lieber als eine aus ihrer Sicht falsche neue Form. Aber das ist nur eine Angstvorstellung. Denn die neue Form muß keineswegs falsch sein.

Zu viele Köche können den Brei verderben

W.W.: Ich hätte an der Stelle mancher Priester eine ganz andere Befürchtung, nämlich daß sich die gesamte Priesterschaft keineswegs auf die eine oder andere Änderung verständigen kann, da jeder eine andere Meinung hat. Es könnte der bestmögliche Fall entstehen, daß aus den Gemeinden oder der Priesterschaft verschiedene Vorschläge für so manche Änderung mancher Begriffe kommen, daß man dann zu einer möglichen Änderung zehn verschiedene Vorschläge hat, die alle mehr oder weniger gut sind – aber dann muß man sich für eine entscheiden. Und das dürfte durchaus nicht leicht sein. Das könnte zu keiner Einigung führen.

Der Große: Das ist ein soziales Problem. Aber probiert es doch aus! Nehmen wir einmal an, daß es nur drei gute Vorschläge sind, dann kann man alle drei Vorschläge eine gewisse Zeit in den Gemeinden durchleben. Dann können die Menschen mit den drei verschiedenen Begriffen im Kultus leben. Dann können sie äußern, daß sie sich mit der einen Änderung wohlfühlen, mit der anderen nicht so sehr. Lebt diese Änderungen doch mit!

W.W.: Man kann es also im Kultus ausprobieren?

Der Große: Selbstverständlich. Es ist auch denkbar, daß man eine Änderung wieder zurückführt, und es ist sogar denkbar, daß eine

Gruppe in einer bestimmten Weltengegend, z.B. in Süddeutschland, den einen Begriff nimmt, während die Norddeutschen einen anderen nehmen. Auch das hielte ich für denkbar. Das werden die Menschen als gut erleben. In anderen Ländern geht man in diese Richtung.

W.W.: Die Änderungen bzw. Vorschläge müssen ja auch nicht von den Pfarrern ausgehen, sie können genauso von den Gemeindemitgliedern ausgehen?

Der Große: Natürlich, aber entscheiden müssen die Priester. Zu viele Köche können den Brei auch verderben. Das ist ein Feld, auf das man in Ruhe schauen muß. Man darf auf keinen Fall jedem Vorschlag hinterherjagen. Es geht ja ohnehin nur um wenige Begriffe. Wir haben einige davon genannt. Sehr viele mehr wird es erstmal nicht geben, die man ändern sollte. Auf jeden Fall wird es sehr lebendig. Es wird auch sehr viele Menschen geben, die auf keinen Fall wollen, daß man den Kultus ändert.

W.W.: Man kann es versuchen, man kann es wagen, man muß ja nichts übernehmen, man muß auch nichts ändern, aber man sollte den Sprachstrom lebendig halten.

Der Große: So ist es. Es gibt auch Begriffe, die z.B. durch eine politische Situation vom Inhalt her sehr bedenklich werden, z.B. der Begriff Führer. Es gibt Begriffe, die vorher geruht haben, und mit einem Male werden sie von vielen Menschen benutzt und bekommen eine ganz andere Bedeutung. Und dann werden diese Begriffe so benutzt, daß der neue Inhalt dieses Begriffs nichts mehr mit dem Begriff zu tun hat, wie er im Kultus gemeint ist. Aber eine andere modische Auslegung eines Begriffs strahlt dann in den Kultus hinein. Das kann auch ein Wort sein, was mit einem Male ständig in den Medien ist und von vielen Menschen immer in einem gewissen Sinne gebraucht wird. Das hat Wirkung! Auch auf den Kultus. Der Begriff Führer war nach dem 2. Weltkrieg außerordentlich problematisch; das hat sich heutzutage sogar ein wenig beruhigt. Junge Menschen stoßen sich heute nicht mehr an diesem Begriff. Aber in den Jahrzehnten nach dem 2. Weltkrieg gab es durchaus Menschen, die in der Weihehandlung saßen und bei diesem Begriff gezuckt haben. Sie fühlten sich innerlich sehr unwohl. Für diesen Begriff werden die Gegner einer Änderung natürlich sagen: Gut, daß wir diesen Begriff nicht geändert haben! Vielleicht stimmt das sogar.

W.W.: Mir geht es auch gar nicht so sehr darum, unbedingt gewisse Begriffe aus dem Kultus zu verändern, sondern nur darum, daß ich in die Diskussion bringen möchte, daß Sprache sich verändert, daß manche Begriffe schief sind und daß sich der Kultus keineswegs in seiner Kraft verändern wird, wenn man einzelne Begriffe vorsichtig verändert.

Der Große: Richtig. Die Wesen, die ihr über den Kultus ansprecht, sind nicht statisch. Sie entwickeln sich. Auch die ganz hohen Wesen entwickeln sich. Allerdings verändern sie sich sehr viel langsamer als ihr Menschen. Aber sie verändern sich. Auch Christus verändert sich. Der auferstandene Christus ist heute nicht mehr so wie am ersten Ostersonntagmorgen vor etwa 2000 Jahren. Auch Christus hat eine Entwicklung gemacht. Insofern muß sich der Kultus, der diese Entwicklung des Christuswesens transparent machen soll, auch mitentwickeln. Auch ihr Menschen seid geistige Wesen, insofern verändert ihr euch genauso wie die geistigen Wesen, die nicht in einem physischen Leib sind. Ihr Menschen verändert euch während eines Lebens ungeheuerlich; warum ist es dann so schwer anzunehmen, daß sich auch geistige Wesen verändern?

Die Menschenweihehandlungshirten

W.W.: Welches Wesen ist die Weihehandlung selbst?

Der Große: Es gibt die örtliche Menschenweihehandlung, und es gibt die große kontinuierliche Weihehandlung. Die Vorstellung, daß es nach unserer Terminologie hier eine Große Weihehandlung gibt wie ein Großes Tier, ist nicht ganz stimmig, aber auch nicht ganz falsch. Es gibt einen Menschenweihehandlungshirten, wenn wir die Terminologie nehmen, die ihr hier in bezug auf die Tiere verwendet. Dieser Hirte kümmert sich um alle Menschenweihehandlungen, die zelebriert werden. Dieser Hirte hat auch wiederum einige untere Hirten, die sich um die jeweiligen Sprachgebiete kümmern, also das deutsche Sprachgebiet, das englische Sprachgebiet, das dänische Sprachgebiet, das finnische und japanische Sprachgebiet usw. Diese Hirten kümmern sich um die Menschenweihehandlung und sind in jeder Menschenweihehandlung anwesend. Diese Wesen sind in der Lage, an mehreren Orten gleichzeitig zu sein.

W.W.: Wie begleiten diese Hirten den Kultus?

Der Große: Das ist schwer mit Worten zu schildern. Aber ich werde es versuchen. In ein Bild gebracht ist es ein bißchen so wie eine Schulklasse, bei der Stillarbeit angesetzt wird. Es gibt diese Klasse, es gibt ein Klassenwesen, und es gibt einen Klassenlehrer. 25 Schüler arbeiten still an ihrem Platz. Die Schüler kommunizieren nicht miteinander. Dann geht der Klassenlehrer von Schüler zu Schüler, die aber alle in einem Raum sitzen. Er hat immer alle Schüler in seinem Bewußtsein, aber in einem bestimmten Moment tritt er an den einen Schüler heran, dann an die andere Schülerin usw. Immer wieder einmal schaut er auf das, was einer der Schüler arbeitet. Er stellt dem jeweiligen Schüler auch eine Frage, ob er klarkommt, ob er eine Frage hat, ob sie oder er eine Hilfestellung braucht. So ungefähr mußt Du Dir die Menschenweihehandlungshirten vorstellen. Da meistens um 10 Uhr morgens am Sonntag eine Menschenweihehandlung gehalten wird, wandern diese Menschenweihehandlungshirten von Gemeinde-Engel zu Gemeinde-Engel und fragen, ob die Gemeinde-Engel mit ihrer Gemeinde und dem Kultus klarkommen, und fragen gleichzeitig, ob sie eine Hilfestellung benötigen. Da es sich hier aber um geistige Zusammenhänge handelt, geht dies auch gleichzeitig.

Geistige Glocken

W.W.: Ich könnte mir vorstellen, daß dieser Hirte auch gewisse Impulse zu den Gemeinden bzw. den Gemeinde-Engeln schickt oder nach Vollzug einer Menschenweihehandlung – vor allem dann, wenn die Gemeindemitglieder aktiv am Kultus teilnehmen – gewisse Kräfte und Impulse aus der Gemeinde mitnimmt, so daß der Menschenweihehandlungshirte aus einer solchen Gemeinde nach Vollzug des Kultus eine geistige Kraft aufnimmt, die z.B. wie eine Art geistige Glocke aus der Kirche aufsteigt.

Der Große: Diese geistige Glocke ist ein schönes Bild. Diese Menschenweihehandlungsglocken steigen halb gefüllt, dreiviertel gefüllt oder ganz gefüllt auf, je nachdem, ob eine gute Stimmung, eine gute Aktivität usw. in der Menschenweihehandlung war. Diese Glocken setzt der Menschenweihehandlungshirte dann zum Glockenspiel zusammen. Aus diesen einzelnen Glocken wird dann der Gesamtklang. Das macht der Menschenweihehandlungshirte. Und das gliedert sich in die globale Weihehandlung als Klang ein. Das Glockensymbol ist an dieser Stelle sehr passend. Die Glocke ist auch der umgekehrte Kelch.

W.W.: Und diese aus den einzelnen Gemeinden entstandene geistige Musik, so stelle ich es mir vor, ist dann zugleich auch ein Kraftstrom für die gesamte Erde?

Der Große: Für die gesamte Welt. Für den Golgatha-Impuls. Für das Christentum.

Es gibt auch noch höhere Wesen, die aus allen verschiedenen christlichen Kultusformen versuchen, einen gemeinsamen Klang zu gestalten. Einfach ist das aber nicht. Wenn sich die einzelnen Christen untereinander streiten, entstehen dadurch sehr viele Mißklänge.

Wenn der eine Christ meint, daß er der richtige und der andere der falsche Christ sei, dann klingt das alles ganz schrill. Wenn sich die Gläubigen untereinander umbringen, als Ketzer verbrennen oder heute zumindest ignorieren, dann ist ein gemeinsamer geistiger Klang äußerst schwierig bis unmöglich. Diese dissonanten Bewegungen haben das Christentum sehr lange begleitet. Und vor allem: Sie sind nicht christlich!

Die neue Schöpfung durch Christus

W.W.: Wir werden beim Gespräch über die Wandlung noch näher auf Christus und die Transsubstantiation eingehen, aber da wir hier einen Großteil derjenigen Wesen ansprechen, die mit der Menschenweihehandlung verbunden sind, darf das Christus-Wesen natürlich nicht fehlen. Kannst Du ein bißchen darüber sprechen, wie Christus mit der Menschenweihehandlung verbunden ist und wie er bei der Wandlung seine Substanz in den Kultus und in Brot und Wein hineingibt und was sich hier genau wandelt?

Der Große: Christus wirkt durch den Priester in jeden konkreten vollzogenen Kultus hinein. Er hat größere Schwierigkeiten und Probleme, wenn der Kultus nur gedacht wird. Das Tun ist eine ganz wichtige Voraussetzung. Der Kultus – wenn alles ideal ist – wird speziell bei der Wandlung zu einer Hülle, in der das Christuswesen die Wiederholung bzw. einen Abglanz – es ist beides – des Golgathageschehens, der Überwindung des Todes, des Durchbrechens des Physischen in die andere Richtung bewirkt und durchführt. Dies sind ähnliche Prozesse wie damals, als Christus aus seinem physischen Leib das neue Urbild, den Auferstehungsleib, geformt hat. Dies erfährt im Wandlungsteil der Menschenweihehandlung durch das Einwirken des Christus eine tatsächliche Wiederholung.

Gelernt hat er diese Umwandlung durch seine Tat, die Materie zu überwinden, auf seinem Durchgang in die Erdenmitte am Karsamstag. Zwischen seiner Kreuzigung und der Auferstehung ging er bis zur Erdenmitternacht. Dabei hat er die gesamte Materie wahrgenommen, er hat die Erd-Eigentlichen wahrgenommen, und zwar so, daß er sie verändern konnte. Er hat ihnen Licht gebracht. Das hat er im Zwiegespräch mit der Erde selbst vollzogen. Dieses Zwiegespräch mit der Erde war eine Art Schulung, in der Christus die Möglichkeit zur Überwindung des Todes erschaffen hat. Auf dem Rückweg vom Erdmittelpunkt zur Erdoberfläche, wo sein toter Leib lag, konnte er jetzt seine erworbene Fähigkeit nutzen und seinen physischen Leib umwandeln und mit dem Auferstehungsleib in die Welt treten. Gleichzeitig hat er dadurch den kosmischen Schritt getan, seinen umgewandelten Phantomleib als neues Urphantom im Bereich der Erde zu verankern und allen Menschen zugänglich zu machen. Auch lag in seiner Tat die Möglichkeit der Wiederholung für andere freie Wesen.

W.W.: Er hat seinen Phantomleib also so weit umgewandelt, daß dieser als neuer Kraft-Auferstehungsleib besteht und daß sein Auferstehungsleib eine Neuschöpfung in der Erde ist, und drittens hat diese Neuschöpfung, dieser Auferstehungsleib die Möglichkeit, sich zu vervielfältigen, und ist allen Menschen als eine belebende Grundlage geschenkt worden?

Der Große: Genau. Und das wiederholt der Priester im Kleinen während der Wandlung im Kultus. Allerdings ist der Priester nicht der Ausführende, sondern er ist nur das vermittelnde Wesen, denn die Wandlung vollzieht der Christus mit seinen Händen. Der Priester muß aber mit seinem Ich dabei anwesend sein. Er wird dabei nicht verdrängt. Er läßt es zu.

Erste Schritte zum eigenen Auferstehungsleib

W.W.: In was wandelt sich Brot und Wein? Wird die Substanz in diesen beiden physischen Substanzen zur Auferstehungssubstanz des Christus?

Der Große: Brot und Wein werden zum Leib des ätherischen Christus.

W.W.: Nun haben ja aber trotzdem alle Menschen schon eine gewisse Grundlage dieses Auferstehungsleibs des Christus in sich. Was kommt bei der Wandlung im Kultus hinzu?

Der Große: Das eine ist ein Geschenk. Das hat jeder Mensch. Das Abbild des Phantomleibes des Christus als Auferstehungs-Phantomleib ist ein Geschenk der Christuswesenheit. Indem ihr Menschen jetzt aus eurem freien Entschluß heraus einer Transsubstantiation, einer Substanzverwandlung, einer Materieverwandlung beiwohnt, indem ihr mitverfolgt, was am Altar geschieht, indem ihr mehr oder weniger bewußt begleitet, daß ein ebenfalls freier Mensch, also der Priester, diese Materieverwandlung vornimmt, und indem ihr dann bei der Kommunion diese Substanzen in euch hineinnehmt, beginnt für euch der Übungsweg, ganz langsam auf eine große Zukunft hin zu lernen, auch einstmals diese Umwandlung eures gesamten Phantomleibes vorzunehmen. Durch die Teilnahme am Kultusgeschehen, vor allem an der Wandlung und der Kommunion, lernt ihr, langsam ins Handeln zu kommen. Ihr lernt dadurch, den uniformen und geschenkten Phantomleib, der bei allen Menschen gleich ist, zu eurem eigenen zu machen, durch Anleitung der aufgenommenen Hostie. Die Hostie belebt in euch die Fähigkeit, sie legt in euch einen anfänglichen Zukunftskeim dafür, daß ihr einstmals auch dazu in der Lage sein werdet, euren Phantomleib genauso zu einem Auferstehungsleib umzuwandeln, wie Christus dies auf Golgatha vollzogen hat.

Der Körperelementargeist dämmert nie

W.W.: Ich habe es bisher *auch* immer so verstanden, daß man bei der Teilnahme an der Wandlung und der Kommunion ein Mehr an Substanz aufnimmt, etwas mehr zu dem uniformen Phantomleib hinzufügt, dadurch daß man Brot und Wein aufnimmt und dies mit möglichst klarem Bewußtsein mitvollzieht.

Der Große: Das ist nicht falsch. Indem Du die Substanzen, die Dir der Priester bei der Kommunion gibt, aufnimmst und verdaust, bildest Du eine eigene Auferstehungssubstanz und kannst unter der Anleitung des Christus Deinem Urphantom ein ganz winziges Stückchen Auferstehungssubstanz eingliedern. Wenn Du die Wandlung aktiv mitvollziehst, wird Dein uniformes Urphantom ein wenig individueller, wird ein winziges Stück mehr zu dem eigenen Auferstehungsleib.

W.W.: An dieser Stelle haben wir den entscheidenden Punkt dafür, daß man die eben angesprochenen Prozesse und Zusammenhänge kennt, bewußtseinsmäßig durchdringt und an ihnen teilnimmt. Gerade hier ist es ja ungeheuer wichtig, daß man weiß, daß man durch die Teilnahme an der Wandlung einen weiteren Baustein für die eigene Umwandlung des Phantomleibs, einen weiteren Baustein zur Bereicherung des Urphantoms legt, und zwar vor allem dann, wenn man diese Wandlungsprozesse, diese Substanzverwandlungen, diese Eingliederungsbausteine bewußt begleitet und nicht in der Menschenweihehandlung dahindämmert oder gar das Geschehen egoistisch einsaugt.

Der Große: Ja und nein. Eigentlich haben alle Menschen kein so starkes Bewußtsein, um alle diese eben angesprochenen Prozesse voll zu durchdringen. Das meine ich nicht wertend. Jeder Mensch hat ein Wesen in sich sitzen, das über alle Inkarnationen mit ihm verbunden ist, und zwar seinen eigenen Körperelementargeist. Wenn der Mensch bewußtseinsmäßig im Kultus dämmert, lernt dieser Körperelementargeist bei der Wandlung. Er muß die aufgenommenen Substanzen Brot und Wein verdauen. Das kann der Mensch noch nicht. So weit ist der

Mensch noch lange nicht, daß er sein Verdauungssystem bewußtseinsmäßig steuern könnte. Aber der Körperelementargeist ist bei jedem Kultus dabei und lernt dadurch ganz viel. Er ist ja derjenige, der die anfänglichen Umwandlungsprozesse des eigenen Phantomleibs leitet und von Leben zu Leben aufbewahrt. Insofern ist es nicht wirklich schlimm, wenn man im Kultus dahindämmert; allerhöchstens ist es verschenkte Zeit. Der Körperelementargeist aber dämmert nie.

Wissen darf nicht verhüllt werden!

W.W.: Ich meinte es noch anders. Angesichts dieser Gespräche kann man doch sagen, daß sehr viele Menschen aus diesen Zukunftsaspekten zum Kultus gehen würden, wenn man ihnen diese Zusammenhänge in geeigneter Form, in verständlicher Sprache erklären würde. Dann würden sie mit diesem Zukunftsaspekt, mit diesem Verständnis der Substanzverwandlung im Kultus sehr viel bewußter eine ganz sinnvolle Sache erkennen und am Kultus teilnehmen. Das ist ja auch mein Bestreben mit diesem Buch. Sicherlich ahnen und wissen viele Kultusteilnehmer von diesen Zusammenhängen, aber ich habe den Eindruck, daß das Wissen und die Erklärungen dafür nicht ausreichen.

Der Große: Sicherlich. Je mehr Menschen von diesen Zusammenhängen wissen, desto mehr Substanzverwandlung findet statt. Diese Prozesse würden auch zügiger, mit mehr Willenskraft vollzogen werden können. Dann würde der Mensch auch das anfänglich bewerkstelligen, was der Körperelementargeist ständig von ihm fordert, nämlich daß der Mensch ihn entlastet. Er fordert ja, daß der Mensch mit seinem Bewußtsein in diese Zusammenhänge hineinspringt. Danach schreit er förmlich.

W.W.: Ist es nicht Aufgabe der Priester und aller anderen, die diese Zusammenhänge verstehen, diese Zusammenhänge mehr in das Bewußtsein der Menschen zu bringen, und zwar mit klaren und verständlichen Worten? Natürlich redet man ständig von der Wandlung, man benutzt diese Begriffe fortwährend, aber aus meiner Wahrnehmung nicht so, daß man die Zusammenhänge wirklich versteht. Ist es nicht eine Verhüllung, wenn man ständig von der Wandlung spricht, sie aber eigentlich nicht erklärt bzw. erklären kann?

Der Große: Ja, einerseits gibt es hier eine Art Verhüllung. Aber wenn die betreffenden Menschen die Zusammenhänge nicht verstehen, können sie sie auch nicht erklären. Viele Priester – ich entschuldige mich vorab für diesen Satz – haben auch gar nicht die geistige Kapazität, diese Zusammenhänge voll zu durchdringen. Das liegt vor allem daran, daß sie keine Zeit haben, weil sie von anderen Aufgaben überrollt werden, und auch daran, daß sie oft gar nicht den Impuls haben, alles bewußtseinsmäßig zu durchdringen, weil es für sie ausreicht, es zu tun. Der Typus Mensch, der in der heutigen Zeit eher nur tut, ist im Regelfall eher derjenige, der weniger denkt.

W.W.: Aber der Priester ist keineswegs einer, der nur tut. Er tut z.B. im Kultus, aber darüber hinaus ist er ja auch ein Ratender und ein Lehrender – im Religionsunterricht, beim Artikelschreiben, in Evangelienabenden und Vorträgen usw.

Der Große: Selbstverständlich. Trotzdem sind alle nur Menschen. Aber ein Aufruf, ein innerer Ruck, diese Zusammenhänge bei möglichst vielen zu ändern, wäre großartig! Der einzelne Mensch darf dadurch nicht in eine Überforderung kommen. Auf jeden Fall muß aber auch gesagt werden, daß Wissen nicht verhüllt werden darf. Denn das wäre schwarzmagisch. Wenn bewußt etwas verhüllt wird, verletzt und verläßt man den Christus und wendet sich schwarzmagischen Wesen zu.

Sendungsbewußtsein ist immer schlecht

Nicht verhüllen bedeutet allerdings nicht automatisch, daß man sich auf den Marktplatz oder ins Internet stellen muß, um alles breitspurig in die Welt zu streuen, in die Welt zu posaunen und das Wissen jedem aufzudrücken. Niemals sollte man irgendein Wissen denjenigen aufdrücken, die es nicht hören wollen. Sendungsbewußtsein ist immer schlecht. Man sollte auf keinen Fall jedem, der den Kultusraum betritt, dieses Wissen in irgendeiner Weise aufzwingen. Aber man sollte es auf dem Informationsmarkt frei anbieten, so daß es jeder aufnehmen kann, der es aufnehmen will. Anregen dazu sollte man allerdings. Es ist sehr gut denkbar, daß man immer wieder dazu Seminare und Vorträge anbietet, natürlich ohne Teilnahmeverpflichtung. Jeder, der es hören will, soll das Wissen bekommen. Man sollte es auch regelmäßig anbieten und auch dann durchführen, wenn nur wenige kommen. Denn diese wenigen sind wichtig. Wenn sie echt und aufmerksam und willens aus Freiheit dabei sind, sind sie echte Multiplikatoren.

XII – Sonntagshandlung für die Kinder

W.W.: Warum ist Religionsunterricht für Kinder wichtig?

Der Große: Damit sie in der Zeit ihrer Glaubensreife, für die ihr Menschen mit dem 14. Geburtstag einen Abschlußpunkt gesetzt habt, eine Basis bekommen, auf der sie ihre Entscheidung für ihre Glaubenszugehörigkeit fällen können. Man kann nicht an einen Menschen herantreten und ihn auffordern, sich für eine Glaubensrichtung zu entscheiden, wenn er gar nichts über die näheren Umstände und Zusammenhänge weiß. Niemand sollte sich für etwas entscheiden, wovon er keine Ahnung hat. Eine gesunde Entscheidung kann man nur auf einer gewissen Wissensbasis fällen.

Kinder brauchen Rituale

W.W.: Warum ist zusätzlich zum Religionsunterricht bis zur Konfirmation ein Ritual – die Sonntagshandlung für die Kinder oder ein anderes Ritual – sinnvoll?

Der Große: Weil Kinder Rituale brauchen. Kinder sind nicht in der Lage, etwas Rituelles aus sich selbst heraus zu gestalten. Auf der anderen Seite muß deutlich betont werden, daß jedes Kind religiös ist, daß jedes Kind gläubig geboren wird. Der Zweifel kommt erst später. Etwa bis zum siebten Lebensjahr wird überhaupt nicht gezweifelt, es sei denn, man zwingt ein Kind dazu, oder man schult oder drillt es dazu. Aber etwa mit dem 14. Lebensjahr, mit dem Eintritt in die Religionsreife, ist der Zweifel vollständig vorhanden.

Im zweiten Lebensjahrsiebt braucht man für die Übergänge vom Nichtzweifeln zum Zweifeln einen Rahmen, in dem das Kind in einem geschützten Raum, in einer Gruppe, Religion erleben kann. Für das Kind ist die Gruppe wichtig, es sollte nie ganz allein sein. Das ist ein wichtiger Aspekt! Deswegen ist ein kultischer religiöser Rahmen für die religiöse Erziehung des Kindes eine Notwendigkeit. Und hier muß man ein richtiges Maß, einen richtigen Weg suchen und abschätzen, wie oft das Kind dieses Ritual benötigt. Es ist sicherlich nicht sinnvoll, das Kind sieben Jahre lang jeden Sonntag unter mehr oder weniger großem Zwang dort hinzuschicken. Hier muß man individuell hinschauen. Aber einen Rahmen, ein Erleben in diesem Rahmen, einen gewissen Rhythmus sollte man auf jeden Fall finden. Ein gewisses rhythmisches religiöses Tun braucht das Kind, um später überhaupt eine Entscheidung fällen zu können.

Ich möchte etwas noch ganz klar aussprechen: Es gibt keine geistige Notwendigkeit, die Kinder aus der Menschenweihehandlung herauszuhalten. Es gibt möglicherweise soziale Notwendigkeiten bzw. traditionelle Notwendigkeiten, dies zu tun. Geistig aber gibt es diese nicht. Die Menschenweihehandlung übt keine schädigende Wirkung auf ein kleines Kind aus. Natürlich gibt es den Aspekt, daß ein schreiender Säugling die anderen Menschen stört.

W.W.: Falls Kinder an der Menschenweihehandlung teilnehmen würden, sollten sie dann etwa auch an der Kommunion teilnehmen?

Der Große: Nein!

W.W.: Wenn wir darüber sprechen, daß auch Erwachsene durchaus von manchen Worten oder von dem Gesamtkultus abgeschreckt werden könnten, ist es dann nicht für Kinder in erhöhtem Maße eventuell auch eine Abschreckung?

Der Große: Eigentlich nicht. Wenn ein Kind mit der Menschenweihehandlung aufwächst, wird es sie normal erleben. Natürlich gibt es Überforderungsmomente. Und ich will hier auch nicht dazu aufrufen, die Kinder in die Menschenweihehandlung zu schicken, sondern nur sagen, daß es möglich wäre und nicht schädlich ist. Ein Kind wird natürlich die Menschenweihehandlung als unerträglich lang erleben. Das alles sind die sozialen Gründe, die ich eben anschnitt. Aber die Menschenweihehandlung und das Kind selbst schädigt man in keiner Weise, wenn ein Kind an der Menschenweihehandlung teilnimmt.

W.W.: Warum sollten die Kinder nicht vor der Konfirmation an der Kommunion teilnehmen?

Der Große: Die Kinder brauchen eigentlich nur einen Segen. Die Menschenweihehandlung ist so aufgebaut, daß für die Kommunion selbst eine Ich-Entscheidung notwendig ist. Dieses Ich ist bei einem Kind vor der Konfirmation noch nicht voll anwesend, und insofern wäre eine Kommunion keine Ich-Entscheidung, wenn man vorher an ihr teilnähme. Schädigen wird die Kommunion das Kind natürlich ebenfalls nicht, aber es geht hier um den Punkt der Freiheit. In der katholischen Kirche nehmen die Jugendlichen früher an der Kommunion teil. Aber ein Jugendlicher oder Erwachsener muß mit seinem Ich zur Kommunion ja sagen können. Es wäre möglich, auch wenn es dazu nicht kommen wird, daß das Kind zur Kommunion mit nach vorne zum Altar kommt, daß die Hostien und der Wein an ihm vorbeigehen, aber daß es den Segensgruß bekommt.

Die geistige Welt sollte schon anwesend sein

W.W.: Warum müssen sich die Kinder vor der Sonntagshandlung vor der Tür versammeln und dürfen nicht mit den Erwachsenen vor Beginn der Sonntagshandlung in den Kirchenraum hineingehen?

Der Große: Das ist so Usus in der Christengemeinschaft. Der Hintergrundsgedanke dabei ist, daß die Kinder nicht das Entzünden der Kerzen erleben sollen. Die Kinder sollen im Kirchenraum erleben, daß die geistige Welt schon anwesend ist, wenn sie ihn betreten. Sie sollen nicht erleben, daß die Menschen durch das Entzünden der Kerzen die geistige Welt erst hereinrufen. Das ist ein gesunder Gedanke. Denn die Kinder machen von einem gewissen Gesichtspunkt aus die gesamte Erdenentwicklung verkürzt nach. Wenn sie zu früh mit dem Zustand konfrontiert werden, daß die geistige Welt nicht mehr so auf der Erde ist, wie es für sie vor der Geburt noch war, bekommen kleinere Kinder vermutlich ein Einsamkeitserlebnis. Das ist allerdings ein Einsamkeitserlebnis auf einer sehr hohen Ebene und wird nicht bewußt reflektiert. Davor kann man die Kinder schützen, indem sie den Altar mit den entzündeten Kerzen und der anwesenden geistigen Welt von vornherein erleben.

Der Geist der Welt

W.W.: Dann kommt der Ministrant vor die Tür zu den Kindern, gibt jedem die Hand und spricht für jeden einzelnen den Spruch: *„Du weißt, du gehst zu der Handlung, die deine Seele erheben soll zu dem Geiste der Welt."* Wer ist dieser Geist der Welt? Ist dieser Begriff nicht ein bißchen schwammig?

Der Große: Der Begriff ist ziemlich mißverständlich. Gemeint ist selbstverständlich der Christus. Man könnte auch sagen, daß mit diesem Begriff die gesamte Trinität, der Christus ja angehört, gemeint ist. Die gesamte Trinität ist für das Kind durchaus angebracht. Die Trinität muß für die Kinder nicht unbedingt deutlich differenziert werden. Da aber der Geist der „Geist der Welt" genannt wird, ist hiermit selbstverständlich Christus gemeint.

Aus dem großen Begriff „Geist der Welt" geht aber nicht hervor, daß dies Christus ist; auch ist nicht klar, ob damit die Erde oder die gesamte Welt, also auch die geistige Welt gemeint ist. Ahriman ist ebenfalls der Geist dieser Welt. Ahriman ist der Geist der physischen Welt, der physischen Erde.

W.W.: Zur Entlastung dieser Worte möchte ich hinzufügen, daß Rudolf Steiner bei Begründung der Christengemeinschaft über diese Texte ausspricht, daß er diese Worte bei der Begründung der Waldorfschule drei Jahre zuvor wie in einem ersten Entwurf, als einen gewissen Kompromiß an die Zeit, gegeben habe, daß also durchaus Veränderungspotential in diesen Texten sei.

Der Große: Das stimmt. Das ist damals so gewesen. Wir können diese Texte jetzt rückwirkend nicht ändern, zumindest nicht so ohne weiteres.

W.W.: Dieser schwammige Geistbegriff bzw. Gottesbegriff durchzieht die gesamte Sonntagshandlung für die Kinder. Ich komme noch verschiedene Male darauf zu sprechen. Gehen wir ein wenig die gesamte Sonntagshandlung für die Kinder durch: Wenn sich der Priester zu den vor dem Altar stehenden Kindern umdreht und spricht, so führt es Rudolf Steiner aus, bringe er durch sich dasjenige zu Wort, was Christus zu sagen habe. Der Priester spricht von einem Geist, zu dem man sich erheben solle, der in allen Naturreichen, im Menschen und allem Höheren wirke und der das Leben in den Tod und das Tote ins Leben führe, so daß man dann wiederum den Geist schaue.

Hier ist wieder vom Geist in dieser allgemeinen Form die Rede. Ist wirklich nur das Geistige allgemein gemeint oder ein konkretes geistiges Wesen, vermutlich der Christus?

Der Große: Ja, gemeint ist der Christus. Eigentlich sind diese Texte wunderbar. Wenn ausgesprochen wird: *„Der das Lebende in den Tod führt, auf daß es neu lebe, der das Tote ins Lebende führt, auf daß es den Geist schaue"*, so sind das ganz wunderbare Sätze! Hier wird ein sehr wichtiger Zusammenhang in guten Worten sehr knapp und präzise ausgedrückt.

W.W.: Und welcher Geist soll geschaut werden?

Der Große: Das genau ist der kritische Punkt. Sinnvollerweise müßte man an dieser Stelle von der geistigen Welt sprechen. Man könnte auch bildhafter werden, man könnte es für die Kinder ein wenig kindlicher darstellen, indem man von der Welt der Engel spricht. Man könnte auch von den Göttern sprechen.

Viele Schleier sind zerrissen

W.W.: Steiner betont, daß jedes Wort der Sonntagshandlung für die Kinder genau abgewogen sei und am richtigen Ort stehe. Kinder verstehen den Text sicherlich vorwiegend auf einer gefühlsmäßigen Ebene, aber auch sie könnten schon über den Inhalt nachdenken. Erwachsene denken ohnehin über den Text nach, und dann kann man ihn nicht verstehen. Schließlich denkt man ja über den Begriff Geist nach, man kommt sehr schnell darauf, daß es sehr viele Geister gibt, man fragt sich, ob die Trinität angesprochen ist; man fragt sich, ob ein bestimmtes Wesen aus der Trinität angesprochen ist; man fragt sich vielleicht auch, ob andere geistige Wesen angesprochen sind usw. Da in der Sonntagshandlung für die Kinder auch an einer anderen Stelle ganz konkret von Christus gesprochen wird, ist die Frage, ob mit dem Begriff „Geist" dann ein anderer Geist gemeint ist, ziemlich naheliegend. Solche Gedanken kommen dem aufmerksamen Zuhörer ziemlich schnell. Und wenn man das, wie Steiner ausgeführt hat, so versteht, daß hier jedes Wort betont und genau abgewogen steht, so teile ich hier nicht seine Meinung. Und vor 90 Jahren war dies auch nicht anders.

Der Große: Es ist absolut Dein gutes Recht, dieses ungenügend zu finden. Aber im Moment der Entstehung dieses Textes, im Moment der Vorläufigkeit, stand schon jedes Wort an der richtigen Stelle. Die Menschen damals fühlten noch ein klein wenig anders als heute, wenn sie den Begriff Geist hörten. Sie fühlten bei diesem Begriff eigentlich etwas viel Ferneres, als ihr das heute tut. Es war für die Menschen noch sehr viel unkonkreter. Durch die entsetzlichen Geschehnisse des Faschismus und des 2. Weltkriegs, die zwischen der Entstehung dieser Worte und der heutigen Zeit lagen – und man sollte auch die Entwicklung und den Abwurf der Atombombe nennen – sind viele Schleier zwischen der sinnlichen und der übersinnlichen Welt zerrissen. Wenn man heute vom Geist spricht, wenn man heute mit einem Geist in Verbindung treten will, sind die Vorstellungen vom Geistigen sehr viel konkreter, differenzierter, klarer erkennbar. *Sehr* viel klarer erkennbar! Und Rudolf Steiner hat zwar darüber gesprochen, daß jedes Wort an der richtigen Stelle stehe, gleichzeitig aber auch, daß dieser Text veränderbar, ausbaufähig und vorläufig sei.

W.W.: Ergibt sich jetzt daraus der Auftrag, diese Texte relativ bald zu verändern?

Der Große: Der Änderungsauftrag ist sogar von Rudolf Steiner ausgesprochen worden. Insofern ist es auch nötig. Man kann aber auch noch differenzieren zwischen den kleineren und den etwas älteren Kindern. Für die kleineren Kinder ist dieser Geistbegriff nicht so tragisch, wenn die um ihn herumsitzenden Erwachsenen, die Ministranten und die Eltern, diesen Geistbegriff richtig denken bzw. imaginieren. Kinder nehmen diesen Begriff über ihre Gefühlswelt auf. Kritisch wird es erst bei den Jugendlichen, die älter als neun Jahre sind, besonders bei denjenigen, die kurz vor der Konfirmation stehen. Für diese Jugendlichen ist es besonders schwierig.

Der Mensch ist dafür da, in dieser Welt zu arbeiten

W.W.: Es folgen dann die Worte, die als Vorbereitung zum Ersatz der Kommunion gesprochen werden sollen, z.B.: *„Wir lernen, um die Welt zu verstehen ...“* usw. Wie wirken diese Sätze auf das Kind?

Der Große: Sie bekommen den Lebensimpuls mit, aus sich heraus die Welt anzuschauen, die Welt zu verstehen, die Welt aus sich heraus zu betrachten; und in einem weiteren Schritt, in dieser Welt auch etwas zu tun, in dieser Welt zu arbeiten. Sie lernen dadurch, daß die Welt nicht dazu da ist, den Menschen zu bedienen, sondern daß der Mensch dafür da ist, in dieser Welt zu arbeiten. Dadurch erhalten die Kinder den Impuls, daß es zum Leben gehört, daß man arbeitet. Die Kinder bekommen dadurch den Impuls, daß es völlig normal ist, in dieser Welt zu arbeiten, daß es normal ist, in dieser Welt etwas zu lernen, um überhaupt leben zu können. Diese Worte stehen an dieser Stelle absolut richtig. Und an dieser Stelle wird den Kindern bestätigt, daß die Religion dies will. Das ist das Tolle in diesem Zusammenhang! Es wird ihnen vermittelt, daß es kein Gegensatz ist, ein religiöser Mensch zu sein und in dieser Welt zu arbeiten. Die Kinder lernen, daß beides zusammengehört.

Der schönste Satz in diesem Zusammenhang aber ist: *„Christus ist der Lehrer der Menschenliebe.“*

W.W.: Hier und auch in der Passage zuvor wird Christus direkt angesprochen. Wenn er aber hier direkt angesprochen wird, erhebt sich die Frage, warum er nicht auch zuvor angesprochen wird und warum statt dessen von einem nicht klar durchschaubaren Geist gesprochen wird.

Der Große: Manchmal ist mehr als nur der Christus gemeint, und dann wird die gesamte geistige Welt bzw. die Trinität etwas nebulös in den Begriff Geist gepackt. Wenn es aber um die Menschenliebe geht, ist dies eigentlich nicht mehr möglich, und wenn man sich in bezug auf die Menschenliebe geistig korrekt ausdrücken will, muß man vom Christus sprechen. Hier darf man auf gar keinen Fall allgemein bleiben. Dann wird es ganz entsetzlich falsch. Hier muß er also angesprochen werden.

Gebet im Chor

W.W.: Anschließend beten die Kinder zusammen mit dem Priester im Chor. Ist es richtig, ein solches Gebet in der heutigen Zeit zusammen mit den Kindern in dieser Form durchzuführen? Ist es richtig, die einzelnen Sätze so abgehackt zu sprechen statt sie als gesamten Text im Chor zusammen zu sprechen? Darf man überhaupt noch Kinder in dieser Weise dazu bringen, gemeinsam zu beten?

Der Große: Man darf es. Allerdings muß man manches berücksichtigen. Für Kinder bis etwa zum 9. Lebensjahr ist dies ohne weiteres gut. Die Frage aber ist, ob man dies wirklich die ganzen sieben Jahre bis zur Konfirmation mit allen Kindern so durchführen sollte. Hier möchte ich differenzieren. Für die kleinen Kinder bis zum Rubikon, also bis zum 9. Lebensjahr, ist es richtig. Auch heute noch. Sie kommen durch dieses Sprechen in eine Rhythmisierung, und sie äußern gute Worte. Sie äußern Worte, die sie selbst so noch nicht finden können. Sie machen etwas Gutes nach.

Die Sequenzen könnte man allerdings verlängern. Einerseits können die Kinder heute sehr viel mehr aufnehmen, andererseits haben sie aber auch gewisse Schwächen, etwas durchtragen zu können. Hier müßte man genauer hinschauen.

W.W.: Es gibt doch nicht den geringsten Hinderungsgrund, daß die Kinder das gesamte Gebet zusammen mit dem Priester ohne Pause sprechen. Den Morgenspruch in der Waldorfschule spricht man ja ganz genauso.

Der Große: Das stimmt. Auf jeden Fall wäre es eine gute Lösung, das Gebet als Ganzes gemeinsam mit dem Priester zu sprechen. Dann fällt das Vorbeten und Nachbeten weg. Allerdings ist das Sprechen für die Kinder, besonders vor dem Rubikon, sehr wichtig. Aber das abgehackte Sprechen ist auf jeden Fall unnötig.

Der zu suchende Gottesgeist

W.W.: Der erste Satz dieses Gebetes lautet: *„Wir erheben all unser Empfinden und Denken zum Gottesgeiste."* Zum einen wird hier von Denken gesprochen – und auch Kinder denken schließlich schon –, zum anderen kommt hier wieder ein sehr ominöser Begriff, nämlich der vom Gottesgeist. Diesen Gottesgeist soll man verehren, man soll ihn lieben, man soll seiner gedenken, und dann soll man ihn schließlich auch noch suchen.

Es wurde bereits konkret vom Christus gesprochen, beim Einzug in die Sonntagshandlung wurde allgemein vom Geist der Welt gesprochen, und nun wird in verschiedener Weise in bezug auf das tätige Tun des Menschen von einem Gottesgeist gesprochen. Wie kann man einen Geist suchen, von dem man gar nicht weiß, wer er ist? Denn in dem Moment, in dem die Kinder, besonders die älteren, zu denken beginnen, ziehen sie aus der Tatsache, daß vor dem Gebet konkret von Christus gesprochen wurde, daß sie nun aber einen Gottesgeist suchen sollen, die logische Schlußfolgerung, daß dieser Gottesgeist ein anderer ist. Das wirft m.E. Probleme auf. Ich habe auch von Kindern gehört, die glauben, daß mit diesem Gottesgeist ihr persönlicher Schutzengel gemeint sei, und die ganz traurig sind; denn wenn sie ihren Schutzengel suchen sollen, dann ergibt sich für sie daraus, daß der Schutzengel nicht immer bei ihnen ist. Eine solche Interpretation ist sogar sehr tragisch.

Der Große: Das ist außerordentlich tragisch! Damit bewirkt man das Gegenteil dessen, was eigentlich erreicht werden soll. Eigentlich soll die Sonntagshandlung den Kindern nahebringen, daß um sie herum immer ein geistiges Wesen ist, das ihnen immer nahe ist, ein Wesen, das sie die Menschenliebe lehrt. Dieses Wesen, der Christus, wird auch klar benannt. Eigentlich muß man Christus auch nicht suchen, denn er ist immer bei den Menschen.

Der Begriff Gottesgeist ist selbstverständlich unsauber. Mit Gottesgeist ist eigentlich die gesamte Trinität gemeint, und zumindest aus Sicht der kleinen Kinder ist dies auch mit dem Begriff Gottesgeist durchaus richtig ausgedrückt. Und aus der damaligen Zeit heraus war es nicht möglich, daß man z.B. formulierte: *„Die Trinität wird sein mit dir, wenn du sie suchest“.* Auch heute klingt dies keineswegs gut. Denn Trinität ist ein sehr abstrakter Begriff. Vielleicht hätte man von der Dreifaltigkeit sprechen können, aber das wäre sehr katholisch gewesen.

W.W.: Du sprachst davon, daß man Christus nicht suchen solle. Das sehe ich anders.

Der Große: Es geht hier um Kinder. Kinder brauchen den Christus nicht zu suchen. Erwachsene müssen Christus ununterbrochen suchen. Das ist etwas anderes. Christus ist immer bei den Kindern.

W.W.: Aber wenn mit dem Gottesgeist sowohl der Vatergott als auch der Sohnesgott und der Geistgott gemeint sind und wenn der Christus immer bei den Kindern ist und nicht von den Kindern gesucht zu werden braucht, ist es aus meiner Sicht ziemlich unlogisch, daß der Vatergott und der Geistgott gesucht werden müssen.

Der Große: Das ist nicht ganz falsch. Aber Du mußt diesen Satz etwas weiterdenken: Er betrifft nicht nur den jeweiligen Moment, sondern eigentlich in einem Ausblick das gesamte Leben des Menschen. Der Christus ist zwar immer bei den Kindern, und eigentlich bräuchten die Kinder den Christus nicht zu suchen, aber mit Blick auf das gesamte Leben trifft das Suchen auf alle geistigen Wesen, auch auf den Christus zu. Alles Bestreben auf dieser Erde, jede christliche religiöse Tätigkeit, ist letztendlich ein Suchen des Vatergottes, des Geistgottes und des Christus.

Wenn der Mensch erwachsen ist, kommt der Christus nicht von selbst. Der Mensch muß dann selbst den Weg zu Christus finden, er muß ihn suchen. Nur der Teufel kommt von selbst. Vor der Konfirmation jedoch kommt Christus ungerufen. Bei Kindern ist Christus anwesend. Und dies trifft besonders auf die Mitte der Trinität, auf Christus, zu. Deswegen sind Kinder per se religiöse Wesen, weil sie eigentlich ununterbrochen in den Armen des Christus liegen. Er steht mit dem Schutzengel zusammen um das Kind herum. Je älter das Kind aber wird, desto mehr öffnet Christus seine Arme. Und bis zur Konfirmation erweitert er die Geste des Öffnens, bis beide – Christus und der Schutzengel – nicht mehr um das Kind herum sind, sondern nur noch – geistig gesehen – hinter ihm stehen.

Mit dem Begriff „suchen" ist eigentlich ein Vorgriff auf die Zeit nach der Konfirmation benannt. Die Kinder werden also innerlich langsam in einen Suchprozeß geführt, in dem Sinne, daß die Trinität aus verschiedenen Wesen besteht, und in diese Dreieinigkeit werden sie langsam geführt; gleichzeitig ist diese Aufforderung zum Suchen ein Ausblick auf die Zeit nach der Konfirmation, in der man sich auf die Suche nach allen drei Wesen der Trinität und auch allen weiteren geistigen Wesen machen muß. In der Zeit vor der Konfirmation verstehen die Kinder gefühlsmäßig, daß der eine der drei, der Christus, immer bei den Kindern ist; gleichzeitig müssen sie gefühlsmäßig dahin geführt werden, daß es mehr geistige Wesen gibt, die sie eigentlich suchen müssen, und daß sie nach der Konfirmation auch den Christus suchen müssen. Dies ist nicht exakt differenziert darzustellen, weil sich hier viele Bereiche, Wesen und Zeitperspektiven, in der Entwicklung des Menschen in- und übereinanderweben.

Einen Kultus für die kleineren und einen für die älteren Kinder

W.W.: Ich halte es nach wie vor für bedenklich, in diesen sieben Jahren für alle Kinder bzw. Jugendlichen den gleichen Kultus zu zelebrieren, und es wäre sicherlich eine Anregung, hier zwischen Kindern bis und nach neun Jahren zu differenzieren. Gerade für Kinder nach neun Jahren könnte es schwierig werden, dazu aufgefordert zu werden, ganz konkret einen Gottesgeist zu lieben, ohne bei Nachfragen oder Nachdenken genau zu wissen, um wen es sich hierbei handelt.

Der Große: Das ist für die heutigen Kinder absolut richtig gedacht. Man müßte diese Scheidewand etwa im neunten Lebensjahr ziehen. Nach dem neunten Lebensjahr muß eine anfängliche religiöse Betrachtung bzw. Ansprache sehr viel differenzierter sein als bei kleineren Kindern. In der Zeit vor der Konfirmation muß es auf jeden Fall sehr viel mehr Denkerisches geben. Ein Kind bis zum neunten Lebensjahr dagegen bleibt fast ganz in Empfindungen. Auch für die Erwachsenen rundherum, also die Eltern, muß man diesen schwammigen Begriff Gottesgeist klar definieren, damit sie eine klare Erkenntnis an die Kinder weiterreichen können. Ihr Menschen müßt euch auf den Weg machen, diesen Kultus vor der Konfirmation auszugestalten! Wir geistigen Wesen können ihn euch nicht überstülpen. Ihr Menschen seid es, die ihn wollen.

W.W.: Allerdings hat Steiner die Worte für die Jugendfeier bzw. später die gleichen für die Konfirmation so gewählt, daß die Kinder bzw. Jugendlichen auf die Wichtigkeit dieses Augenblicks in ihrem Leben angesprochen werden, in dem Sinne, daß sie in ein neues Lebensalter eintreten, daß sie von der Kindheit zur Jugend aufsteigen und daß es die Sorge der Lehrer war, daß der Gottesgeist in ihrem Denken leuchte, in ihrem Fühlen krafte, in ihrem Wollen wirke. Auch hier wird also wiederum der Gottesgeist in dieser schwammigen Form angesprochen. Und für die Sonntagshandlung für die Kinder gibt Rudolf Steiner für den Priester zur Vorbereitung kurz vor der Handlung auch einen Spruch, in dem der Priester – und das ist ja immer ein Erwachsener – zu sich selber spricht: *„Durch deine Kraft, o Gottesgeist ...“*. Auch hier wiederum wird der Gottesgeist genannt. Und hier frage ich mich wirklich ganz konkret, wen sich der Priester unter diesem Begriff eigentlich vorstellt.

Der Große: Die Worte der Konfirmation, und hier auch der Begriff Gottesgeist, sind eigentlich ein Rückblick auf die sieben Jahre der Sonntagshandlung für die Kinder. Der Einstimmungsspruch des Priesters ist natürlich kein Rückblick, aber er stimmt sich dadurch auf die Begriffe, die er gleich vor den Kindern ausspricht, ein. Es darf für ihn keine Schablone werden, sondern es muß ein lebendiger Begriff sein. Der Priester sollte sich unter diesem Begriff wirklich die Dreifaltigkeit, die Trinität, als Dreieinigkeit vorstellen. Dann ist er auf dem richtigen Weg. Diese Gedanken nimmt er dann mit in die Sonntagshandlung für die Kinder, und dann wird zumindest für die Kinder, die diesen Begriff in ihre Empfindung aufnehmen, dieser Begriff lebbar, spürbar.

Das ändert nichts daran, daß der Schritt heute notwendig ist, daß man die Kinder etwa beim neunten Lebensjahr für die Sonntagshandlung teilt. Etwa mit diesem Lebensjahr gibt es so etwas wie einen Schnittpunkt, an dem bzw. nach dem man etwas anders gestalten kann. Dann hätte man einen Kultus für die kleineren Kinder und einen

Kultus für die älteren Kinder bzw. Jugendlichen. Aber diesen zweiten Kultus müßte man erst entwickeln. Man könnte auch innerhalb einer Kultushandlung zuerst die bisherigen Worte der Sonntagshandlung sprechen und sich dann an die älteren Kinder wenden, z.B. mit folgenden Worten: *„Und nun spreche ich zu denjenigen, die kurz vor der Konfirmation stehen ...“*. Dann käme ein noch zu entwickelnder Kultus für die älteren Kinder. Das könnte sogar innerhalb einer Sonntagshandlung stattfinden. Die kleineren Kinder können dann zuhören, müssen aber nicht. In diesem Kultus für die älteren Kinder müßten dann einige denkerische Begriffe vorkommen.

Die Zeichen der Zeit anders deuten

W.W.: In den Erläuterungen zur Sonntagshandlung für die Kinder führt Rudolf Steiner 1921 – wie schon erwähnt – für die zukünftigen Priester der Christengemeinschaft aus, daß die ganze Angelegenheit dieser Sonntagshandlung eine Art Beginn, eine unvollkommene Vorläufigkeit sei; er deutet ferner an, daß dieser Kultus langsam ausgebaut und auch verändert werden könnte und daß man momentan nur den Zeichen der Zeit antworte: *„Es kann auch nur so gemacht werden, daß zu dem ganzen Geist der Sache erst ganz allmählich fortgeschritten wird, und wir kommen eigentlich zu dem Ausbau der Sache durchaus langsam, denn wir können eben gewissermaßen nur den Zeichen der Zeit antworten, die von uns gesucht werden zu verstehen.“* (GA 343/04.10.1921/Seite 319 f. und Seite 327) Das ist nun etwa 90 Jahre her. Muß man heute die Zeichen der Zeit anders deuten, und wenn ja, wie? Wie wirkt heute die Sonntagshandlung auf die Kinder? Gibt es hier noch weiteres, bisher nicht Besprochenes, was man ändern sollte?

Der Große: Für Kinder bis etwa zum neunten Lebensjahr wirkt die Sonntagshandlung immer noch sehr gesundend. Sie wirkt raumgebend, sie wirkt heimatgebend, und das ist ein ganz wichtiger Aspekt. Die kleineren Kinder erleben in der Sonntagshandlung eine Bestätigung dessen, weswegen sie in die Schule eingetreten sind, also z.B. daß sie die Welt kennenlernen, daß sie in dieser Welt arbeiten sollen. Sie hören hier also eine Bestätigung ihres Schulseins.

Gleichzeitig wird für sie ausgesprochen, vom Priester, daß für die Kinder darüber hinaus noch ein religiöser Raum da ist. Das hält die Kinder gesund. Das entspricht in etwa dem selbstverständlich vorhandenen religiösen Raum, der vor dem siebten Lebensjahr von den Eltern gebildet werden kann und der auch in den ersten Lebensjahren dadurch vorhanden ist, daß z.B. der Schutzengel und der Christus ihre Schwingen um das Kind legen.

Dieser Raum wird dem Kind nun auch noch nach dem siebten Lebensjahr in der Kirche geboten. Die Kirche, der Priester, die Gemeinde geben dem Kind dafür einen Platz. Das Eintreten in diesen Raum macht die Kinder, zumindest bis zum Rubikon, sehr gesund. Das Religiöse, was ohnehin beim Kind ist, wird dadurch respektiert, und das ist eine Befriedigung für das Kind, ohne daß es dies ganz bewußt durchdenkt. Das erlebt das Kind in der Zeit bis zum neunten Lebensjahr. Und das ist für die Kinder in dieser Alterstufe eine enorme Hilfe, in der Welt nicht zu vereinsamen, nicht den Glauben an die Welt zu verlieren. Es gibt ihnen die sichere Grundlage, die Welt nicht als Strafe zu empfinden, nicht alles nur entsetzlich zu erleben und einen Rückzugsort zu haben.

Das ändert sich aber dann, wenn die Kinder mehr und mehr Angst empfinden, wenn die Kinder mehr zu zweifeln beginnen. Und das setzt vorwiegend in der Zeit des Rubikons ein. Deswegen gibt es zunehmend mehr Kinder, die nach dem Rubikon die Sonntagshandlung als etwas unkonkret Unbefriedigendes, als eine Leerform erleben. Deswegen gebe ich hier noch einmal die Anregung: Gebt den Kindern, die älter als neun Jahre alt sind, einen weiteren Kultus, gebt ihnen etwas, über das sie nachdenken können. Es kann hier noch sehr viel mehr kommen. Aber ihr Menschen müßt dies machen. Es gibt sehr viel mehr Worte, mit denen man einen Kindergottesdienst gestalten kann.

Ihr solltet begreifen, daß die heutigen Kinder in der westlichen Welt vielfach die sogenannten Computerkids sind. Sie gehen stundenlang mit Begriffen um, und von diesem Begrifflichen, von diesem Denkerischen müssen sie auch etwas in diesem Kultus wiederfinden können. Sie leben mit den Zack-Zack-Begriffen und gewöhnen sich immer mehr an diese Art der Begriffswelt. Deswegen brauchen sie auch aus dem religiösen Bereich für diese Art ihres Denkens Antworten. Man muß ihnen also, z.B. in diesem Kultus, etwas Volles entgegenstellen, etwas Volles, das Geistiges umfaßt; aber als Begriff, nicht als Soße für das Gefühlsleben.

Nicht im Kultus ersticken

W.W.: Hierzu paßt ein Zitat von Rudolf Steiner, welches er im gleichen Vortrag in bezug auf die Jugendfeier bzw. Konfirmation ausgesprochen hat: *„Ich meine doch (...), daß es sich nicht darum handeln kann, ein solches Kind eben im Anfang zu ersticken, sondern daß es sich lieber darum* *handeln sollte, zu arbeiten an dem, was gewollt wird. Selbstverständlich kann da, wo Lebendiges und nicht Dogmatisches gewollt wird, jede Einwendung nur willkommen sein. Es wird Ihnen aber gerade an diesem Beispiel klar sein können, wie überall eben aus dem Lebendigen heraus das Kultusartige gesucht werden muß."* (ebd. S.327)

Oft ist es heutzutage ja so, daß die Kinder, besonders wenn sie älter sind, ungern in die Sonntagshandlung gehen, daß sie oft auch durch die Eltern etwas genötigt werden und daß sie auch dieses Gefühl des Erstickens aus verschiedenen Gründen heraus erleben. Auch durch gewisse Worte des Kultus der Sonntagshandlung für die Kinder erleben sie etwas zu Festes und Erstickendes. Und daraus ergibt sich für viele Kinder, daß sie die ganze Angelegenheit innerlich mehr oder weniger ablehnen.

Der Große: Das kommt vor, und das wird immer häufiger vorkommen. Andererseits ist das Sich-Stoßen an den Vorgaben etwas ganz Wichtiges für das ältere Kind, für den Jugendlichen bzw. die Jugendliche. Das aber ist für jeden Jugendlichen in jedem Bereich des Lebens normal und auch gesund. Hier handelt es sich nun um zu gefühlvolle Worte, die für ältere Jugendliche erstickend wirken können. Wenn man aber den Kultus in einer gewissen zweigliedrigen Weise durchführen könnte, dann werden auch die älteren Kinder akzeptieren, daß der eine Teil für die Kleineren ist, denn dann wissen sie, daß nun ein Teil nur für sie kommt. Dann kommt in diesen erstickenden Wattehaufen ein großes Luftloch hinein, und dann ist ein klarer Blick möglich. Das öffnet ihre Seele. Allerdings muß man hier sehr vorsichtig vorgehen, man sollte Worte finden, die nun nicht wieder ihrerseits ganz intellektuell ausgestaltet werden, Worte, welche die Kinder intellektuell-denkerisch erschlagen, denn dann ersticken sie denkerisch. Das wäre auch nicht der richtige Weg.

Nur als Idee – nicht als Forderung – könnte man für die älteren Kinder etwas Ähnliches wie die Trinitatis-Epistel sprechen. Denn in ihr wird die Trinität beschrieben, und zwar mit guten Worten. Es müßte nur etwas leichter zu verstehen sein. Es müßte in guten Worten den älteren Kindern vermittelt werden, wer und was der Vatergott ist, wer und was der Sohnesgott ist, wer und was der Geistgott ist.

W.W.: Hast Du weitere Ideen, was man noch ändern könnte?

Der Große: Man könnte den älteren Kindern andere Aufgaben geben. Man könnte einem älteren Kind z.B. ein kleineres Kind zur Seite stellen. Vermutlich wird das im Sozialen und Praktischen nicht leicht sein. Vor allem wird es dann schwierig sein, wenn nur drei größere und 15 kleinere Kinder kommen. Dann aber könnte ein älteres Kind wie eine Art Begleiter für ein kleineres Kind wirken. Man kann ihnen auch etwas anderes geben, das sie behüten sollen, z.B. eine Kerze. Man kann ihnen Dinge aus den verschiedenen Elementen geben, also z.B. einen Stein, etwas Wasser, eine Flamme. Man kann dies auch jahreszeitlich verändern. So könnten die Großen die Aufgabe bekommen, ein Elementarwesen mit hineinzunehmen, indem sie z.B. einen Stein, etwas Wasser oder eine Kerze mit hineinnehmen. Eine Schale mit Wasser ist natürlich nicht ganz unkompliziert, besonders für das sogenannte Rüpelalter. Mit dem Luftelement ist es erst recht nicht leicht, denn ein Luftballon mit Luft eignet sich eigentlich nicht. Ein Stein oder eine Kerze sind relativ einfach zu handhaben; die beiden anderen Elemente schwerer. Aber hier kann man Ideen entwickeln. Man kann z.B. ein Papier so gestalten, daß es Luft umhüllt, man kann dieses Nest für eine Sylphe vorher sogar selbst basteln. Und in bezug auf das Wasser kann man eine mit Wasser gefüllte Kugel mitnehmen, die geschlossen ist und nicht ausgegossen werden kann. Aber das sind nur anfängliche Anregungen. Hier müßt ihr weiterdenken. Hier ist sehr viel gestaltbar.

Fast allein in der Sonntagshandlung

W.W.: Wie ist es aus Deiner Sicht, wenn in der Sonntagshandlung für die Kinder, besonders in nicht so großen Gemeinden, nur sehr wenige Kinder anwesend sind? Die Kinder erleben ohnehin schon, daß sie irgendwie anders sind, weil sie z.B. auf eine Waldorfschule gehen; dann erleben diejenigen, die zur Sonntagshandlung in die Christengemeinschaft gehen, daß sie noch einmal weniger werden; und dann erleben sie, daß von diesen Kindern der Christengemeinschaft meist auch nur ganz wenige zur Sonntagshandlung gehen. Wie erlebt ein Kind diesen Zusammenhang? Erlebt es sich nicht ein wenig wie eine Art Aussätziger?

Der Große: Ja. Das ist ein ganz großes Problem!

W.W.: Wie kann man das lindern?

Der Große: Kaum. Es lindert sich ein wenig durch die trostspendenden Worte der Sonntagshandlung an sich, aber darüber hinaus bleibt es ein ganz großes Problem. Es ist für viele Kinder ein wirklich schwieriges Problem, weil sie eigentlich gerade die Gruppe suchen, und zwar zu Recht. Aber in der Realität werden sie immer mehr vereinzelt, werden immer mehr singulär herausgestellt. Es gibt auch viele Kinder, zumindest bis zu einem gewissen Alter, die ihre Eltern sonntags gern an die Hand nehmen würden, um die Sonntagshandlung für die Kinder zu besuchen, aber sie scheitern z.B. am Schlafbedürfnis ihrer Eltern.

Hier möchte ich noch einmal an den kleinen Aufruf erinnern, den wir schon im FLENSBURGER HEFT 108 erwähnt haben, daß ältere Mitglieder aus der Christengemeinschaft Patenschaften für Kinder übernehmen könnten, die also das Kind zu Hause abholen, mit ihnen in die Sonntagshandlung gehen und sie wieder zu Hause abliefern. Die Eltern können dann zu Hause länger schlafen oder das Frühstück vorbereiten oder was auch immer tun; auf jeden Fall würden dadurch mehrere Fliegen mit einer Klappe geschlagen werden. Die älteren Menschen hätten eine Aufgabe, die Kinder hätten einen gesicherten Transportweg zur Kirche, sie hätten die Möglichkeit, an der Sonntagshandlung teilzunehmen, und die Eltern müßten nicht jedesmal mit ihren Kindern dorthin. Eine Ideallösung ist es nicht, aber eine Möglichkeit.

Häufig scheitert also der Besuch der Sonntagshandlung nicht an den Kindern, sondern an der Trägheit der Eltern. Aber dies ist kein Vorwurf, denn der Sonntag ist in der heutigen Zeit oftmals der einzige Moment, an dem die Familien heutzutage überhaupt noch beieinander sind. Und dann sollen sie auch noch in die Kirche rennen. Das ist keineswegs leicht. Das ist ein wirkliches Problem.

Sonntags in der Kirche, donnerstags in der Schule

W.W.: Wäre es sinnvoll, die Sonntagshandlung für die Kinder auf einen anderen Tag zu verlegen?

Der Große: Ja, man könnte sie auf den Donnerstag legen. Oftmals ist es so, daß Christengemeinschaft und Waldorfschule in einer Stadt sind, daß die Kinder vielfach auf diese Waldorfschule gehen und die Schnittmenge der Kinder in der Christengemeinschaft und der Waldorfschule oftmals sehr groß ist. Man könnte also die Sonntagshandlung für die Kinder der Christengemeinschaft in die Schule verlegen. Diese Handlung wird für die Kinder der Waldorfschule, die den freien christlichen Unterricht besuchen, vielfach auch am Donnerstag durchgeführt. Und dann können beide zusammen an der Sonntagshandlung teilnehmen. Beide Kindergruppen, die ja ohnehin in einer Klasse sind, können dann an der gemeinsamen Sonntagshandlung teilnehmen. Warum eigentlich nicht? Dann kann einmal der Priester bzw. die Priesterin die Sonntagshandlung zelebrieren, ein andermal einer der Religionslehrer bzw. eine der Religionslehrerinnen. Dann sehen die Kinder einmal den Waldorflehrer in einem schwarzen Anzug, ein andermal einen Priester in einem Gewand. Ist das wirklich so schlimm? Ich denke nicht. Man kann es auch ganz anders gestalten, daß der Priester dies einen Monat lang macht, einen anderen Monat machen es die Waldorflehrer. Auf jeden Fall erleben die Kinder dann in einer größeren Gruppe denselben Kultus.

W.W.: Ich kann mir vorstellen, daß dies auf verschiedenen Seiten einiges Murren hervorrufen wird, halte es aber für einen praktikablen Vorschlag, hier etwas zu probieren. Man müßte dann nur dafür Sorge tragen, daß im Jahr vor der Konfirmation in der Christengemeinschaft mindestens der Kontakt zur Kirche nicht ganz abreißt; außerdem kann es ja Kinder geben, deren Eltern Mitglieder der Christengemeinschaft sind, die aber nicht auf die Waldorfschule gehen und die man auch noch auffangen muß.

Der Große: Man kann die Sonntagshandlung sowohl am Donnerstag in der Schule als auch sonntags in der Kirche anbieten. Natürlich muß man sehen, was praktikabel ist. Hier gibt es viele Möglichkeiten, miteinander ins Gespräch zu kommen und Neues auszugestalten. Bei dieser Handhabung ist durchaus auch die Chance vorhanden, daß es Multiplikationsfaktoren gibt, in dem Sinne, daß diejenigen, die donnerstags in der Kinderhandlung sitzen, auch am Sonntag in die Kirche gehen wollen. Es gibt viele Kinder, die die Sonntagshandlung für die Kinder wunderschön finden.

W.W.: Wenn mehr daran teilnehmen, bekommt das Ganze ohnehin eine gewisse Dynamik.

Der Große: Es gibt viele Religionslehrer an den Waldorfschulen, denen es ein starkes Anliegen ist, den Religionsunterricht und den Kultus auszugestalten, und die für diese Fragen mit Sicherheit ansprechbar wären. Auch unter den Eltern gibt es keineswegs wenige, die selbst ein religiöses Bedürfnis haben und so etwas wie Kultus für ihre Kinder suchen.

XIII – Hat die Christengemeinschaft noch eine Zukunft?

Falls die Christengemeinschaft in Deutschland stirbt

Der Große: Ich möchte noch eine wichtige Frage stellen: Glaubst Du, daß die Christengemeinschaft von der Welt verschwunden wäre, wenn sie in Deutschland sterben würde?

W.W.: Nein, sie ist ja nicht deutsch. Und wenn es sie in anderen Ländern gibt, ist sie immer noch da. Geistig ohnehin.

Der Große: Zu Deutschland gehört aber Berlin. Dort sitzt die Bewegungsführung der Christengemeinschaft. Spielen wir einmal mit der Hypothese, daß die Christengemeinschaft in Deutschland stirbt. Dann wäre es ja sicherlich unsinnig, den Sitz der Bewegungsführung in Berlin zu belassen. Die Möglichkeit, daß die Lenkung der Christengemeinschaft aus Deutschland herausgeht, wäre also denkbar?

W.W.: Selbstverständlich.

Der Große: Gut. Wir haben darüber gesprochen, daß aus dem Urkultus die Worte der Menschenweihehandlung in die deutsche Sprache geflossen sind. Kann sich die Christengemeinschaft trotzdem halten, oder reißt sie von ihrem Strom ab, wie manche Anthroposophen das gerne nennen, wenn sie nicht mehr in Deutschland bzw. im deutschen Sprachraum existiert?

W.W.: Ich denke nicht, daß sie von ihrem Strom abreißt. Warum sollte sie? Aus dem ersten Zweig, der in den deutschen Sprachraum hineinkam, sind ja längst andere in anderen Sprachräumen entstanden.

Der Große: Ich sehe es genauso. Ein großer Teil dessen, den wir bisher besprochen haben, bezieht sich primär auf die Christengemeinschaft in Deutschland. Das sollte an dieser Stelle auf jeden Fall noch erwähnt werden. Es ist ein wichtiges Thema, sich einmal vorzustellen, daß die Christengemeinschaft in Deutschland sterben könnte, aber in anderen Ländern weiterexistiert. Ich wünsche dies nicht, aber man sollte ernsthaft darüber nachdenken.

W.W.: Allerdings halte ich es nicht für sehr wahrscheinlich, daß die Christengemeinschaft im deutschen Sprachraum sterben wird, gleichzeitig aber im nichtdeutschen Sprachraum blühen wird, auch wenn man hier gewisse Sterbetendenzen wahrnehmen kann.

Der Große: Warten wir es ab. Es gab im nichteuropäischen Raum Tendenzen, z.B. in den USA, daß sich kleine religiöse Gruppen in den vergangenen Jahrhunderten dorthin aufgemacht haben und zu riesigen Bewegungen wurden. Ich mache hiermit aber keinerlei Vorausschau für die Christengemeinschaft!

W.W.: Trotzdem, soweit ich es beobachten kann – und ich kann keineswegs alle Gemeinden beobachten –, sieht es für die Christengemeinschaft in Deutschland in den nächsten Jahrzehnten relativ düster aus. Auf jeden Fall kann ich keine aufstrebenden Bewegungen bemerken, die die Christengemeinschaft verstärkt am Leben erhalten werden; auch wenn das jetzt sehr harte Worte sind und sich jederzeit alles wiederum ändern kann.

Der Große: Es sind die richtigen Worte. Warum sollte man sich an dieser Stelle etwas vormachen! Es gibt durchaus, auch in der Peripherie, ein Bedürfnis nach weiteren Standorten für Christengemeinschafts-Gemeinden. Aber die, die dann eingerichtet wurden, wurden vielfach nicht richtig geführt, und es treten Ermüdungserscheinungen auf. Das führt auch in einigen Regionen dazu, daß einzelne Priester mehrere Gemeinden, größere Flächen abdecken müssen, was diese Priester wiederum auslaugt, so daß sie gar nicht mehr gut sein können. Und das führt zu der üblichen Spirale, daß sie wegen ihrer Überlastung und den daraus resultierenden Folgen die Menschen immer weniger ansprechen usw. Und irgendwann kommt diese Spirale an ein Ende.

Veranstaltungen schließen!

W.W.: Hier schließt sich ein Punkt an, den ich noch ansprechen möchte. Diese Abwärtsspirale beobachte ich in einigen Gemeinden bei nicht wenigen Priestern, auch wenn ich keineswegs alle kenne; das muß ich immer wieder betonen. Neben dem anstrengenden Religionsunterricht bieten die Priester oftmals in ihren Gemeinden sehr viel an, wie z.B. Vorträge, Andachten und eine regelmäßige wöchentliche Evangelienarbeit. Und es kommen immer weniger Menschen zu diesen Veranstaltungen, gerade zu denen, bei denen man miteinander spricht, z.B. bei der Evangelienarbeit.

Nehmen wir als Beispiel eine Gemeinde mit 100 Mitgliedern, u.a. mit einer Evangelien-Gesprächsgruppe, an der zu Beginn 20 Personen teilnahmen. Dann gibt es – wie auch bei vielen anderen Arbeitsgruppen – die Bewegung, daß diese Personenzahl Schritt für Schritt weniger wird, und es gibt auch die Erscheinung, daß nicht ganz unproblematische Menschen – ich möchte das hier nicht weiter differenzieren – den Ton in diesen Gesprächskreisen angeben und andere abschrecken. Hinzu kommt, daß man sich in den Bereichen der Christengemeinschaft meist nur um das Religiöse, nicht um das Aktuelle kümmert. Dadurch werden es immer weniger Teilnehmer, für andere wird es uninteressant oder gar langweilig, und die Pfarrer stehen dann vor der Situation, sich um die wenigen zu kümmern, die dabeibleiben. Es ist auch schwierig, dies nicht zu machen. Trotzdem ist die Situation dann diese, daß die Priesterin oder der Priester dann mit wenigen dort sitzt, und andere, die kommen könnten oder einmal kommen, vermutlich abgeschreckt werden. Was macht man in einer solchen Situation?

Der Große: Man sollte diese Veranstaltung schließen. Aber auf keinen Fall den Kultus beenden! Wenn der Kultus stirbt, stirbt alles.

Das Damoklesschwert des wöchentlichen Takts

W.W.: Wenn jede Woche eine Veranstaltung stattfindet – wie auch in anthroposophischen Zusammenhängen, z.B. im Zweig der Anthroposophischen Gesellschaft –, wird man irgendwann bemerken, daß man unter dem Damoklesschwert schwebt, diese Veranstaltung durchführen zu müssen, u.a. weil dieser Rhythmus sinnvoll und die Arbeit geistig sinnvoll war, weil man es so wollte, weil es einstmals von Leben erfüllt war und aus vielen weiteren Gründen. Aber man wird sicherlich vielerorts feststellen, daß dieses Damoklesschwert der wöchentlichen Wiederholung zumindest phasenweise oder manchmal auch ganz dazu führen kann, daß man einen Leichnam zwanghaft am Leben erhält, wenn man bemerkt, daß diese wöchentliche Veranstaltung längst nicht mehr mit genügendem Leben erfüllt wird. Ist es z.B. eine Möglichkeit, innerhalb der Christengemeinschaft nur noch wenige Veranstaltungen durchzuführen, keinesfalls wöchentlich eine Veranstaltung, sondern allerhöchstens einmal im Monat oder noch weniger?

Der Große: Ich empfehle nicht unbedingt, eine gesamte Gemeinde zu schließen, allerdings diese kraftzehrenden wöchentlichen Wiederholungsveranstaltungen sein zu lassen. Nur von wenigen Menschen besuchte Traditionsveranstaltungen im wöchentlichen Rhythmus oder einem ähnlichen, aber etwas längeren Rhythmus sind nicht sehr sinnvoll. Man sollte sie beenden.

W.W.: Ganz?

Der Große: Ganz! Wenn einige Menschen darüber sehr unglücklich sind, daß sie keinen Evangelienkreis mehr haben, gibt es die Möglichkeit, diesen Evangelienkreis auf privater Ebene wiederzubeleben, mit oder ohne Pfarrer. Man kann sich auch zur Evangelienarbeit ohne große Ankündigungen treffen. Das kann man auch regelmäßig machen, aber nur dann, wenn man es will. Was man will, kann man ja machen. Man wird dann ja sehen, ob so etwas möglich ist.

W.W.: Kannst Du dieses soeben angesprochene Damoklesschwert im Rhythmus einer wöchentlichen Veranstaltung nachvollziehen, wenn die inhaltliche Arbeit immer stärker leidet und diese wöchentliche Veranstaltung zu einer Art Zwangsveranstaltung wird?

Der Große: Selbstverständlich. Hier muß man sich die Frage stellen, ab wann der Rhythmus kein Rhythmus mehr ist, sondern statisch wird, zu einem toten Takt wird. Rhythmus ist immer etwas Lebendiges. Die wöchentliche Veranstaltung neigt aber dazu, zu einem toten Takt zu werden. Wenn der Rhythmus starr zu werden beginnt, wird etwas mechanisch und bewirkt letztlich das Gegenteil dessen, was eigentlich gewollt war.

W.W.: Wenn man Evangelienarbeit machen möchte, kann man ja einmal die Woche vier Wochen lang eine Evangelienarbeit anbieten und dann eine längere Zeit nicht mehr, dann aber mal wieder oder ähnlich.

Der Große: Ja. Man kann auch eine Art Seminar zu einem religiösen Thema anbieten, vielleicht an einem Wochenende oder 14 Tage lang an drei Abenden der Woche; aber zumindest so, daß etwas ganz intensiv durchgesprochen wird. Aber es muß überschaubar bleiben. Es muß einen Anfang und ein Ende geben. Das ist dann genauso wie bei der Menschenweihehandlung: *„Lasset uns die Menschenweihehandlung würdig beginnen (...) Die Menschenweihehandlung, das war sie."* Das sind die ersten und die letzten Worte. Sie hat einen Anfang und ein Ende. Greift doch solche Elemente auf!

Genauso solltet ihr mit einer Arbeit beginnen, aber genauso solltet ihr wiederum mit einer Arbeit enden. Wenn jede Woche etwas stattfindet, weiß man schon gar nicht mehr, wann sie begonnen hat und wann sie enden wird – es ist ein unendlicher Strom. Das kann in gewissen Zeiten richtig sein, aber heute sind die Menschen so, daß sie vor Veranstaltungen, die unbefristet sind, oftmals zurückschrecken. Aber sie hätten vielleicht für einen oder für zwei Monate an einer thematisch begrenzten Arbeit Interesse. Natürlich gibt es auch diejenigen Menschen, die durchaus wöchentlich einen Abend haben wollen, weil sie sonst nichts zu tun haben; aber das ist auch nicht die schönste Motivation, einen solchen wöchentlichen Abend durchzuführen.

Man kann sehr viel gestalten; wichtig aber ist, daß eine wöchentliche Veranstaltung aus dieser bisherigen Tradition herauskommt, die darin besteht, daß sie durchgeführt werden *muß*, damit dieses Damoklesschwert nicht entsteht. Denn wenn ein Rhythmus statisch wird, zwanghaft wird, verkehrt er sich ins Gegenteil.

Macht ist nicht christlich!

Ihr seid mittlerweile in Mitteleuropa in einer Situation, daß immer mehr Menschen eine solche wöchentliche Veranstaltung als eine Art Zwang erleben. Man kann natürlich argumentieren, daß es deswegen gerade nötig sei, diese rhythmischen bzw. wöchentlich sich wiederholenden Veranstaltungen innerlich zu beleben, aber wenn dadurch ein Gemeindeleben kaputtgemacht wird, wird alles sinnlos. Wenn diese Veranstaltungen mit den immer gleichen zehn Personen dazu führen, daß andere verschreckt werden, daß sich innerhalb dieser zehn Personen Machtkulminationen entwickeln, weil man bestimmte Personen nicht übergehen darf, weil diese Personen immer so brav erscheinen, entsteht etwas, was nicht mehr christlich ist. Macht ist nicht christlich!

Viele Pfarrer sind an dieser Stelle mit Sicherheit ziemlich verzweifelt und innerlich ausgebrannt, weil sie diese brav erscheinenden Personen natürlich nicht verschrecken wollen. Das ist ein ganz schwieriges soziales Problem. Hier ist ein sehr schwieriges Umdenken notwendig: Was ist Gemeinde? Sind diejenigen, die immer und regelmäßig kommen, die einzigen, die zur Gemeinde gehören? Selbstverständlich gehören sie auch zur Gemeinde, aber gehören zur Gemeinde nicht auch die zahlreichen Menschen, die nicht kommen, die aber auf gewisse Weise dem Engel der Gemeinde verbunden sind? Das bezieht sich jetzt natürlich nur auf diejenigen, die den Kultus wollen und auch wirtschaftlich dafür sorgen, daß er stattfinden kann. Reines Nutznießen ist nicht in Ordnung. Wer nur einmal im Jahr zum Kultus gehen will und gleichzeitig möchte, daß dieser Kultus stattfindet, muß auch dafür sorgen, daß die wirtschaftliche Basis zum Existieren dieses Kultus möglich ist.

Aktuelle Vorträge

W.W.: Wie sollte man es mit Vorträgen halten? Sollte man sie auch stark einschränken?

Der Große: Vorträge sollte man nach Bedürfnis halten bzw. wenn aktuell etwas anliegt. Denke an die Havarie der Ölplattform im Golf von Mexiko, denke an die Explosion der Atomkraftwerke von Fukushima oder andere zeitgeschichtliche Probleme, wie z.B. die Probleme im Umfeld der Organspende oder die Finanzkrisen und ihre Auswirkungen – solche Ereignisse sind Gelegenheiten, um zu diesen Themen Vorträge zu halten, und zwar mit einer kurzen Anmeldezeit. Und dann kann man darüber sprechen, wie man sich als Christ verhalten und an diesen Ereignissen beteiligen kann, wie man helfen kann, welche Alternativen es gibt. Bei solchen Gelegenheiten stehen die Menschen auch heute noch häufig vor einer inneren Not, und diese Not wird gemildert, wenn es dazu einen Vortrag gibt. Hier hilft kein Vortrag über das Wirken von Lukas als Arzt im Evangelium, schon gar nicht im Titel des Vortrags. Innere Bezüge kann man allerdings sicherlich herstellen.

W.W.: Dazu braucht man aber einen Online-Verteiler für die Mitglieder und Freunde im Umkreis der Gemeinde.

Der Große: Sicherlich. Allerdings ist das, besonders für ältere Menschen ohne Internet, schwierig. Auf jeden Fall muß man bei den Vorträgen viel aktueller sein. Gleichzeitig sollten es weniger Vorträge werden. Wenn man nicht so viele Vorträge hält, werden die einzelnen Vorträge vermutlich auch besser. Es muß nicht jede Woche ein Vortrag gehalten werden.

Sie möchten den Kultus und sonst nichts

W.W.: Ich denke, daß man verstärkt darüber sprechen sollte, welche finanziellen Beiträge notwendig sind, damit eine Gemeinde bzw. der Kultus und das Leben des Pfarrers noch möglich sind.

Der Große: Selbstverständlich. Aber das ist weitgehend *auch* ein Problem von Deutschland, weil die Finanzämter die Kirchensteuer einziehen. Deshalb hat sich im Verständnis der Deutschen eingelebt, daß man sich an dieser Stelle nicht zu engagieren braucht, daß man entmündigt ist, daß alles automatisch läuft. Dieses Thema sollte regelmäßig ins Bewußtsein gehoben werden.

W.W.: Es wird sicherlich in vielen Gemeinden immer deutlicher sichtbar, daß es eine große Gruppe von Gemeindemitgliedern gibt, die nur noch sehr selten oder gar nicht zum Kultus oder den Veranstaltungen kommen. Was kann man tun, damit diese sich stärker beteiligen, bzw. ist dies überhaupt der richtige Weg?

Der Große: Zum einen die schon besprochenen, mehr auf das Aktuelle bezogenen Vortragsthemen bzw. die zeitlich überschaubaren Angebote. Auf der anderen Seite muß man gewahr werden, daß man viele Menschen nur noch bedingt dichter an eine Gemeinde heranbekommt. Man bekommt sie schon hin und wieder mit ein oder zwei interessanten Themen heran, aber es handelt sich vielfach um Menschen – und diese Tendenz ist zunehmend –, die sich gerade gegen das, was gemeinhin Gemeindewesen genannt wird, wehren. Das sind Menschen, die sich gerade in diesen Zusammenhängen nicht wohlfühlen. Das sind z.B. Menschen, die den Sonntagskaffee nach der Menschenweihehandlung unerträglich empfinden. Sie erleben z.B. die Betulichkeit mancher Gemeinden oder Gemeindemitglieder als Einengung ihrer Persönlichkeit. Sie wollen die Gemeinde nicht als Kuschelecke, und sie erleben eine solche Kuschelecke als Bruch ihrer persönlichen Freiheit.

Sie möchten aber eine Gemeinde, die es ihnen ermöglicht, den Kultus mitzumachen, wenn sie es möchten. So weit würden die meisten vermutlich gehen. Daß sich diese Menschen finanziell beteiligen müssen, haben wir eben angesprochen. Sind das nun schlechtere Menschen, weil sie nicht zum Sonntagskaffee kommen? Der Kultus wendet sich vordringlich nicht an den Kopf, sondern an die Seele, und die Seele dieser Menschen ist so eingestellt, daß sie den Kultus nicht in einer Kuschelecke möchten. Sie möchten den Kultus und sonst nichts. Das sind keine schlechteren Menschen. Soll man sie sozialpädagogisch bearbeiten, weil sie aus Sicht anderer Gemeindemitglieder ein Fehlverhalten an den Tag legen? Vielleicht sollte man intensiver darauf hinschauen, wie man für diese Menschen Räume einrichtet, in denen sie genauso berechtigt als zu einer Gemeinde gehörig betrachtet werden.

W.W.: Es muß möglich sein, aktiv am Kultus teilzunehmen, aber mit dem Rest des Gemeindelebens nichts zu tun haben zu wollen.

Der Große: Selbstverständlich. Es wird allerdings nicht sehr wenige Menschen geben, die dann dagegen argumentieren werden, daß der Kultus nur dann leben und wirken kann, wenn auch ein umfangreiches Gemeindeleben vorhanden ist. Hier wird vielfach auch moralisch Druck auf Menschen ausgeübt. Man muß genau schauen, wieviel Gemeinde der Kultus wirklich braucht, was nötig ist, was nicht nötig ist.

Es gibt Menschen, die diejenigen als Fremde im Kultus empfinden, die nur ein- oder zweimal im Jahr kommen oder die an den anderen Gemeindeveranstaltungen nicht mitmachen. Das ist ein großes Problem. Das ist die normale Antipathie, die Menschen untereinander empfinden.

Was ist Gemeinde?

W.W.: Ist heutzutage überhaupt noch eine Gemeinde in dem bisherigen Sinn zeitgemäß?

Der Große: Genau darüber muß man sich verständigen, was eigentlich Gemeinde ist. Ist Gemeinde gemeinsames Kaffeetrinken? Ist Gemeinde gemeinsames Denken während eines Vortrags? Ist Gemeinde das gemeinsame Teilnehmen am Kultus und anderen Sakramenten?

W.W.: Das sind verschiedene Ebenen.

Der Große: Genau. Hier werden also verschiedene Ebenen, verschiedene Bereiche oder Schichten des Menschen oder der Gemeinschaft der Menschen untereinander gefordert. Deswegen gibt es einen Gemeinde-Engel. Vielleicht gibt es sogar hin und wieder einen Gemeinde-Teufel. Der Gemeinde-Engel greift eine Beziehung zu denjenigen auf, die in der Gemeinde Kaffee trinken, genauso zu denjenigen, die an einem Gespräch über Heilungen teilnehmen, zu denjenigen, die ein seelsorgerisches Gespräch brauchen, zu denjenigen, die am Kultus teilnehmen, zu denjenigen, die während eines Vortrags einem Thema lauschen. Letztendlich ist die Frage der Gemeinde ein Managementproblem. Es geht darum, daß nicht alle alles machen müssen. Hier sollte man auch die Frage stellen, warum die Pfarrer im sozialen Management nicht besser ausgebildet werden. Diese Frage übergebe ich euch Menschen.

W.W.: Warum wird dieses Problem nicht stärker kommuniziert?

Der Große: Diese berechtigte Frage gebe ich gleich wieder zurück. Stell Dir vor, es gibt in einer Gemeinde einen Vortrag mit dem Titel *„Was ist Gemeinde?"*; was meinst Du, wie viele Menschen dort hinkommen würden?

W.W.: Äußerst wenige.

Der Große: Vermutlich. Es würden immer wieder dieselben kommen. Sie würden auch kommen, wenn man den Vortrag *„Und leise klingt ein Ahnen ..."* nennen würde. Sie kommen nämlich nicht wegen des Titels und des Themas, sondern sie kommen, weil in ihrem Rahmen regelmäßig ein Vortrag angeboten wird. Und bei dieser Art und Weise entsteht keine wirkliche Kommunikation, denn es kommt nur diese eine kleine Gruppe aus einer größeren möglichen Gemeinde, und zwar diejenige Gruppe, die diese tradierte Form von Vorträgen besucht. Es sind diejenigen, denen das Thema tendenziell eher gleichgültig ist, die sich alles anhören. Und sie bestätigen sich fortwährend gegenseitig, daß Gemeinde dasjenige sei, was schon immer so war, was tradiert wird, und zwar seit ungefähr 90 Jahren. Aber die Menschen, die an diesen Formen teilnehmen, sind nur ein kleiner Teil der Gemeinde.

Mobile Kirche

W.W.: Sie werden natürlich argumentieren, daß eine Gemeinde eine Kirche, die Beiträge für das Gehalt des Pfarrers und für die überregionalen

Christengemeinschafts-Organisationen braucht, daß es Menschen für die Unterhaltung des Hauses geben muß usw. Das ist ja auch richtig, aber was entsteht in einer Gemeinde, wenn die finanziellen Beiträge nicht mehr reichen und es für die notwendigen Arbeiten kaum noch Menschen gibt, die das leisten wollen? Auch durch die Kirche und ihre Unterhaltung entstehen gewisse Zwangsmechanismen, Nötigungen, meinetwegen auch Selbstverständlichkeiten, gegen die sich aber viele derjenigen wehren, die diesen lockeren Kontakt zur Gemeinde haben. Das ist ein nicht zu unterschätzendes Problem. Was macht man hier?

Der Große: Nun sind wir an einem wichtigen Punkt. Der Rahmen muß stimmen, denn sonst kann der Kultus nicht stattfinden. Hier gibt es sicherlich bestimmte Bereiche, die nicht zu einem Zwangspunkt werden sollten.

Darf ich einmal ein denkbares Modell vorstellen?

W.W.: Bitte.

Der Große: Man denke sich in einer Stadt einen Raum in irgendeinem Gebäude, den man regelmäßig anmieten kann. Man denke sich einen Menschen, der alle Gerätschaften für den Kultus bereithält. Und dann wird z.B. einmal im Monat oder im Vierteljahr dieser Raum angemietet und der Altar aufgebaut, dann kommt ein Pfarrer, es wird der Kultus gehalten, und hinterher wird alles wieder abgebaut. Diesen Raum, diesen Menschen und die Gerätschaften muß es geben. Mehr eigentlich nicht.

W.W.: Du denkst also an eine Art mobile Kirche?

Der Große: Ja, wenn eine Gemeinde die vorhandene Kirche nicht mehr halten kann. Es ist heutzutage ein Problem, das nicht zu unterschätzen ist, daß es die Kirchen gibt. Muß es wirklich diese Kirchen geben? Muß es auch mitunter so große Kirchen geben? Ich habe manchmal den Eindruck, daß eine Gemeinde nur deswegen nicht auseinanderfällt, weil sie einen Bauimpuls hat und eine Kirche baut. Das ist ähnlich wie in einer Beziehung, wenn man heiratet oder ein Kind zeugt, damit die Beziehung nicht kaputtgeht. Das ist ein Irrweg! Durch den Bauimpuls schafft man Sachzwänge, um alles noch in irgendeiner Form beieinanderzuhalten. Ich frage euch Menschen einfach, warum dieser Weg so beschritten werden muß.

W.W.: Weil man dem Kultus und dem Gemeindeleben eine Hülle bauen möchte. Weil man einen religiösen Mittelpunkt haben möchte. Wenn alles gutgeht, ist es ja gut. Und wenn wir in die Vergangenheit schauen, gab es in allen Kulturen für die Ausübung des Kultus ein Haus.

Ich kenne das mit der mobilen Kirche übrigens aus eigener Erfahrung. Das geht, aber es ist nicht schön.

Der Große: Aber vielleicht praktisch und zukunftsgemäß bzw. gar nicht anders möglich in manchen Städten. Ihr müßt überlegen, ob neu entstehende oder andere Bedürfnisse anders bedient werden müssen. Wir haben in diesem Gespräch festgestellt, daß Menschen, die auch zur Gemeinde gehören, andere Bedürfnisse haben als diejenigen, die die meisten Gemeindeveranstaltungen besuchen. Diese anderen sind aber mittlerweile die Mehrheit. Es ist natürlich eine wunderbare Geste für den Kultus, ihm ein Haus zu bauen, aber auf der anderen Seite ist dieses Haus mit enormen Kosten verbunden und meist auf Jahrzehnte ein abhängigmachendes Ding. Es ist in der Bauphase auch eine gemeinschaftsfördernde Angelegenheit, vor allem dann, wenn viele Gemeindemitglieder mithelfen. Das ist wirklich etwas Schönes, auch etwas Erstrebenswertes! Aber ist es noch lebbar? Das ist die Frage, die ihr euch heute und im Hinblick auf die Zukunft stellen müßt.

W.W.: Ich vermute, daß dieses Gemeindeleben mit einer gebauten Kirche, je nach Ort verschieden, mittelfristig immer weniger möglich sein wird, wenn nicht ganz neue Impulse kommen.

Der Große: Ich sage hierzu folgendes: Lieber eine mobile Kirche als gar keine Kirche. Man könnte eine mobile Kirche sogar weihen. Und diese mobile Kirche kann heute in Husum, morgen in Flensburg, übermorgen in Kiel stehen – das ist möglich! Das sind Überlegungen, die man sich mittelfristig wird machen müssen.

Ich beobachte auch, daß sich Menschen während der Bauphase praktisch und auch finanziell sehr heftig engagieren. Und dann kommt die Erwartung, daß diejenigen Menschen nach Fertigstellung der Kirche auch regelmäßig in der Kirche sitzen. Gar nicht selten sind diese Menschen aber diejenigen, die nicht so häufig darin sitzen. Aber sie haben einen Raum geschaffen, in dem sie sitzen können, wenn sie für den Kultus bereit sind. Und wenn man hier weiterdenkt, daß eine regelmäßige Teilnahme doch eigentlich wünschenswert sei, kommt man wiederum recht schnell zu dem eben angesprochenen Damoklesschwert, daß etwas statisch oder sogar maschinell wird. Aber in diesem Statischen und Maschinellen stirbt das Leben.

Ist der Sabbat für die Menschen da oder der Mensch für den Sabbat?

W.W.: Wir schließen hiermit dieses Buch ab und überlegen, ob ein zweites direkt über den Kultus und die Sakramente und den Umgang mit den Sakramenten folgen wird.

Gibt es noch etwas, was an dieser Stelle gesagt werden sollte?

Der Große: Die Frage, die ihr für die Zukunft beantworten müßt, ist folgende: Ist der Sabbat für die Menschen da oder der Mensch für den Sabbat? Diese Frage hat schon Christus gestellt.

W.W.: Wie meinst Du das genau?

Der Große: Ist die Kirche mit ihren Formen und ihren Gewohnheiten und Gebräuchen für den Menschen da, oder ist der Mensch dafür da, die Kirche mit allem Notwendigen zu bedienen, z.B. weil es immer so war? Diese Frage ist immer wieder zu beantworten! Christus wurde von den Hohenpriestern angeklagt, weil er am Sabbat geheilt hat und damit die Gesetze der Juden gebrochen habe; und daraufhin stellt er diese Frage. Und heute kommt ihr oftmals in Situationen, die so sind, als hättet ihr die Kirche zu bedienen. Aus ähnlichen Situationen entstand auch die Opposition aller Ketzerbewegungen und der Protestanten gegenüber den dogmatischen Einengungen der katholischen Kirche. Alle diese Ketzer und Erneuerer hat diese Frage in ähnlicher Weise vorangetrieben. Auch in anderen Religionen, z.B. im Islam, entstehen diese Fragen zunehmend. Im Islam wird diese Frage zur Zeit sogar ganz laut gestellt.

Der Priesterrundbrief

W.W.: Es gibt unter den Priestern der Christengemeinschaft die Einrichtung des sogenannten Priesterrundbriefes, einem monatlichen Heft, in dem jeder Priester das schreiben kann, was er will, unzensiert. Neben vielen Belangen, die nur die Priester angehen, werden aber auch Bücher rezensiert, u.a. die FLENSBURGER HEFTE, mitunter auch kritisch oder beleidigend. Daraus ergibt sich, daß die Priester über meinen Verlag und mich sprechen, daß sie sich eine – mitunter einseitige – Meinung bilden und vieles mehr. Dieser Priesterrundbrief ist geheim, und es wird Dritten nicht mitgeteilt, wenn über sie geschrieben wird. Wie soll man hier reagieren?

Der Große: Um es christlich zu sagen, sollte man, wenn einem auf die eine Wange gehauen wird, auch die andere hinhalten. Auf jeden Fall sollte man sachlich reagieren, auch wenn das mitunter sehr schwer ist. Es ist oft sehr ungerecht, was da geschieht. Man kann es auch ignorieren. Aber man sollte immer sachlich bleiben.

W.W.: Die Reaktionen auf dieses Buch werden selbstverständlich kommen, das Buch wird vermutlich auch im Priesterrundbrief besprochen werden, es sei denn, man beschließt, dieses Buch wieder einmal totzuschweigen. Aber wenn Beiträge im Priesterrundbrief abgedruckt werden, bilden sich die Pfarrer eine Meinung, sie lesen über uns, teilen uns das aber nicht mit. Dies ist aus meiner Sicht mindestens graumagisch. Ich habe mich auch beim Börsenverein des deutschen Buchhandels erkundigt, inwieweit man gegen den Priesterrundbrief rechtlich vorgehen kann.

Der Große: Auf jeden Fall solltest Du reagieren, aber sachlich. Sei Dir meiner Hilfe sicher!

W.W.: Wie findest Du es denn, daß die Priester einen Priesterrundbrief haben, in dem sie untereinander meinungsbildend auch über Personen schreiben, ohne es dieser Person mitzuteilen? Wie findest Du es, daß daraus folgend auch die einseitige Meinungsbeeinflussung der Gemeindemitglieder erfolgen kann?

Der Große: Ein Priesterrundbrief an sich ist nichts Verwerfliches, denn es gibt viele Dinge, die einen internen Charakter haben und nur die Priester angehen. Wenn man über Nichtinternes spricht, vor allem über andere Menschen, ist das nicht in Ordnung! Man kann seinen Kollegen durchaus ein Buch empfehlen, aber ein Buch kritisch zu besprechen und den Autoren dieses Buches das nicht mitzuteilen, ist eine Angelegenheit, bei der die Grenzen auf jeden Fall überschritten werden. Man überschreitet die Grenzen ins Graumagische. Öffentliche Bücher muß man auch öffentlich besprechen. Dafür gibt es andere Organe.

W.W.: Ich finanziere mit meinem Beitrag für die Christengemeinschaft anteilig diesen Priesterrundbrief, in dem hin und wieder geschäftsschädigend Dinge über mich und meinen Verlag geschrieben werden. Das finde ich nicht in Ordnung!

Der Große: Es ist nicht in Ordnung, daß in einem Priesterrundbrief externe Dinge intern besprochen werden und daß dies den betreffenden Autoren nicht zur Verfügung gestellt wird. Hier entsteht die Unfreiheit. Das ist geistig nicht in Ordnung! Hier sind Formen entstanden, die mit freier Meinungsbildung nichts mehr zu tun haben. Mit diesem vorliegenden Buch berühren wir natürlich Belange, die die Priester der Christengemeinschaft im Kern berühren, also wird man auch im Priesterrundbrief vermutlich darüber sprechen. Man kann es auch besprechen, aber man sollte den Autoren die Artikel zukommen lassen. Wenn es aber um andere Bücher geht, die nicht die Belange der Christengemeinschaft betreffen, wird es ganz unmöglich.

W.W.: Ich wünschte mir, daß man nicht intern über Dritte spricht. Hinzu kommt die Geheimhaltung. Ich gehe z.B. in eine Gemeinde, dort ist ein Pfarrer, und ich weiß, daß dieser Pfarrer etwas über mich gelesen hat, z.B. etwas sehr Negatives, und er darf darüber nichts sagen. Und er sagt mir das auch nicht! Aber er denkt es! Das ist ein ganz ungutes zwischenmenschliches und zwischengeistiges Verhältnis.

Der Große: Immer wenn öffentliche Tatsachen bewußt geheimgehalten werden, rutscht es über die Grenze ins Graumagische, bis hinein ins Schwarzmagische. Das ist ein sehr empfindliches Gebiet. Geheimhaltung führt grundsätzlich zum Schwarzmagischen.

W.W.: Vielen Dank.

Der Große: Bitte.